Relatório de Empreendedorismo e Inovação da China e dos Países de Língua Portuguesa（2022）

中国—葡语国家创新创业共同体研究报告（2022）

Report on Innovation and Entrepreneurship of China and Portuguese-speaking Countries（2022）

主　编　孙万松　苏　畅　孙一茗　叶桂平

中国商务出版社
CHINA COMMERCE AND TRADE PRESS

图书在版编目（CIP）数据

中国—葡语国家创新创业共同体研究报告. 2022 /
孙万松等主编. —北京：中国商务出版社，2022. 8
　　ISBN 978-7-5103-4330-8

　　Ⅰ.①中… Ⅱ.①孙… Ⅲ.①中外关系—葡萄牙语—
国家—经济发展—研究报告—2022 Ⅳ.①F125

　　中国版本图书馆 CIP 数据核字（2022）第 117787 号

中国—葡语国家创新创业共同体研究报告（2022）

Report on Innovation and Entrepreneurship of China and Portuguese-speaking Countries（2022）

主编　孙万松　苏　畅　孙一茗　叶桂平

出　　　版：中国商务出版社
地　　　址：北京市东城区安定门外大街东后巷28号　　邮　　编：100710
责任编辑：徐文杰　张永生
总 发 行：中国商务出版社发行部（010-64208388　64515150）
网　　　址：http://www.cctpress.com
排　　　版：北京天逸合文化有限公司
印　　　刷：北京建宏印刷有限公司
开　　　本：787 毫米×1092 毫米　1/16
印　　　张：19　　　　　　　　　　字　　数：306 千字
版　　　次：2022 年 10 月第 1 版　　　印　　次：2022 年 10 月第 1 次印刷
书　　　号：ISBN 978-7-5103-4330-8
定　　　价：180.00 元

本书编委会

主　编

孙万松　国际大学创新联盟

苏　畅　英国剑桥大学

孙一茗　对外经济贸易大学

叶桂平　澳门城市大学

副主编

鲁川铭　新加坡南洋理工大学

董　昊　国际大学创新联盟

孙可如　北京外国语大学

王春阳　中华人民共和国科学技术部火炬中心

赵　度　中华人民共和国商务部投资促进事务局

魏立新　澳中致远投资发展有限公司、澳门青年创业孵化中心

孟静文　澳门城市大学

孙智波　国际大学创新联盟

高　瑄　英国伦敦大学学院

尹西明　北京理工大学

编　委（以下排名不分先后）

陈子涵　对外经济贸易大学

舒　雅　对外经济贸易大学

王祉祎　对外经济贸易大学

杨亚萍　新加坡南洋理工大学

王云飞　清华大学

张敬棋　北京理工大学

易红钰　澳门大学

Auricelio Andre Co（几内亚） 澳门城市大学
Mamadu Djubeiro Camara（赤道几内亚） 澳门城市大学
何　颖　澳门城市大学
张英杨　澳门科技大学
路雨涵　澳门理工学院
马玉杰　北京交通大学
月　圆　北京交通大学
冯家宁　北京交通大学
倪孟正　澳门永利集团
孙　涛　澳门美高梅集团
付　尧　国际大学创新联盟
孙　鹏　国际大学创新联盟
程长虹　国际大学创新联盟
任塞那　国际大学创新联盟
冯诗薇　国际大学创新联盟
樊颖之　中关村创业大街知岛创业咖啡空间
李彩玲　中关村创业大街知岛创业咖啡空间
张博臣　山东艺术学院
冯　统　山东艺术学院
宋子扬　天津科技大学

翻　译

张方方　北京外国语大学
李诗悦　北京外国语大学

共同支持单位

华大基因　世贸天阶　伟东集团　德展集团
合泰兴悦　郎勤集团　大都美育　赛尔教育
香港沙龙　点亮资本　国润资产　恒信集团
奥邦集团

前 言

　　大学，是人类文明的灯塔，是原始性创新的源头，是创新型人才的培养基地，是驱动区域和国家创新发展的重要引擎。当代的大学面临着"教学、研究、创业"三种使命的过渡和升级，而"共建创新创业共同体"正在成为大学的"第四使命"。

　　不同的大学遍布于各国的城市中。然而与国家和城市有行政边界不同，大学没有边界。因此，如何自然地嵌入当地以及具有开放性的全球地理空间，推动人才的创造力、商业智慧、科研发现、投资资金及其他要素共同演化成"热带雨林"式的创新生态系统，并在"创新雨林"中孵化出各类产业的领军型"独角兽"企业，是成就现代创新创业共同体的关键。在创新创业共同体的建设过程中，突出教育与创业精神的重要作用，有利于在城市创新发展的背景下，解决特定的社会问题（比如贫困、公共健康、产业发展等）。在经济相对欠发达地区，大学能起到促进结构变革的作用，尤其是政府推动的创业型大学，有助于建立起产业品牌和城市品牌。

　　回顾人类文明的历史，大学是永远占据文化科研中心的创造之巢。

　　世界上第一所"现代意义上的"大学是建立于1088年的意大利博洛尼亚大学。这是一所久负盛名的研究型综合类大学，是西方最古老的大学、欧洲四大文化中心之首，有着极高的学术威望和影响力，与巴黎大学（法国）、牛津大学（英国）和萨拉曼卡大学（西班牙）并称为"欧洲四大名校"，被誉为欧洲"大学之母"。

　　大学能发散出无限的创造力，青年由此获得知识，并通过创新创业的方式实现其创意。创新创业的主要载体在当代体现于园区、孵化器等物理空间，不过"园区"的概念最早可追溯到公元前 10 世纪，腓尼基（Phenicia）南部海港与迦太基（Carthage）商贸区是世界园区的最早雏形，这里孵化的腓尼基和迦太基文明是现代英语的基础——26 个英文字母便来源于约公元前 1200 年腓尼基的 22 个字母。

古代商贸推动了经济发展，现代化工农生产技术的进步则需要创造来推动。1951 年，美国斯坦福大学在其校园内创办了世界上第一个专业化的科学研究园区——斯坦福研究园，后逐步发展成为闻名世界的硅谷（Silicon Valley）。1955 年，以农业经济为主的北卡罗来纳州政府决定建设"三角研究园"（RTP）。1957 年，苏联筹建科学院西伯利亚分院，并在此基础上建立了新西伯利亚科学城，是世界上最早冠以"科学城"名称的园区。1970 年，英国剑桥大学开始建设剑桥科技园。

1950—1970 年这 20 年，全球对科学园区的关注直线上升。我国起步略晚，1988 年 5 月开始建设中关村科技园区，园区内包括 30 多所大学与100 多个研究机构。1994 年，清华大学启动建设清华科技园。1996 年，清华大学与深圳市共建深圳清华大学研究院，这是我国第一个城市与大学共建的研究院，清华大学投资 2,000 万元，深圳市投资 6,000 万元，双方各持 50% 股份，研究院主要功能包括技术研发、企业孵化、教育培训、创业投资。

2015 年初，我国启动"大众创业、万众创新"计划，催生了 1 万多个"众创空间"和"创业咖啡"等"双创"载体。2015 年 5 月，国际大学创新联盟（IUIA）在中国香港成立，历经 6 年时间联合了英国牛津大学、英国剑桥大学、美国麻省理工学院、美国加州大学伯克利分校、新加坡南洋理工大学、澳门大学、澳门科技大学、清华大学、北京大学、中国科学院、美国国家工程院、法国国家智能交通研究院、英国金丝雀码头（新金融城）集团、法国德莫斯教育集团、新加坡天阶控股有限公司、中国国际金融有限公司、赛尔网络有限公司、深圳华大基因股份有限公司等 100 多个全球著名大学的研究机构、著名企业，在全球各地启动了跨境孵化器、跨境产业研究院、跨境产业投资基金、跨境产业园"四位一体"的创新创业合作交流。

在澳门回归祖国 22 周年之际，在中葡论坛秘书处和澳门特区政府有关机构的指导支持下，IUIA 联合清华大学、北京大学、澳门城市大学、澳门大学、澳门科技大学、澳门理工学院、新加坡南洋理工大学、英国牛津大学、英国剑桥大学、对外经济贸易大学、北京理工大学、北京外国语大学等高校的学术团队，共同围绕"中国和葡语国家创新创业共同体"这一核心主题，从全球视野切入，通过对这些国家的历史、经济发展现状、大学创新创业典型模式和最新态势的分析和比较研究，在此基础上提炼出中国和葡语国家创新创业理论模式及现实路径，探讨和展望中国与葡语国家深入开展国际交流合作，以大学创新创业为抓手，共建创新创业共同体、经济发展共同体、中国—葡语国家命运共同体，为推动建设人类命运共同体，实现全球可持续发展贡献智慧和力量。

在本报告编写的过程中，编者查阅近年来中葡创新创业的相关数据，不同国家和地区的资料完整度并不平衡，且 2019—2022 年间，受现实因素影响，资料有所空缺，因此，这一部分相关内容仅做总结和预测性描述。由于编者水平有限及时间仓促，书中难免有不妥之处，敬请读者批评指正。

编者

2022. 8

目 录 CONTENTS

摘
要

第一章　世界各国名校创新创业经验

1912 年，奥地利政治经济学家熊彼特在《经济发展理论》一书中提出"创新理论"，自此，经济社会学研究把"创新"看作社会发展的关键因素。

目前，中国和英语系国家高校创新创业生态研究已经日臻成熟，积累了丰富的资料和案例。但是从国际视野看待中国创新创业教育改革，大学所驱动的创新创业生态系统相关研究和案例相对较少，尤其缺少中国与葡语国家国际交流视野下的创新创业研究案例及相关理论模式提炼。

在一国的创新生态中，大学（科研机构）应当扮演什么样的角色？

20 世纪 90 年代以前，人们主要关注的是"大学—产业""大学—政府""产业—政府"双螺旋关系的研究。1995 年，美国埃茨科威兹教授和荷兰劳雷德斯多夫教授提出"大学、产业和政府"的三螺旋结构理论。

大学（科研机构）作为"三螺旋结构"（大学、政府、产业）中知识密集度最高，离科研一线最近，发表论文能力最强的创新极，在整个创新生态圈中要发挥知识生产和扩散的功能。

在图 1.1（见 P29）"三螺旋"理论模型图中，从创新视角看，大学对政府政策的创新起到研发新技术的作用，政府政策创新对大学又起到宏观调控的作用；在与产业技术创新的互动中，大学的知识创新为产业提供知识和研发能力，而产业技术创新又为大学提供包括资金、空间等在内的创新资源投入；在政府与产业的互动中，政府政策创新要结合产业技术创新的需要做出宏观调控，产业技术创新带来的项目落地又能为政府增加税收。

因此，研究世界知名大学的创新创业经验，进而分析大学在该国的创新生态系统中的作用，对我们来说具有借鉴意义。

2021 年 9 月 20 日，世界知识产权组织（WIPO）发布《2021 年全球创新指数报告》，在全球排名中，美国排名第 3、英国排名第 4、新加坡排名第 8、法国排名第 11，中国延续 2020 年取得的进步，排名全球第 12。美国、英国、新加坡、法国的全球创新指数仍在中国之前。尽管我们已经取得了可喜的进步，但分析前面国家的经验做法，依然是我们向着全球创新第一梯队强国迈进的有效路径。本章选取美国、英国、法国、新加坡这四个国家的知名大学（科研机构）为案例，探讨他们在创新创业方面的经验做法，以资借鉴。

第二章　中国高校创新创业案例分析

在 2014 年 9 月国务院总理李克强提出"大众创业、万众创新"的号召与国务院出台一系列大学"双创"战略部署的大背景下，中国的高校正在探索并走出一条具有中国特色的创新创业体系。北京作为中国顶尖学府的汇聚之地，在创业教育、孵化空间、资金扶持、政策扶持、创业指导、组织发展等方面建立了完备的大学生创新创业培养实践体系，激发了高校作为创新创业中坚力量的潜能。本章以北京头部高校与研究机构为例，以"大学—企业""大学—城市"与北京"首都高校大学生创新创业共同体"以及部分大学创业机构等为视角，分析并讨论清华大学、北京大学、中国科学院等在"双创"建设中做出的探索和努力。

基于"大学—企业"视角，清华大学类脑研究计算中心及灵汐科技公司、中国科学院自动化研究所脑网络组研究中心、清华大学苏州汽车研究院与澳门自动驾驶初创企业在高校技术产业化方面进行了有效的探索。灵汐科技公司在类脑芯片研制上取得了重大突破，拥有自主知识产权布局，已申请和授权发明专利超过 140 个；中国科学院自动化研究所脑网络组研究中心通过产业化将脑科学研究的最新成果应用到临床实践当中，首批孵化的项目包括脑网络组图谱导航的神经调控机器人、脑活动信号检测器械与脑图谱健康大数据平台等，实现示范应用、城市名片、科技创新、产业集群和标准引领的发展目标。

基于"大学—城市"视角，本章对山东省青岛市与北京大学和 IUIA 合作的青岛链湾"区块链+"创新应用基地以及与中国科学院合作的东莞松山湖材料实验室进行分析和阐述。依托伦敦 IUIA 中英金融科技孵化器，青岛市与 IUIA 联合北京大学、上海点亮资本，借鉴硅谷模式，共同发起成立了青岛中英金融科技孵化器和区块链产业研究院，全面建设区块链产业发展新模式——"链湾计划"。东莞松山湖材料实验室作为广东省第一批省实验室之一，布局有前沿科学研究、公共技术平台和大科学装置、创新样板工厂、粤港澳交叉科学中心四大核心板块，探索形成了"前沿基础研究→应用基础研究→产业技术研究→产业转化"的全链条创新模式，定位于成为有国际影响力的新材料研发南方基地、国家物质科学研究的重要组成部分、粤港澳交叉开放的新窗口。

北京市各大高校创协成员联合发起了"首都高校大学生创新创业共同体"，旨在推动建设全国大学生参与共建的公益性、综合性大学生创新创业扶持平台，目前已有首都 36 所高校创协成员参与其中。在 IUIA 的支持下，共同体基于"知岛空间"，致力于打造一个中国梦想空间，以创始人夜话、投资人下午茶、线下见面会、跨境创业交流以及建立区块链大学生线上社区等方式推进。

清华 X-lab 模式是清华大学新型创意创新创业人才发现和培养的教育平台，也是清华大学在"双创"建设上很好的探索。清华 X-lab 倡导学科交叉、探索未知、体验式学习与团队协作的教育理念，致力于围绕"三创"（创意、创新、创业），探索新型的人才培养模式，帮助学生学习创意创新创业的知识、技能和理念，培养学生的创造力，包括创造性精神、创造性思维、创造性能力和执行能力，造就新一代的创新型人才。

北京大学为了更好地服务国家创新创业发展战略，2012 年由北京大学校友会携手北大企业家俱乐部，牵头协调学校 15 个相关部门院系联合发起"北京大学创新创业扶持计划"，建立了"创业教育、创业研究、创业孵化、创投基金"四位一体的综合创新创业扶持平台。北京大学创业训练营（以下简称"北创营"）发展至今，已经成为中国最大的全开放公益式创新创业教育、扶持与服务平台。目前，北创营平台已聚集 400 位资深导师，创建 500 门创新创业课程，在全国开设 19 个专业众创空间及孵化器，连接 28 家北大系投资基金，总规模超过 1,000 亿元，在战略咨询、财务、股权等专业领域开设创业工坊，为创业企业提供深度提升的专业服务。

2021 年 12 月 20 日是澳门回归祖国 22 周年的纪念日，如今的澳门在"一国两制"的基本国策下长治久安，在澳门特区政府的领导下澳门人民团结一致，在锐意进取中日新月异。在诸多团结发展的元素中，澳门的青年人无疑是最具有朝气和活力的主体，澳门地区的大学更是促进青年人爱国爱澳、求真向善的理想载体。

创新是驱动发展的第一动力。澳门大学、澳门科技大学、澳门城市大学等一批澳门高校在创新创业教育、科学研究与技术发展、科技成果转移转化等方面积极探索，推动建设了"澳门大学国家级众创空间""珠海澳大科技研究院""澳门科技大学创新创业中心"等一批创新主体项目，发起"澳城大创新创业产学研活动"等一批创新创业活动。澳门的大学用实际行动鼓励在澳青年走出舒适区，勇于创新，精于创业。

澳门地区的企业基于"产业—大学"的良性互动关系，积极资助澳门的大学（科研机构）的科研发展，支持大学生的创新创业活动，探索出一条产业多元化发展路径。

中央政府高度重视澳门与内地特别是横琴（位于广东省珠海市）的深度融合，《横琴粤澳深度合作区建设总体方案》的出台利于更好地聚焦创新要素优化配置，构建创新创业生态系统。《横琴粤澳深度合作区建设总体方案》从制度、产业、人才、教育、金融、环境等方面为澳门的创新创业发展提供了极大的利好机遇，也为澳门青年"爱国爱澳"起到了行动引领作用。

第三章　葡语国家高等院校创新创业研究报告

葡语国家共同体（Community of Portuguese Language Countries，简称 CPLP）成立于 1996 年 7 月，目前有 9 个成员国，分别为葡萄牙、安哥拉、巴西、佛得角、几内亚比绍、赤道几内亚、莫桑比克、圣多美和普林西比、东帝汶，9 国领土总面积超过 1070 万平方公里，其区域总面积超美国、中国和印度，几乎是欧盟的两倍。2018 年，葡语成员国的总人口超过 2.84 亿，数量相当于欧盟总人口的一半，是美国人口的 80%。预计到 2050 年，葡语国家成员国的人口将超过 3.6 亿，或成为世界第六大经济体，GDP 近 3 万亿美元。

葡萄牙研究开发活动主要是在大学实验室进行，在生物技术、新材料、新能源和电子信息等高新技术领域具有一定的研发能力，接近欧盟的中等水平，很多实验室设备精良，在欧洲堪称一流。根据欧盟委员会于 2019 年发布的欧盟创新评估报告，葡萄牙创新力在欧盟成员国中位居第 13 位。全国研究机构数量为 4,123 所，研究人员达 58,154 人，这些研究人员中，大学占 54.1%，企业占 40.7%，政府占 3.9%，非营利私人机构占 1.3%。

巴西基础研究相对薄弱，约 60% 的科技人员从事实用技术的研究开发。研究机构及研究人员主要集中在圣保罗（仅圣保罗大学就占 20%）和里约，主要研究领域包括：医疗卫生、环境科学、生物技术、信息、新材料、产品质量控制、能源及化工。巴西也是南半球唯一掌握航天技术的国家，拥有卫星、航天器、火箭和发射场。

本章从 9 个葡语国家的基本概况、高等教育机制、部分创新创业机构的汇总，立足于本土，结合国际视野的独具特色的葡语国家的案例分析，以澳门作为中葡平台的枢纽，并提出对青年创新创业的启示与展望，从而，推动中国与葡语国家高等院校间的创新创业合作，助力中葡关系发展，开启中国与葡语国家高等院校在多领域创新创业合作的新篇章。

第四章　创新创业共同体理论体系、现实路径与政策建议

全球创新创业共同体必须要经历从跨国贸易到跨国生产，再到跨国创新的演进过程。这个过程涉及到的理论很多，本章主要从新国际贸易理论、新经济地理理论、新增长理论、创新系统理论等方面进行阐述。

创新创业共同体要素包括大学、企业、产业、城市、国家，这些元素共同组成共同体"钻石模型"。创新创业共同体的发展必然要经历原始积累、多元发展、稳定发展、创新突破4个阶段，凸显竞争优势的主要是资源、环境、品牌和文化4个竞争因子。创新模式主要有点式创新、线式创新、面式创新和网络式创新4种，竞争因子（Competence）、创新模式（Innovation）和发展阶段（Time）构成了共同体的"CIT三维互动模型"，在不同维度下，随着创新系统的开放度日益提升，各种功能要素的演进不断"由硬变软"，维度张力渐进增强，共同体竞争力不断提高。

创新创业共同体的品牌双螺旋梯度演进理论：共同体呈现出品牌双螺旋梯度发展的势态，必然经历"大学品牌→品牌大学→企业品牌→品牌企业→产业品牌（园区品牌）→品牌产业（品牌园区）→城市品牌→品牌城市→国家品牌→品牌国家→共同体品牌→品牌共同体"的演进过程。

创新创业共同体需要多边、多元、多层次的合作，要充分依托"一带一路"的基础与成果，还要充分借鉴葡语国家有关区域组织和国际组织的经验，促进国家之间、城市之间、产业园区之间、企业之间、大学之间等多层次、多维度的友好往来和交流协作。

后疫情时代的经济性"常态"下，我们应该如何促进经济的包容性、可持续发展，如何在构建共同体的过程中催生更多的创新型小微企业，创造更多的就业岗位。国际大学创新联盟（IUIA）通过大量实践，建议实施"平台跨海"和"阵地前移"的跨境合作战略，构建"四位一体金字塔"

共同体。关键是实施以技术为核心的战略地图（Strategy Map），根据共同体战略规划和发展需求定制化绘制出目标图系，战略地图主要包括大学人才地图、企业竞争地图和产业招商地图。

中国葡语国家创新创业共同体的现实路径与落地模式包括：建设"葡语+汉语+专业"的特色教育慕课平台；依托中国和葡语国家高校，建设一批"梦想空间"创业咖啡和技术经纪人中心；建设一批前沿应用产业"职业教育中心"；建设中国—葡语国家未来产业联合研究院；建设中国—葡语国家跨境产业投资基金；建设中国—葡语国家未来城。

Abstract

Chapter 1   Innovation and entrepreneurship experience of famous universities in various countries

In 1912, Austrian political economist Schumpeter put forward the "innovation theory" in his book Theory of Economic Development. Since then, economic sociology has regarded innovation as a key factor of social development.

At present, the research on innovation and entrepreneurship (IE) ecology in universities in China and English–speaking countries has basically matured, and accumulated abundant data and cases. However, when looking at China's IE education reform from an international perspective, we find a lack of studies and cases about university–driven IE ecology, especially IE research cases and theoretical models summarized from the perspective of international exchanges between China and Portuguese–speaking countries.

What role should universities (scientific research institutions) play in a country's innovation ecology?

Before the 1990s, researchers mainly focused on the study of "university–industry", "university–government" and "industry–government" double helix relationships. In 1995, Professor Henry Etzkowitz of the United States and Professor Loet Leydesdorff of the Netherlands put forward the theory of "university–industry–government" triple helix structure.

Universities (scientific research institutions), as the innovation pole with the highest knowledge intensity, the closest distance to the front line of scientific research and the strongest ability to publish papers in the "university−industry−government" triple helix structure, should play the role of knowledge production and dissemination in the whole innovation ecology.

In the "triple helix" model shown in Figure 1.1 on Page 29, from the perspective of innovation, the university develops new technologies for the government's policy innovation, while the government's policy innovation plays a role of macro−control in the university's development of new technologies. In the interaction with the industry's technological innovation, the university's knowledge innovation provides knowledge and R&D capabilities for the industry, while the industry's technological innovation provides the university with innovation resources including funds and space. In the interaction between government and industry, the government's policy innovation plays the role of macro−control according to the needs of the industry's technological innovation, while the projects brought by industry's technological innovation increase tax revenue for the government.

Therefore, it is meaningful for us to study world−renowned universities' IE experience and analyze their role in a country's innovation ecology.

On September 20, 2021, the World Intellectual Property Organization (WIPO) released the Global Innovation Index Report 2021. In the global rankings, the United States ranks 3rd, the United Kingdom 4th, Singapore 8th, France 11th, and China ranks 12th, continuing its progress made in 2020. The global innovation indexes of the United States, Britain, Singapore and France are still ahead of China's. Despite the gratifying progress we have made, it is necessary for us to analyze the experience and practices of the countries ahead of us if we want to move into the first echelon of global innovation powers. This chapter selects famous universities (scientific research institutions) in the United States, Britain, France and Singapore as cases to discuss their experience and practices in IE for our reference.

Chapter 2 An analysis of IE cases in Chinese universities

In September 2014, Premier Li Keqiang put forward the call of "mass entrepreneurship and innovation", and then the State Council made a series of strategic arrangements for university IE. Under this background, Chinese universities have been exploring and establishing their IE systems with Chinese characteristics. As the gathering place of China's top universities, Beijing has established a complete IE training and practice system for college students in terms of entrepreneurship education, incubation space, financial support, policy support, entrepreneurship guidance and organizational development, which has stimulated the potential of universities as the backbone of IE. Taking the best universities and research institutions in Beijing as examples, this chapter analyzes and discusses the exploration and efforts made by Tsinghua University, Peking University and Chinese Academy of Sciences in IE capacity building from the perspectives of "university-enterprise" "university-city" "IE Community of University Students in Beijing" and some university-based entrepreneurial institutions.

From the "university - enterprise" perspective, Tsinghua University Brain Research and Computing Center, Lynxi Technology Company, the Brain Network Research Center of CAS Institute of Automation, Suzhou Automobile Research Institute of Tsinghua University and Macao-based autonomous driving start-up enterprises have made fruitful explorations in the industrialization of university-developed technologies. Lynxi Technology Company has made a major breakthrough in the development of brain-like chips, and obtained independent intellectual property rights including more than 140 invention patents. The Brain Network Research Center of CAS Institute of Automation has applied the latest achievements of brain science research to clinical practice through industrialization, and their first batch of incubated projects include neural control robot of brain network group map navigation, brain activity signal detector and big data platform of brain map health, etc., achieving the goals of demonstrative application, city card promotion, scientific and technological innovation, industrial cluster and standard-driven development.

From the "university-city" perspective, this chapter analyzes and expounds the Qingdao "Blockchain +" Innovation and Application Base in cooperation with Peking University and IUIA, and the Dongguan Songshan Lake Material Laboratory in cooperation with Chinese Academy of Sciences. Relying on London's IUIA Sino-British Financial Technology Incubator and learning from the Silicon Valley model, Qingdao and IUIA, together with Peking University and Shanghai Dianliang Capital, jointly set up the Qingdao Sino-British Financial Technology Incubator, the Blockchain Industry Research Institute, and the "Qingdao Blockchain Bay Project", a new model for blockchain industry development. The Dongguan Songshan Lake Material Laboratory, one of the first provincial laboratories in Guangdong Province, has four core sections: frontier scientific research, public technology platform, scientific apparatus, innovative model factory, and Guangdong-Hong Kong-Macao cross science center. It has explored and formed a whole-chain innovation mode integrating "frontier basic research, applied basic research, industrial technology research and industrial application", and is positioned to be an internationally influential southern base for new material research and development, an important part of national material science research, and a new window for cross opening of Guangdong, Hong Kong and Macao.

Thirty-six Beijing-based universities jointly launched the "IE Community of University Students in Beijing", which aims to promote college students' participation in the construction and operation of a public nonprofit comprehensive platform that provides IE support for college students. With the support of IUIA and based on the "Knowledge Island", the community is committed to creating a space for college students to realize their dreams. The community is promoted by means of founders' night talk, afternoon tea for investors, offline meeting, cross-border entrepreneurial exchange and the establishment of an online blockchain community of college students.

Tsinghua University's X-lab model is an educational platform for the discovery and cultivation of new creative IE talents, and it is also a good exploration in IE capacity building. Advocating the concept of interdisciplinary education, exploring the unknown, experiential learning and teamwork, the X-lab is committed to exploring a new talent training mode around creativity, innovation and entrepreneurship, helping students learn new ideas of and skills in creation, innovation and entrepreneurship, cultivating students' creativity including creative spirit, creative thinking, creative ability and execution ability, and bringing up a new generation of innovative talents.

To better serve the national IE development strategy, in 2012, the Alumni Association of Peking University, together with the Entrepreneur Club of Peking University, led and coordinated 15 departments/colleges of the university to jointly launch the "IE Support Program of Peking University", and established a comprehensive IE support platform integrating "entrepreneurship education, entrepreneurship research, entrepreneurship incubation and venture capital fund". Up to now, the Peking University Entrepreneurship Training Camp has become the largest open public IE education, support and service platform in China. At present, the Training Camp platform has gathered 400 senior tutors, developed 500 IE-related courses, opened 19 professional maker spaces and incubators across the country, connected with 28 investment funds of Peking University, with a total fund scale of more than RMB 100 billion, and set up entrepreneurial workshops in strategic consulting, finance, equity and other professional fields to provide in-depth professional services for business startups.

December 20, 2021 is the 22nd anniversary of Macao's return to China. Today's Macao enjoys long-term stability under the basic national policy of "one country, two systems". Under the leadership of the Macao SAR government, the Macao people are united and have been making progress in each passing day.

Among the many elements of unity and development, Macao's young people are undoubtedly the most vibrant and energetic subjects, and universities in Macao are the ideal carriers of young people to enhance patriotism and love for both Macao and the nation, and to seek truth and kindness.

Innovation is the first driving force for development. A number of Macao universities, such as the University of Macao, Macao University of Science and Technology, and Macao City University, have actively explored IE education, scientific research, technological development, and transformation of scientific and technological achievements. They have built a number of major innovation projects, such as "National Maker Space of Macao University" "Zhuhai UM Science & Technology Research Institute" and "Innovation and Entrepreneurship Center of Macao University of Science and Technology", and launched a number of IE activities, such as "Industry – University – Research Institution Innovation and Entrepreneurship Activities of Macao City University". Macao's universities encourage young people in Macao to get out of their comfort zones, be brave in innovation and be good at entrepreneurship.

Based on the benign "industry–university" interaction, enterprises in Macao actively fund the scientific research of universities (research institutions) in Macao, support the IE activities of college students, and have explored a diversified industrial development path.

The central government attaches a great importance to the deep integration between Macao and the mainland, especially Hengqin (located in Zhuhai City, Guangdong Province). The overall plan for the construction of a Guangdong – Macao in – depth cooperation zone in Hengqin is conducive to the optimal allocation of innovative elements and the development of IE ecology. The overall plan provides great opportunities for IE in Macao from the aspects of system building, industry development, talent training, education, finance, environment, etc., and also plays a guiding role in encouraging Macao youth to "love Macao and the country".

Chapter 3　Report on IE research in Portuguese-speaking countries

The Community of Portuguese Language Countries (CPLP) was established in July, 1996. At present, it has nine member countries, namely Portugal, Angola, Brazil, Cape Verde, Guinea-Bissau, Equatorial Guinea, Mozambique, Sao Tome and Principe and East Timor. The total area of these nine countries is over 10.7 million square kilometers, larger than that of the United States, China and India, and almost twice that of the European Union. In 2013, the total population of CPLP member countries exceeded 262 million, about half of that of the European Union and 80% of the population of the United States. It is estimated that by 2050, the population of CPLP member countries will exceed 360 million, making it possible to become the sixth largest economy in the world, with a total GDP of nearly three trillion US dollars.

Portugal's R&D activities are mainly carried out in university laboratories. In some high-tech fields such as biotechnology, new materials, new energy and electronic information, the country has certain R&D capabilities which are close to the middle level of the European Union. Many laboratories are well-equipped and are first-class in Europe. According to the EU Innovation Evaluation Report released by the European Commission in 2019, Portugal's innovation power ranks 13th among EU member states. There are 4,123 research institutions in the country, with 58,154 researchers. Among these researchers, 54.1% are from universities, 40.7% from enterprises, 3.9% from the government, and 1.3% from non-profit private institutions.

Brazil is relatively weak in basic research, and about 60% of researchers are engaged in the R&D of applied technologies. Research institutions and researchers are mainly concentrated in Sao Paulo (the University of Sao Paulo alone accounts for 20%) and Rio de Janeiro. Their main research fields include medical and health care, environmental science, biotechnology, information technology, new materials, product quality control, energy and chemical industry. In the southern hemisphere, Brazil is the only country that has mastered space technology, with satellites, spacecraft, launch vehicles and launch sites.

Based on a summary of the basic situation, higher education mechanism and some IE institutions of the nine CPLP countries, this chapter analyzes the unique cases of these countries from an international perspective. Taking Macao as the hub platform for China–Portugal cooperation, the chapter illustrates the enlightenment of these cases for the innovation and entrepreneurship of Chinese youth, with the aim of promoting entrepreneurial cooperation in multiple fields between the universities in China and CPLP countries, and the development of China–Portugal relations.

Chapter 4   IE community theory system, realization path and policy suggestions

The global IE community must go through the evolution process from transnational trade to transnational production and then to transnational innovation, which involves many theories. This chapter elaborates from the perspectives of new international trade theory, new economic geography theory, new growth theory and innovation system theory.

The elements of an IE community include universities, enterprises, industries, cities and countries, which constitute the "diamond model" of the community. The development of the IE community must go through four stages: primitive accumulation, diversified development, stable development and innovative breakthrough, where four competition factors that highlight competitive advantages are resources, environment, brand and culture. There are four innovation modes: point innovation, line innovation, area innovation and networked innovation, where competence, innovation and time constitute the "CIT three-dimensional interactive model" of the community. Under different dimensions, with the increasing openness of the innovation system, various functional elements are constantly evolving "from hard to soft", the dimensional tension is gradually strengthened, and the competitiveness of the community is constantly improved.

According to the double helix gradient evolution theory of IE community, the community presents a trend of double helix gradient development, which is bound to experience the evolution process of "university brand → brand university → enterprise brand → brand enterprise → industry brand (park brand) → brand industry (brand park) → city brand → brand city → national brand → brand nation → community brand → brand community".

Under the "normal state" of the economy in the post-pandemic era, how should we promote the inclusiveness and sustainability of the economy? How can we give birth to more small and micro innovative enterprises and create more jobs in the process of building an IE community? The International Universities Innovation Alliance (IUIA), through a large number of practices, proposed to implement the cross-border cooperation strategy of "platform crossing the sea" and "position moving forward", and to build a "four-in-one pyramid" IE community. The key is to implement a strategy map with technology as the core, and to customize the target map according to the community's strategic planning and development needs. The strategy map mainly includes university talent map, enterprise competition map and industrial investment map.

The realization path and landing mode of the IE community of China and Portuguese-speaking countries include: creating a characteristic "Portuguese + Chinese + major" MOOC platform; building a number of "dream spaces", start-up cafes and technology broker centers; developing a number of vocational education centers for cutting-edge industries; building China-Portuguese-speaking Countries Joint Research Institute for Future Industries; establishing a cross-border industrial investment fund for China and Portuguese-speaking countries; and building China-Portuguese-speaking countries future city.

Resumo

Capítulo I   Experiências Sobre a Inovação e Empreendedorismo das Universidades Reputadas do Mundo

Em 1912, Schumpeter apresentou a "Teoria da Inovação" em "Introdução ao Desenvolvimento Económico". Desde então, estudos socioeconómicos têm considerado a "inovação" como um fator chave no desenvolvimento social.

Atualmente, a pesquisa sobre o ecossistema universitário de inovação e empreendedorismo da China e dos países de língua inglesa já se foi tornando cada vez mais madura, acumulando abundantes materiais e casos. No entanto, a partir de uma perspetiva internacional, são relativamente raros as pesquisas e casos sobre a reforma educativa chinesa da inovação e empreendedorismo e o ecossistema de inovação e empreendedorismo promovido por universidades e, em particular, ainda falta o refinamento dos casos de pesquisa e modelos teóricos de inovação e empreendedorismo no âmbito do intercâmbio internacional entre a China e os Países de Língua Portuguesa.

No ecossistema de inovação de um país, qual é o papel de universidades ou instituições de pesquisa?

Antes dos anos 90 do século XX, focalizavam-se na pesquisa do modelo de dupla − hélice entre universidades e indústrias, universidades e governos e indústrias e governos. Em 1995, o Prof. Doutor Henry Etzkowitz dos EUA e o Prof. Doutor Loet Leydesdorff da Holanda propuseram a teoria da estrutura da tripla-hélice entre universidades, indústrias e governos.

Sendo o polo de inovação mais intensivo em conhecimento, mais próximo da linha de frente da pesquisa científica e com maior capacidade de publicar artigos científicos da estrutura de tripla-hélice, as universidades e instituições de pesquisa desempenham um papel importante de produção e difusão do conhecimento em todo o ecossistema inovador.

Segundo a Figura 1.1 (na página 29) do diagrama do modelo teórico de tripla-hélice, a partir do ponto de vista de inovação, as universidades inventam novas tecnologias para a inovação das políticas governamentais e, inversamente, a inovação das políticas governamentais desempenha um papel de macrocontrolo para as universidades. Na interação com a inovação tecnológica industrial, a inovação universitária de conhecimentos proporciona conhecimentos e capacidade de pesquisa e desenvolvimento, enquanto a inovação tecnológica industrial oferece às universidades *inputs* de materiais inovadores, inclusive fundos e espaços. Quanto à interação entre os governos e as indústrias, a inovação de políticas governamentais deve realizar macrocontrolo de acordo com as demandas da inovação tecnológica industrial e, por outro lado, a implementação de projetos promovida pela inovação tecnológica industrial pode aumentar a receita tributária do governo.

Portanto, no presente Relatório, estudam-se as experiências de inovação e empreendedorismo das universidades reputadas do mundo e analisa-se o papel das universidades no ecossistema de inovação do país em que se localizam, o que pode servir-nos como importante referência.

Em 20 de setembro de 2021, a Organização Mundial da Propriedade Intelectual (sigla em inglês WIPO) publicou o *Índice Global de Inovação 2021*, em que os EUA, o Reino Unido, a Singapura, a França ficam respetivamente no 3°, 4°,

8° e 11° lugar e a China continuou a ocupar 12° lugar tal como em 2020. Pode—se constatar que os EUA, o Reino Unido, a Singapura e a França situam—se antes da China no *ranking*. Apesar de termos obtido progressos notáveis, a análise das experiências e práticas dos países com melhor desempenho na inovação continua a ser um caminho eficaz para avançarmos rumo ao primeiro escalão de potências inovadoras globais. Neste Capítulo, selecionam—se os casos de estudo das universidades reputadas dos EUA, Reino Unido, França e Singapura e abordam—se as suas experiências de referência sobre inovação e empreendedorismo.

Capítulo II   Análise de Casos da Inovação e Empreendedorismo das Universidades Chinesas

No contexto da iniciativa de empreendedorismo e inovação em massa, proposta pelo primeiro—ministro chinês Li Keqiang em setembro de 2014, e da implementação de uma série de estratégias universitárias de inovação e empreendedorismo, emitidas pelo Conselho de Estado da China, as universidades chinesas estão a explorar um sistema de inovação e empreendedorismo com caraterísticas chinesas. Sendo a cidade onde se reúnem as melhores universidades da China, Beijing já estabeleceu um sistema completo de formação e práticas da inovação e empreendedorismo voltado para os estudantes universitários em termos da educação empreendedora, espaços incubadores, suporte financeiro, apoio de políticas, orientação empreendedora e desenvolvimento organizacional, estimulando o potencial das universidades como espinha dorsal da inovação e empreendedorismo. No presente Capítulo, citam—se como exemplo as universidades e instituições de pesquisa líderes de Beijing e, a partir das perspetivas de "universidades e empresas", "universidades e cidades" e "Consórcio de Inovação e Empreendedorismo das Universidades em Beijing" bem como de algumas instituições empreendedoras universitárias, analisam-se e abordam-se os esforços envidados pela Universidade Tsinghua, Universidade de Pequim e Academia Chinesa de Ciências na construção de inovação e empreendedorismo.

Baseando-se na perspetiva "universidades-empresas", o Centro de Computação Semelhante ao Cérebro da Universidade Tsinghua e a empresa tecnológica, Lynxi, em conjunto com o Centro de Pesquisa de Redes Cerebrais do Instituto de Automação da Academia Chinesa de Ciências, Instituto de Pesquisa Automotiva de Suzhou da Universidade de Tsinghua e *startups* macaenses de condução autónoma, já realizaram explorações eficazes na área da industrialização tecnológica das universidades. A empresa Lynxi já obteve grandes avanços do desenvolvimento do *chip* semelhante ao cérebro, possuindo um *layout* dos direitos da propriedade intelectual independente com mais de 140 patentes autorizadas. O Centro de Pesquisa de Redes Cerebrais do Instituto de Automação da Academia Chinesa de Ciências aplicou, por meio da industrialização, os resultados mais recentes da pesquisa científica nas práticas clínicas. Os primeiros projetos incubados incluem robô de neuromodulação navegado por Brainnetome Atlas, equipamento de deteção de sinais de atividade cerebral e plataforma de *big data* em saúde de atlas cerebral, concretizando as metas de desenvolvimento de aplicação de demonstração, cartão de visitas da cidade, inovação tecnológica, *clusters* industriais e liderança padrão.

Baseando-se na perspetiva "universidades-cidades", neste capítuo, analisam-se a Base de Aplicação Inovadora "*Blockchain-plus*" da Baía de Qingdao, coestabelecida pelo Município de Qingdao da Província de Shandong, Universidade de Pequim e a IUIA, e o Laboratório de Materiais do Lago de Songshan de Dongguan, coestabelecido pela Academia Chinesa de Ciências. Com base na Incubadora Fintech China-Reino Unido da IUIA de Londres, o Município de Qingdao, em conjunto com a IUIA, Universidade de Pequim e DL Capital, estabeleceu a Incubadora Fintech China-Reino Unido de Qingdao e Instituto de Pesquisa Industrial de *Blockchain*, tendo como referência o Vale do Silício, para construir um novo modelo de desenvolvimento industrial de *blockchain*, Plano de *Chain Bay*. O Laboratório de Materiais do Lago de Songshan de Dongguan constitui um dos primeiros laboratórios estabelecidos da Província de Guangdong, possuindo quatro principais módulos, que são pesquisa científica e tecnológica de ponta, plataformas de tecnologias públicas e grandes instalações científicas, fábrica – modelo para a inovação e centro de ciência interdisciplinar Guangdong – Hong Kong–Macau respetivamente. O Laboratório explora a formação inovadora de cadeia completa de "pesquisa básica de ponta→pesquisa básica de aplicação→ pesquisa de tecnologia industrial→transformação industrial", posicionando – se como base do Sul da pesquisa de novos materiais com influência internacional, parte importante da pesquisa científica de materiais do país e nova janela da abertura de Guangdong–Hong Kong–Macau.

O Consórcio de Inovação e Empreendedorismo das Universidades em Beijing, iniciado conjuntamente pelas associações de inovação e empreendedorismo das universidades de Beijing, visa promover a construção de uma plataforma de apoio ao empreendedorismo e inovação de bem–estar público e abrangente para estudantes universitários de todo o país para que participem na co–construção. Atualmente, conta – se com a participação dos membros provenientes de 36 associações universitárias de inovação e empreendedorismo de Beijing. Com o apoio da IUIA, o Consórcio dedica–se à construção de um espaço de sonho chinês baseando no "Espaço da Ilha do Conhecimento", desenvolvendo diversas atividades tais como diálogo noturno entre os fundadores, lanche entre os investidores, encontros *off-line*, intercâmbio de empreendedorismo transfronteiriço, comunidade *online* de *blockchain* para os estudantes universitários, etc..

O modelo *Tsinghua X–lab* constitui uma plataforma educacional para a descoberta e formação dos talentos criativos, inovadores e empreendedores da Universidade Tsinghua, sendo também uma boa exploração da Universidade Tsinghua em relação à construção de inovação e empreendedorismo. O *Tsinghua X–lab* defende os princípios educacionais de interdisciplinaridade, descoberta dos desconhecidos, aprendizagem experiencial e trabalho em equipa, dedicando-se, em torno da criatividade, inovação e empreendedorismo, à exploração do novo modelo de formação de talentos e à prestação de apoio aos estudantes em termos da aprendizagem de conhecimentos, técnica e conceitos relacionados com a criatividade, inovação e empreendedorismo, a fim de cultivar a criatividade dos estudantes, inclusive o espírito inovador, pensamentos criativos, capacidades inovadoras e executivas, para formar talentos inovadores de nova geração.

Com o intuito de melhor servir para as estratégias nacionais de desenvolvimento de inovação e empreendedorismo, em 2012, a Associação de Alumni da Universidade de Pequim coordenou, em conjunto com o Clube de Empresários da Universidade, 15 faculdades relevantes da Universidade para iniciar o "Plano de Apoio à Inovação e Empreendedorismo da Universidade de Pequim", estabelecendo uma plataforma integrada de apoio à inovação e empreendedorismo com base na educação empreendedora, pesquisa empreendedora, incubação empreendedora e fundos de capital de risco. Atualmente, o Acampamento de Treinamento Empreendedor da Universidade de Pequim já se tornou a maior plataforma de abertura total para a educação, apoio e serviços de inovação e empreendedorismo voltada para o bem-estar público da China, que conta com a participação de 400 orientadores experientes. Já se criaram 500 disciplinas de inovação e empreendedorismo e 19 espaços e incubadoras de empreendedorismo em massa espalhados pelo país, ligando 28 fundos de investimento relacionados com a Universidade de Pequim com um valor total de RMB100 mil milhões. Além disso, também se abriram oficinas de empreendedorismo e se oferecem serviços profissionais para empresas empreendedoras em mais de uma dúzia de áreas profissionais como consultoria estratégica, finanças, equidade, etc..

O dia 20 de dezembro de 2021 marca o 22° aniversário do regresso de Macau à China. A Macau de hoje aprecia a concretização de paz e estabilidade duradouras sob a política nacional básica de "Um País, Dois Sistemas". Sob a liderança do Governo da RAEM, o povo de Macau está unido como um e Macau tem feito progressos consideráveis no seu desenvolvimento nos últimos anos. Entre os diversos fatores que conduzem à solidariedade e ao crescimento, a juventude de Macau é, sem dúvida, o ator mais enérgico e dinâmico, e as universidades de Macau representam um veículo ideal para promover o patriotismo, o amor pela Macau, a procura da verdade e a bondade dos jovens.

A inovação é a primeira força motriz para o desenvolvimento. A Universidade de Macau, a Universidade de Ciência e Tecnologia de Macau, a Universidade da Cidade de Macau e outras universidades de Macau estão a explorar ativamente a educação de inovação e empreendedorismo, a investigação científica e desenvolvimento tecnológico, a transferência e transformação de realizações científicas e tecnológicas, etc, promovendo a construção de um grande número de projetos principais inovadores como "Espaço Nacional de Inovação e Empreendedorismo em Massa da Universidade de Macau", "Instituto de Ciência e Tecnologia da Universidade de Macau em Zhuhai" e "Centro de Inovação e Empreendedorismo da Universidade de Ciência e Tecnologia de Macau", e lançando uma série de atividades de inovação e empreendedorismo, tais como "Atividades de Inovação e Empreendedorismo Indústria−Universidade−Investigação da Universidade da Cidade de Macau". As universidades de Macau usam ações práticas para incentivar os jovens de Macau a sair da sua zona de conforto, ser corajosos na inovação e ser proficientes em empreendedorismo.

Com base na relação interativa positiva entre "indústria e universidade", as empresas em Macau financiam ativamente o desenvolvimento da investigação científica das universidades (instituições de investigação) em Macau, apoiam as atividades de inovação e empreendedorismo dos estudantes universitários e exploram um caminho diversificado de desenvolvimento das indústrias.

O governo central atribui grande importância à integração profunda entre Macau e o continente, especialmente Hengqin (situado no Município de Zhuhai da Província de Guangdong). A publicação do *Plano Geral para a Construção de*

uma Zona de Cooperação Guangdong—Macau em Profundidade em Hengqin irá
contribuir para uma melhor focalização na distribuição ótima de elementos inova-
dores e na construção de um ecossistema de inovação e empreendedorismo. A
publicação do *Plano Geral* proporcionou grandes oportunidades para o desenvolvi-
mento da inovação e do empreendedorismo em Macau nos domínios de sistema in-
stitucional, indústria, talento, educação, finanças e ambiente, e além disso,
desempenhou um papel de liderança na ação da juventude de Macau com o
espírito de "amar a pátria e amar Macau".

Capítulo III Relatório de Investigação Sobre Inovação e Empreendedorismo em Instituições de Ensino Superior dos Países da Língua Portuguesa

A Comunidade dos Países de Língua Portuguesa (CPLP) foi criada em
Julho de 1996 e conta atualmente com nove estados membros, Portugal, Angola,
Brasil, Cabo Verde, Guiné—Bissau, Guiné Equatorial, Moçambique, São Tomé
e Príncipe e Timor—Leste. O território total dos nove países ultrapassa 10,7
milhões de quilómetros quadrados, sendo a sua área total superior à dos Estados
Unidos, China e Índia, sendo quase o dobro da União Europeia. Em 2013, a
população total dos estados membros da CPLP era superior a 262 milhões, o
equivalente a metade da população total da União Europeia e 80% da população
dos Estados Unidos. Até 2050, prevê—se que a população dos atuais estados—
membros da CPLP ultrapassará 360 milhões, fazendo dela a sexta maior
economia do mundo, com o PIB no valor de quase 3 triliões de dólares.

As atividades portuguesas de investigação e desenvolvimento são realizadas
principalmente em laboratórios universitários. Portugal tem uma certa capacidade
de I&D em áreas de alta tecnologia, como a biotecnologia, novos materiais,

novas energias e informação eletrónica, próxima do nível médio da UE. Portugal tem muitos laboratórios bem equipados e de primeira classe na Europa. De acordo com o relatório *Avaliação da Inovação da UE* elaborado pela Comissão Europeia, publicado em 2019, Portugal está classificado em 13° lugar entre os estados membros da UE em termos de poder de inovação. O número de instituições de investigação no país é de 4123, com 58154 investigadores. Dos investigadores, 54.1% são investigadores universitários, 40.7% são empresas, 3.9% são governo e 1.3% são instituições privadas sem fins lucrativos.

A investigação básica é relativamente fraca no Brasil, com cerca de 60% do pessoal científico e técnico envolvido na investigação e desenvolvimento de tecnologias práticas. Instituições de investigação e investigadores estão concentrados em São Paulo (somente a Universidade de São Paulo representa 20%) e no Rio de Janeiro, e as principais áreas de investigação incluem: saúde, ciências ambientais, biotecnologia, informação, novos materiais, controlo da qualidade dos produtos, energia e produtos químicos. O Brasil é o único país do hemisfério sul a dominar a tecnologia espacial, com satélites, naves espaciais, foguetões e locais de lançamento.

Este capítulo fornece uma visão geral básica de nove países de língua portuguesa, os seus mecanismos de ensino superior, e um resumo de algumas das suas instituições de inovação e empreendedorismo, combinado com estudos únicos de casos de países de língua portuguesa baseados em perspetivas locais e internacionais. Aproveitando Macau como *hub* do intercâmbio entre a China e os PLP, este capítulo apresenta inspiração e expectativas sobre inovação e empreendedorismo juvenil, com o objetivo de promover a cooperação de empreendedorismo entre universidades da China e dos PLP, contribuir para o desenvolvimento das relações China-PLP, e abrir um novo capítulo de inovação e empreendedorismo em múltiplos campos de instituições de ensino superior da China e dos países de língua portuguesa.

Capítulo IV   Sistema Teórico, Caminho Realista e Recomendações Políticas do Consórcio de Inovação e Empreendedorismo

O consórcio global de inovação e empreendedorismo tem de viver um processo de comércio transfronteiriço à produção transfronteiriça até à inovação transfronteiriça. Esse processo envolve diversas teorias. Neste Capítulo, expõem-se a Nova Teoria do Comércio Internacional, Nova Teoria da Geografia Económica, Nova Teoria do Crescimento e Teoria do Sistema Inovador.

Os fatores essenciais do consórcio de inovação e empreendedorismo incluem universidades, empresas, indústrias, cidades e países, que constituem conjuntamente o "Modelo do Diamante" do consórcio. O desenvolvimento do consórcio de inovação e empreendedorismo necessita-se de um processo transformador dividido em quatro fases, que são acumulação primitiva, desenvolvimento diversificado, desenvolvimento estável e avanço inovador respetivamente. As suas vantagens competitivas constituem principalmente nos quatro fatores, que são recursos, meio ambiente, marcas e cultura respetivamente. Os principais modelos inovadores são inovação em pontos, inovação em linhas, inovação em facetas e inovação em redes. Fatores competitivos (Competência), modelos inovadores (Inovação) e fases de desenvolvimento (Tempo), tudo isso compõe o modelo interativo tridimensional de CIT. Em diferentes dimensões, com o sistema inovador cada vez mais aberto, diversos fatores funcionais têm-se evoluído de ser duro para ser suave. Além disso, a tensão tem aumentado gradualmente e a competitividade do consórcio também tem sido elevada.

A Teoria da Evolução do Gradiente de Dupla Hélice do consórcio de inovação e empreendedorismo: o consórcio apresenta uma tendência de desenvolvimento de gradiente de dupla hélice, vivendo necessariamente um processo evolutivo de "marcas universitárias→universidades de marca→marcas empresariais →empresas de marca→marcas industriais (marcas dos parques industriais) → indústrias de marca (parques industriais de marca)→marcas urbanas→cidades de marca→marcas nacionais→países de marca→marcas do consórcio→consórcio de marcas".

No contexto da "normalidade" económica na era pós–pandemia, como podemos promover a inclusão económica e o desenvolvimento sustentável, gerar mais micro e pequenas empresas no processo da construção do consórcio e criar mais postos de trabalho? Através de diversas práticas, a IUIA sugere que seja implementada a estratégia de cooperação transfronteiriça "Plataforma de Travessia Marítima" e "Deslocamento para Frente do Campo de Batalha", construindo um consórcio de "Pirâmide de Quatro em Um". É essencial aplicar os mapas estratégicos que têm como núcleo as tecnologias. Desenham–se os mapas–alvo personalizados de acordo com o planeamento estratégico e as demandas de desenvolvimento do consórcio. Os mapas estratégicos incluem principalmente o Mapa Estratégico para a Competição Universitária, o Mapa Estratégico para a Competição Empresarial e o Mapa Estratégico para o Investimento Industrial.

Os caminhos realistas e modelos de aterragem do Consórcio de Inovação e Empreendedorismo China–PLP incluem: a construção de uma plataforma MOOC de educação especial de "Português + Chinês + Especialidade"; a construção de vários "Espaço do Sonho" de cafés empresariais e centros de corretagem tecnológica, baseada em instituições de ensino superior da China e dos PLP; a construção de vários "centros de ensino profissional" de indústrias de aplicações de ponta; o estabelecimento do Instituto de Pesquisa Conjunto das Indústrias Futuras China–PLP; a criação do Fundo de Investimento Industrial Transfronteiriço China–PLP; e a construção da Cidade Futura China–PLP.

第一章 世界各国名校创新创业经验

1912 年，奥地利政治经济学家熊彼特在《经济发展理论》一书中提出"创新理论"，自此，经济社会学研究把"创新"看作社会发展的关键因素。

目前，中国和英语系国家高校创新创业生态研究已经日臻成熟，积累了丰富的资料和案例，但是从国际视野看待中国创新创业教育改革，大学所驱动的创新创业生态系统相关研究和案例相对较少，尤其缺少中国葡语国家国际交流视野下的创新创业研究案例及相关理论模式的提炼。

在中国澳门回归祖国 22 周年之际，国际大学创新联盟（IUIA）联合包括剑桥大学、牛津大学、新加坡南洋理工大学、清华大学、北京大学、北京理工大学及澳门有关大学的师生在内的学术团队和首都高校大学生创新创业共同体，共同围绕中国和葡语国家大学创新创业这一核心主题，从全球视野切入，通过对这些国家的历史、现状、典型模式和最新态势进行分析提炼和比较研究，并在此基础上提炼出中国和葡语国家大学创新创业的理论模式和现实路径，探讨和展望以大学创新创业为抓手，推动中国—葡语国家共建创新创业共同体、学术交流共同体、中国—葡语国家命运共同体的发展，为推动建设人类命运共同体，实现全球可持续发展，贡献智慧。

在一国的创新生态中，大学（科研机构）应当扮演什么样的角色？

美国高等教育之父、哈佛大学校长查尔斯·艾略特在 1863 年到德国、法国访问后发现：大学可成为国家生产力发展和繁荣的引擎。他提出高水平大学应该做好 3 个方面：一是高层次研究与新知识发现；二是为社会与经济作出贡献；三是提供自由选择的课程。

20 世纪 90 年代以前，人们主要关注的是"大学—产业""大学—政府""产业—政府"双螺旋关系的研究。这就是 1995 年美国埃茨科威兹教授和荷兰劳雷德斯多夫教授提出的"大学、产业和政府"三螺旋结构理论。

在创新生态系统中，大学（科研机构）作为"三螺旋结构"（大学、政府、产业）中知识密集度最高，离科研一线最近，发表论文能力最强的创新极，在整个创新生态圈中要发挥知识生产和扩散的功能。

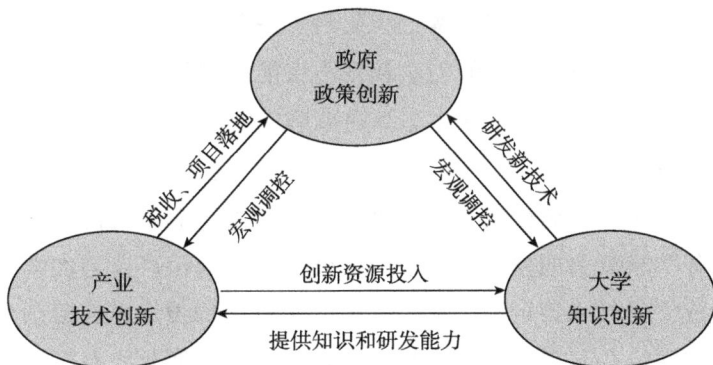

图 1.1　创新视角："三螺旋"理论模型

在图 1.1"三螺旋"理论模型中，从创新视角看，大学对政府政策的创新起到研发新技术的功能，政府政策创新对大学又起到宏观调控的作用；在与产业技术创新的互动中，大学的知识创新为产业提供知识和研发能力，而产业技术创新又为大学提供包括资金、空间等在内的创新资源投入；在政府与产业的互动中，政府政策创新要结合产业技术创新的需要做出宏观调控，产业技术创新带来的项目落地又能为政府增加税收。

因此，研究世界知名大学的创新创业经验，进而分析大学在该国的创新生态系统中的作用，对我们来说十分有借鉴意义。

2021 年 9 月 20 日，世界知识产权组织（WIPO）发布《2021 年全球创新指数报告》，在全球排名中，美国排名第 3、英国排名第 4、新加坡排名第 8、法国排名第 11，中国延续 2022 年取得的进步，排名全球第 12。美国、英国、新加坡、法国的全球创新指数仍在中国之前。尽管我国已经有了可喜的进步，但分析前面国家的经验做法，依然是我国向着全球创新第一梯队强国迈进的有效路径。

本章选取美国、英国、法国、新加坡 4 个国家的知名大学（科研机构）为案例，探讨他们在创新创业方面的经验做法，以资借鉴。

第一节　美国高校创新创业经验

美国创新创业生态圈的成功构建离不开其成熟的创新创业教育体系，经过不断地探索和发展，美国本土孵化出了一条高校与创业教育间目标相一致的良性发展之路。良好的创业教育不仅能够激发创业氛围，还能巩固生态圈的建设，使美国的创业生态圈内部形成更紧密的联系。

在 1980 年美国国会通过《史蒂文森——怀德勒技术创新法》与《拜杜法案》后，美国各名校的技术转化从"委托校外中介机构代理本校的技术许可事务"转变为成立"赞助研究办公室"以监控产业与大学的合作关系，以及成立"技术许可办公室"处理大学内部的技术转让复杂事务。当与创业生态圈结合起来时，高校的技术转化、创新创业才有意义。结合创业生态圈的特点、不同区域的创新文化，本节讨论了美国 128 公路与硅谷具有代表性的高校创新创业模式以及创业生态圈构建。

一、美国 128 公路与硅谷生态圈

美国 128 公路与硅谷生态圈主要由六部分组成，分别是初创企业、大型科技公司、投资者、加速器、大学以及共享办公空间。

（一）初创企业

初创企业是生态圈中最重要的参与者，他们必须具备以下特性：

1. 可扩展性与可重复的商业模式

以传统律师咨询行业为例，一个律师咨询事务所假设可以在一年内服务 100 个客户，如果这个律师咨询事务所想要将其服务的客户增长到每年 10,000 个，相当于要在之前的体量上提升 100 倍。而互联网模式却不然，Clerky 与 Rocket Lawyer 作为在律师咨询行业可扩展模式的典型代表，他们利用软件自动化最简单和最可重复的流程，使标准法律文件自动化，使得

其业务非常具有可扩展性。

2. 清晰的价值主张

20世纪初，人们都有随时拍照的习惯，但互相分享是困难的。2010年发行的Instagram迎合了智能手机的热潮，这款产品有着非常明确的人际关系价值主张，不需要过多解释软件的应用场景，所有人都认可并明确它的价值主张。

（二）大型科技公司

在硅谷中成立的大型科技企业包括苹果、谷歌、Facebook等，都通过指导、投资、收购或与初创企业合作，为生态圈增加了巨大的价值。近年来，银行、服装等非技术行业的大型企业也在硅谷开设办事处，以便从创业环境中学习经验。而当前美国128公路中的生物医药研究处于世界领先地位，多家生物医药巨头入驻肯德尔园区，并吸引了上百家生物医药企业汇聚于此。

（三）投资者

以硅谷为例，2015年，硅谷聚集了全美超过40%的风险投资，这使得硅谷的资金非常充裕。具备正确的思维模式和长期愿景的投资者能够使整个生态系统健康发展。美国的投资者主要包括家人和朋友、天使投资、风险投资、战略投资者等。

（四）加速器

加速器可以定义为风险投资公司和孵化器的交叉。顾名思义，它们的设立是为了加速创业成功的机会。其主要为成功的企业家、高管、投资者的会议和晚宴等提供便利，促进生态圈的内部网络。

（五）大学

大学在创业生态圈中占据着非常重要的地位，如Facebook、谷歌和微软，其创始人在课堂中相遇，才有了这些优秀的企业。美国高校的开放性很高，并且具有数量众多的高素质教授，在与私营企业合作的过程中，为新的技术突破提供了条件。值得注意的是，谷歌关于自动驾驶车辆的研究，实际上都是来自于卡内基梅隆大学和斯坦福大学中教授及博士生运作的项目。

（六）共享办公空间

共享办公空间是一个新兴的概念，在过去近十年间互联网经济高速发展的阶段，这种模式在硅谷及 128 公路极受欢迎。初创企业或跨国公司可以在共享办公空间租下一间办公室，甚至一张桌子或一个工位来进行工作以及开办企业。共享办公空间提供便利设施、互联网、服务（会计、法律援助）和会议室等，在这样的环境中，企业家的交流更加紧密，通过参加活动，企业家之间建立了人际网络。像 WeWork 或者 Rocket Space 这样的大型连锁共享办公空间能够从投资者那里筹集到数亿美元，并且在世界各地设有办事处，这些办事处促进了不同国家生态圈的互动。

二、128 公路生态圈及麻省理工学院、哈佛大学

近 30 年来，波士顿 128 公路相较硅谷发展更缓慢，但仍然是美国乃至全世界最重要的高科技产业集群之一。依托于麻省理工学院、哈佛大学等世界顶尖大学，128 公路近年来在生物医药领域取得了重大进步。

（一）美国 128 公路生态圈

美国 128 公路，被誉为"科技快速路"，每年都吸引着大批科研型企业慕名而来，一睹世界电子工业中心的风采。由于毗邻波士顿高校，如哈佛大学、麻省理工学院等，128 公路高科技生态圈借助先天的人才和科技优势，在美国东部创新中独领风骚。

20 世纪初期，哈佛大学和麻省理工学院的研究实验室专注于电子科学新领域的研发，率先踏入全球范围内高科技研究行列之中，为 128 公路的发展提供了充足的技术保障。

20 世纪 40 年代，第二次世界大战期间，马萨诸塞州的研究基础设施被用于战争，因此该地区成为雷达微波研究中心，激发了科学家的创新精神，第一台实用型数字计算机即在此问世。

1951 年，128 公路第一部分开通，高速公路为驾驶员提供了规避波士顿交通堵塞的途径，这种便利使它迅速发展成为美国的第一个"高科技走廊"，促使技术导向型企业迅速聚集。

20 世纪 50—60 年代，房地产开发商沿 128 公路建设工业园区，目的是利用其便利的交通构建公司间的互动往来。哈佛大学和麻省理工学院拥有强大的研发能力，这对该地区的公司来说是一个巨大的吸引力。因此，沿 128 公路一带的公司数量从 1955 年的 53 家迅速增长到 1967 年的729 家。

20 世纪 70—80 年代，波士顿市成为小型计算机革命中心，形成了许多科技巨头公司，例如美国数字设备公司（Digital Equipment Corporation），一度成为国际商业机器公司的头号竞争对手。20 世纪 80—90 年代，由于微型计算机制造商无法与个人计算机竞争，微型计算机行业崩溃了。硅谷开始逐步超越 128 公路，成为一枝独秀的科技创新中心。另外，128 公路的风险资本家多为金融从业人员，其投资周期相对更长，所以位于 128 公路的企业更新换代速度比硅谷要更慢一些。

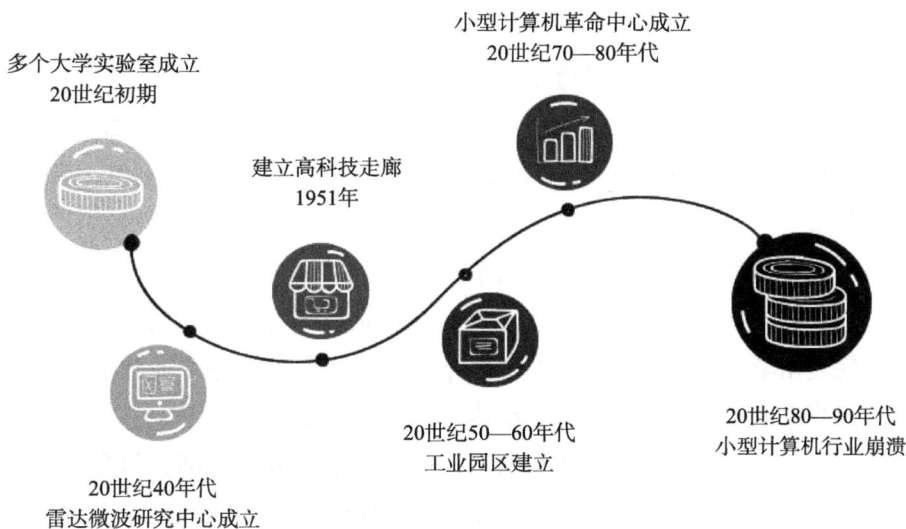

图 1.2 128 公路发展历史

（二）麻省理工学院

麻省理工学院的技术许可办公室致力于识别早期的商业机会，并与风投机构紧密联系，将市场需求与技术研发紧密联系，建立起了良好的生态系统。

麻省理工学院技术转化成功的原因主要可以归结于以下几点：

（1）行业资助早期研究：行业联络计划（ILP）允许成员公司接触麻省理工学院的教职工以寻找技术战略合作。

（2）建立麻省理工学院科技园：以废弃工厂作为主要部分，而后扩建组成科技广场，与128公路的各个企业紧密联系，形成科技企业生态圈。

（3）科研与行业紧密合作：建立创业中心（MIT Entrepreneurship Center），提供一系列课程与倡议，例如"＄50K Competition"以激发学生团队创业精神。构建良好的麻省理工学院生态圈，建立 MIT Enterprise Forum（非营利组织），为麻省理工学院企业家和潜在投资人提供训练与论坛。

（4）强大的研究基础：联邦政府资助基础研究，超过75%的科研资金来自于联邦政府。截至2020年10月，麻省理工学院拥有97位诺贝尔奖获得者，具备强大的科研实力。

（三）哈佛大学

哈佛大学在创新创业教育中处于美国乃至世界的领先地位，商学院的 MBA 学生中有超过50%的人创办了至少一家企业，在 Pitchbook 2020 排名中，哈佛大学 MBA 项目的学员在女性企业创始人数量、企业创始人数量、企业数量及募集资金四项排名中获得了第一。

哈佛大学的创新创业教育采用了传统的"集聚模式"。在"集聚模式"下，高校将创新创业专业及课程开设在商学院或经济管理学院当中，课程设计完全由学院负责，进入该专业或项目的学生经过严格专业筛选，保证了项目当中的所有学生来自于学校内的商学院或经济管理学院。在这种模式下，项目中学生的创业比例会很高。除集聚模式外，美国其他高校也有采用"磁石模式"与"辐射模式"的创新创业教育体系，典型代表为巴布森学院、伊利诺伊大学香槟分校、伍斯特理工学院等。

哈佛大学采用"集聚模式"的一个影响是对于校内教职人员创业的态度相对传统，曾有一个经典的案例：哈佛大学化学系终身教授 Gregory Verdine 创立的 Enanta 在纳斯达克上市，在他又创立了一个专注于癌症治疗的生物医药公司 Warp Drive Bio 时，他担任公司的 CEO 和首席科学家，因此向哈佛大学申请了两年休假。由于哈佛大学严格的规章制度，Gregory

Verdine教授因不能投入超过20%的精力到教学、科研以外的工作当中，所以哈佛大学给他发了一封警告信，并告诉他在创业与教职中选择其一。经过双方协商，学校最终保留了他的终身教职，并同意其继续在公司担任CEO等职位，但取消了他在哈佛大学的实验室，并缩减了其上课课时。

三、硅谷生态圈与斯坦福大学、加州大学伯克利分校

在硅谷，失败被视为一种常态，成功则被认为是经验积累的必然结果。硅谷的风险投资家们通常将连续成功创业者看作新人，将有过三次及以上失败经历的创业家看作目标。硅谷这种特有的文化和社会观念，与其历史发展的过程息息相关。

（一）硅谷生态圈

1891 年，斯坦福大学成立，鼓励大学教授创办自己的公司。在开学典礼当天，校长大卫·斯塔尔·乔丹（David Starr Jordan）表示，斯坦福大学作为新成立的学校，没有历史，也不受传统的束缚，自由创新将永远是大学发展的宗旨和目标。

1915 年，李·德·弗雷特斯（Lee de Forest）在帕洛阿托（Palo Alto）的联邦电报公司（Federal Telegraph Company）研究实验室发明了真空管放大器，这是一个首次利用非机械方式控制的电流装置，促进了通信设备的发展，如电话、收音机、电视等。硅谷初期的闻名与联邦电报公司的发展密不可分。

20 世纪 00 年代初期，弗雷德里克·埃蒙斯·特曼（Frederick Emmons Terman）教授开设电子学课程。受弗雷德里克·埃蒙斯·特曼教授的鼓励，学生们将课堂上所学习的理论知识应用到实际操作之中，组建自己的公司，因而创建了利顿工业公司（Litton Industries）、瓦里安联合公司（Varian Associates）、惠普公司（Hewlett-Packard）等。

20 世纪 00 年代中期，威廉·肖克利（William Shockley）被誉为硅谷之父，发明了结型晶体管（Junction Transistor），成立了肖克利半导体公司，将他的发明商业化。这是第一款硅半导体器件，引领硅谷进入到下一个发展时期之中。1957 年底，肖克利同 8 名研究人员（他将其称为"叛逆

八人组"）成立了仙童半导体公司（Fairchilds Semiconductor）。

20 世纪 60—80 年代，仙童公司的半导体业务发展得如日中天，然而最初的创始人和许多仙童半导体的员工创立了自己的公司和风险投资公司，如英特尔（Intel）、凯鹏华盈（Kleiner Perkins Caufield & Byers）、红杉资本（Sequoia Capital）、超微半导体公司（Advanced Micro Devices, Inc）等。

20 世纪 80 年代后，个人计算机特别是国际商业机器公司（International Business Machines Corporation）的个人计算机和苹果公司（Apple Computer, Inc）的计算机变得更加流行，这也导致了配合计算机发展的各种新兴软件的崛起。许多软件公司在硅谷成立，开始生产计算机和使用它们的软件，如苹果公司、欧特克公司（Autodesk）、赛门铁克（Symantec）等。20 世纪 90 年代后期，随着互联网的兴起，硅谷也催生了许多该领域的公司，包括亚马逊（Amazon）、亿贝（eBay）等。

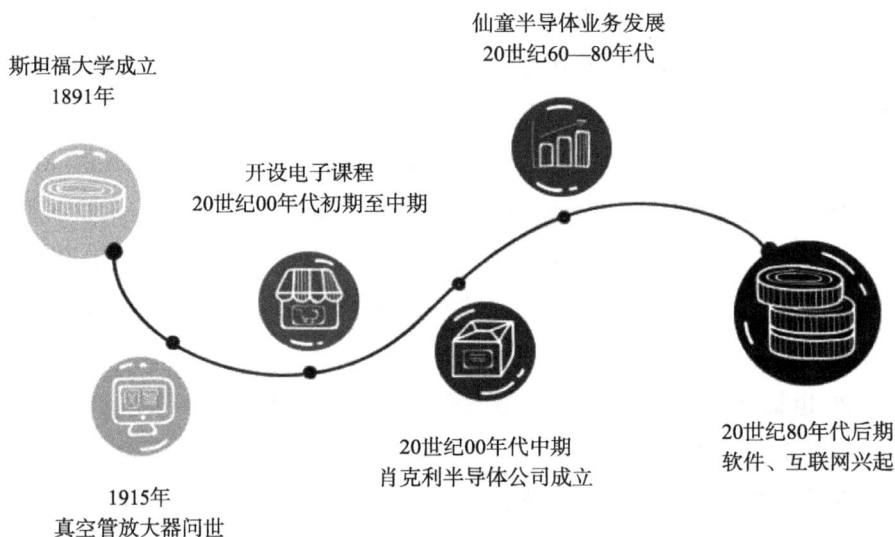

图 1.3　硅谷的发展历史

硅谷生态圈的蓬勃发展离不开其周围大学的兴起和发展，包括斯坦福大学和加州大学伯克利分校等。硅谷依托斯坦福大学、加州大学伯克利分校、加州理工学院等世界顶尖理工科院校，在互联网、人工智能等技术领域取得了巨大的进步。值得注意的是，硅谷的风险投资者往往是企业家，他们通过创造一个科技公司从中获利。位于硅谷附近的大学往往非常支持内部的教授参与到科技创业中。本小节以两所世界名校为例，客观地分析其创新创业经验及启示。

（二）斯坦福大学

斯坦福大学非常注重创新创业教育，其商学院建立了创业车库（Startup Garage）以支持其创业教育。创业车库对所有斯坦福大学学生开放，是一个集中的、基于项目的课程。在创业车库中，学生团队学习应用设计思维、工程、金融和商业组织的概念，尝试设计和测试新的商业概念以解决现实世界的需求。截至 2021 年 9 月，已经有超过 130 家成功的公司由斯坦福大学校友通过创业车库孵化，其中有超过 25 亿美元的资金由校友们筹集。

除支持学生创业外，斯坦福大学对于校内专家教授的创业持鼓励的态度。斯坦福大学的崔屹教授是锂电池领域的专家，他于 2008 年创办的安普瑞斯电池公司，是世界领先的储能材料企业。安普瑞斯吸引了众多投资机构的关注，包括赛富亚洲基金、盈富泰克、无锡产业发展集团、Trident 资本等，其中斯坦福大学本身也参与了对安普瑞斯电池公司的投资。

（三）加州大学伯克利分校

加州大学伯克利分校在创新创业主题发展中不断发挥其优势和特长，从多学科角度系统性地综合研究现象本质及发展规律，对美国乃至全球经济都起着重要的作用，这也深深烙印在加州伯克利分校的基因结构之中，并为其教职员工和学生提供了优越的创新环境。

创业与创新项目是加州大学伯克利分校发展的特色之一，该小组涵盖了从正式理论到实证研究的所有领域，通过收集大量数据集及与一些高管的实践工作经验，为创业和创新生态系统注入了活力。与此同时，加州大学伯克利分校技术许可办公室也持续支持教授将科研成果运用到商业领域之中。

詹姆斯·帕特里克·艾利森（James Patrick Allison）博士是加州大学伯克利分校的免疫学教授，也是美国国家科学院院士，致力于研究免疫系统对癌症的反应和疾病选择性抑制 T 细胞的激活扩散。在加州大学伯克利分校技术许可办公室的帮助下，艾利森博士成功地将科研成果运用于商业生产之中，有效地提高了患者的存活率，并得到了美国食品和药物管理局的批准及授权。这项技术商业化成果投入时间长且资金数额大，艾利森博士的成功离不开其自身具备的企业家冒险精神。同时，加州大学伯克利分校技术许可办公室支持专利转移，也为其成功贡献了不可或缺的力量。

值得一提的是，"天空甲板"孵化器是加州大学伯克利分校首个高校创业的孵化器，具有以下几个特点。

1. 地理位置优越，引导城市未来的发展方向

SkyDeck 重点的扶持对象是学生，包括比尔·盖茨、扎克伯格。纵观美国现代科技企业发展史，就是一部高校学生的创业史。这个由伯克利哈斯商学院和工程学院联合创立并资助的孵化器，位于伯克利市中心最高层建筑的楼顶套房（伯克利作为有名的生态城市，12 层已经是市区最高的建筑了），四面都是透明的落地窗，视野极其宽阔，总面积大约 3,000 平方米，功能包括办公工位、会议厅和公共空间，这里可以俯瞰旧金山湾区。

2. 强大的高校资源和产业依托

作为美国第一公立大学，也是世界上最顶尖、享负盛名的高等公立学府，加州大学伯克利分校有着孕育世界领先企业的悠久传统，从苹果、英特尔和 Sun、阿米瑞斯与特斯拉汽车公司，伯克利的研究基因渗透到美国巨头企业的核心领域。曾在伯克利工作和深造的诺贝尔奖、图灵奖（计算机界的诺奖）得主众多，这所百年名校所蕴含的人文和学术氛围简直不可估量。在产业资源方面，依托加州的强大财政支持和西海岸的优秀商业环境，再加上旧金山的亚太商贸枢纽地位，哈斯商学院现在已经成为美国最顶尖的商学院之一，它在金融、国际商务、非营利机构管理、创业等方面的实力不可小觑。

3. 科学合理的加速方案和切实落地的孵化体系

我们都知道，创业和学习需要投入巨大的时间和精力，然而在 SkyDeck 创业的学生们，会在考试的时候获得一定程度的优待和照顾，不用担心创业会导致成绩受到影响，所以有许多创业者都是一边学习一边创业。每支团队大概可在长达一年的时间里使用这个孵化器，接受哈斯商学院教师和创业校友的指导，听到中肯的意见，得到高效的帮助。除去给与相应的专业性的指导，项目负责团队甚至还会教导创业者们如何做 Presentation，如何给 VC 做一个好的演讲，如何去讲一个吸引人的故事甚至在 Demo Day（项目宣讲日）之前他们就有机会向附近硅谷的投资者推介自己。目前有 28 支团队进驻在孵化器，这些团队无一不是经过激烈竞争才得以中选的，多数团队都拥有至少一名 MBA。

4. 厚积薄发，后来居上

同样作为北加州最著名的两座高校双子星，被拿来和斯坦福大学对比似乎是不可避免的事情。斯坦福大学拥有着无可比拟的创业环境，优秀创业者和投资人的经常造访，成熟的加速器和孵化系统，以及那种对于创业的向往和本能。相比之下，加州大学伯克利分校做产学结合的激情稍弱一点，更加偏重传统的学术道路，无法形成良好的成果商业化体系似乎是这种学院派作风的通病，但作为美国精神基础的言论自由运动就是从伯克利诞生的，这座城市从来不缺乏创新和改革的勇气。SkyDeck 的存在不仅让这座城市变美，它同时还传达着伯克利式的价值观和融入创业世界的新理念，对于教师、学生、潜在的投资者和学校工商业上的合作伙伴来说，这是一个非常有吸引力的讯息——传统的学院派孵化器正在慢慢发力，正如伯克利加州大学优秀的历史传统和激励口号"Go bear!"那样，终有重树经典再创辉煌的一日。

四、影响与启示

128 公路与硅谷创新生态圈成败与否的关键因素并不取决于人才、政策、科技等软实力，而是依托大背景下形成的文化和结构。128 公路生态圈信奉自力更生的企业文化，以及政府扶持政策，形成了保守封闭僵硬的企业文化，难以长时间维持公司活力。同时，128 公路生态圈独立发展，自成体系，无法与周边企业形成良好互动共赢。然而，硅谷遵循市场发展规律，开放技术企业之间及与周边金融、教育和公共部门机构之间的界限，勇于冒险，始终保持企业活力。虽然硅谷生态圈公司以中小型企业为主，但是它们互为上下游关系，细化服务和产品领域，自由竞争又相互依赖，使得硅谷科技企业渐成规模。

总之，重要的组织和文化差异使得硅谷和 128 公路经济发展后期迥然不同。这并不意味着未来两者的差异还将持续下去，而是表明文化和机构并不是静止的，它们都会经历螺旋式上升的过程，即克服常规和习惯，趋向协同发展的方向。政府官员应该意识到，仅仅依靠政府政策是远远不够的，同时调动外部动因和内部动因，才能真正激发企业内部和企业之间的生命力与爆发力。

第二节　英国高校创新创业概况

一、牛津大学及其创新创业体系

牛津大学，作为世界上最著名的大学之一，其创新创业的经验启示也指导着各行业的企业蓬勃发展。本小节从牛津大学的创新创业教育体系和实践案例入手，客观地探索其动力来源的本质。

（一）创新创业教育体系

牛津大学创新创业中心使得赛德商学院的企业家们进行有效互动，以追求他们的创新创业抱负。该中心在创业创新实践方面支持牛津大学赛德商学院的学生，与学校内部的其他相关部门取得合作，帮助学生探索课程内外的创新活动、个人和团队的创新创业项目，以达成学生们的创业志向和雄心。该中心提供了体验沉浸式学习方案，与身经百战的企业家深度合作，探索创业的整个过程，配合创业导师的专业指导，形成完整的创业框架涵和体系。牛津大学创新创业课程不仅关注学生的学习成果，还同时关注学生未来的职业生涯以及创新前景，邀请众多海内外知名专家学者，组织研讨会和讲座，让学生站在巨人的肩膀上眺望远方。

牛津大学 oNetwork 是一个由经验丰富的企业家和商业领袖组成的社区，他们以一对一、小组和研讨会的形式与牛津大学赛德商学院的学生和校友分享他们的专业知识。牛津大学致力于通过推广创业价值观和思维，成为学生和校友的变革性合作伙伴。牛津大学不仅投入时间和专业知识，还投入重要的人脉资源，以加速牛津生态系统中出现的创业计划。oNetwork 的成员是一群经验丰富的企业家和商业领袖，这反映了社区的高品质，通过让成员们参与创新创业计划和倡议，可以支持有梦想的学生和校友追求他们的创业抱负与目标。

（二）创新创业支持机构

科技与企业的联合创新是牛津大学得以持续发展的动力来源。联合牛津大学科技创新公司（Oxford University Innovation，简称 OUI）、牛津国际创新咨询公司（Oxentia）、牛津大学科学创新基金（Oxford Sciences Innovation，简称 OSI）、牛津创新协会（Oxford Innovation Society，简称 OIS）和牛津大学科学园等衍生或相关机构，牛津大学孵化的公司数量已经超过了 200 家。牛津大学的创新创业机构跨学科交互融合，促使科研转化为商业发展的动力源，激发多家企业蓬勃发展。

（三）创新创业实践案例

牛津大学科研与发展公司（Oxford University Research and Development Ltd）是一家帮助牛津大学科研人员进行科技转化的标准化公司，其涉及的服务领域众多，为科研与商业搭建起了交流的桥梁。它是欧洲最大的大学 PCT 专利申请机构，在全世界排到了前 20 名，为很多知名企业和公司提供成熟的咨询服务超过 500 次，并得到了约 450 万英镑的收益利润。该公司不断扩大规模和影响力，并组建跨学科交流合作项目，为创新创业提供了良好的交互平台。

牛津大学校友创业热情也极高。例如，MBA 硕士生朱世贤（Sai）毕业后放弃了年薪百万的体面工作，投身于男装服装制造行业，在大湾区开始了冒险的创业之旅。配合大湾区完善的供应链体系，Sai 将服装行业融入大湾区生态圈系统之中，他创建的服装公司 "GIGASANSE 极格先生" 得到市场客户的喜爱和认可，服装的设计和搭配符合市场预期，最重要的是价格适中，真正做到了情怀与商业并重。Sai 的梦想不仅于此，他希望未来 20 年能够把服装公司做大做强，使其成为一个上市公司，将企业文化与世界各地的顾客分享。

二、剑桥大学及其创新创业体系

剑桥大学是一所建立于中世纪的举世闻名的学术型大学，也是全世界科研能力最强的大学之一，至今已经诞生 121 位诺贝尔奖获得者、15 位英国首相、11 位菲尔兹奖获得者、7 位图灵奖获得者。基于卓越的科研能力和技术转换政策支持，剑桥大学的创新创业教育及实践体系成为全球重要的参考对象。

（一）创新创业教育体系

剑桥大学的创新创业教育体系采用了"磁石模式"，"磁石模式"与"集聚模式"的区别是，学校鼓励不同背景的人参与到创业课程中来，而非仅对商学院或经济管理学院开放。剑桥大学在嘉治商学院（Judge Business School）中成立了创业中心（The Entrepreneurship Centre），此创业中心吸引了剑桥大学内部不同专业背景的学生参与课程、辅修专业等，创业中心的管理和教学仍然归属于商学院。这是一种开放性更强的创业创新教育模式，有利于学校的资源整合，促进整体创业环境的构建。

嘉治商学院创业中心包括全程创业指导——从赋能有抱负的企业家到早期企业的创建和发展，一直到中小型企业的成长。创业中心旨在支持剑桥大学的创业人才发展以及创新想法的商业化，加强剑桥创业生态系统内外管理能力的发展，发展和分享思想领导力，使剑桥大学成为全球创业知识中心。

为适应企业家需求，剑桥大学嘉治商学院开设了创业学硕士、MBA 以及 EMBA 等课程。主要活动除课程外，还有由行业从业者举办的实践研讨会等。课程希望帮助正在创业的新生企业家深入学习成功企业家的经验。

（二）创新创业支持机构

剑桥大学持续支持技术商业化的进程，组建专家团队指导企业发展并资助初创企业发展。剑桥企业有限公司（Cambridge Enterprise Limited）帮助学术界确保具有长期的研究资金，支持学术界、研究人员、剑桥大学员工和学生实现知识转化和研究影响；还通过帮助创新者、专家和企业家利用商业渠道实施他们的想法和专业知识，加速产业化推进。

剑桥企业有限公司与本地和全球的组织保持联系，在商业化和社会企业方面提供专家建议和支持，包括帮助提供学术咨询服务，创意的保护、发展和许可，新公司和社会企业的创建以及种子基金。无论是突破性的干细胞研究、一级方程式赛车中使用的关键悬浮技术，还是使蜜蜂繁衍和农作物生长的花种组合，都是剑桥企业有限公司及其合作伙伴的科研成果，他们将成果推向市场，并取得了成功。剑桥企业有限公司能够帮助其合作伙伴创造一系列产品，并提供服务和建议，使其能够惠及全球。

（三）创新创业实践案例

1. 剑桥科技园

剑桥科技园成立于1970年，如今该园拥有150英亩的高科技和实验室建筑。目前130多家公司的7,000名员工入驻在剑桥科技园，入驻园区的企业包括充满活力的初创企业以及世界领先的技术企业。

剑桥科技园的公司和企业家致力于改善生活的技术，从非侵入性诊断和新型药物，到下一代显示和通信技术，35%的技术为生命科学领域，65%的技术为深度科技。在剑桥科技园内，不同规模、行业、年龄和国籍的企业家相互合作，为创新提供了灵感，建立了充满活力的生态圈。

剑桥科技园建立了全英独一无二的多元化社区，为企业家提供了无限的合作和互相学习的机会，主要活动包括：特殊兴趣小组、CEO早餐、"午餐与学习"活动、一对一交互和各种社交活动计划。

2. 剑桥大学中国管理研究中心

剑桥大学与中国的联系愈加紧密，尤其是近年来中国企业的高速发展对全球来说都具有非常宝贵的参考价值。剑桥大学基于对中国企业的研究，嘉治商学院创立了剑桥中国管理中心（The Cambridge Centre for Chinese Management）。该中心属于学术研究机构，致力于研究中国企业的管理实践和战略。其旨在成为领先的全球研究平台，通过开展与中国管理相关的世界级研究，为知识的创造和传播作出贡献。

剑桥中国管理中心正在与领先的中国企业建立广泛的合作网络，如华为、腾讯等；同时将中国领先企业引入剑桥的创业生态圈，以带来活力。该中心为这些企业提供了一个平台，以检查他们各自面临的具有挑战性的管理问题。同时，也为中国企业提供了一个了解西方发展的前沿管理思想的窗口。通过这种行业参与，该中心与企业建立了各种深入的关系，为其研究和高管教育提供信息该中心举办的主要活动包括：中国商业领袖访问者和演讲者系列论坛、剑桥中国管理中心企业业务案例分析、剑桥中国管理中心行业高管培训。

第三节　法国创新创业体系与智慧交通产业发展

一、法国创新创业：欧洲之王

法国的创新创业生态，在高校创新创业教育、创业孵化、政企扶持方面都走在欧洲甚至世界前沿。根据世界知识产权组织（WIPO）发布的《2021 全球创新指数》，2021 年，法国成为全球第 11 位最有创新力的国家。根据世界经济合作与发展组织的数据，法国有创业计划的青年数量同样位居欧洲第一，2016 年统计显示，有 34% 的年轻人有创业意向。此外，法国新企业成立数量也位居欧洲第一，2021 年新企业数量达到 100 万（法国国家统计与经济研究所（INSEE）统计数据）。

法国的创新投资、战略投资和众筹资本在全欧洲排名第二，2016—2017 年，法国的创新资本增长了 22%，世界经合组织的成员国中，法国的大型集团与创业公司的合作是最密切最积极的，也积极参与法国 CAC40 企业发起的新项目。法国国家投资银行也优先为在健康、数字和环境领域的创新企业进行投资。2016 年世界权威知识产权机构 ClarivateAnalytics 的全球百强创新企业报告中，法国有 10 家企业上榜，为欧洲第一，全球排名第三，仅次于美国和日本。在 10 家企业中，有 6 家自 2011 年以来年年榜上有名，这些企业涉及能源、化工、美容、航空、建筑、汽车等领域，其全球影响力平均超过其他国家 10% 以上。

欧洲国家（特别是法国）政府层面在创新创业上的投入决定了其创新生态的优越性。20 世纪 80 年代末，全球"创业教育"理念诞生；20 世纪 90 年代，创新创业教育开始在法国全面展开。为了将创新创业理念深入到高校层面，法国政府在 2001 年成立了创业教育实践观察站（OPPE），为高校提供创业服务，并在加拿大、比利时等一些法语国家设立了分站点。2009 年，法国教育部发起了"学生企业家"计划，将创业真正引入了高等教育政策领域。该计划由法国教育部为每所高校安排一名创业辅导员，辅导学生开展自主创业活动。一年内任命了 300 名创业辅导员，构成了一个高等教育创业指导网络，实现了经验交流与共享。

2013 年底，为了进一步优化创业环境，提升学生创业能力，法国高等教育与研究部再次升级了该"学生企业家"计划，推出了鼓励大学生创业的新措施，即为 28 岁以下大学在校生或大学毕业生建立"学生企业家"身份，支持大学生特别是大学毕业生在创办公司期间仍可保有学生身份以及相关社会福利。"学生企业家"身份在"大学生创新、技术转移和创业中心"项目机构所属范围内，对有志于创办企业的大学生项目持有者有效。除在校大学生之外，在毕业后创办公司的毕业生仍然可以利用"学生企业家"身份，获得帮助和资金支持。

从高校政策投入到学生创业教育，从优惠扶持到观念鼓励，法国的创新体系早已形成了以高校为基础，以国家级机构为管理运营平台，以创新企业为最终成果的完整链条。

二、大学生创新、技术转移和创业中心（PEPITE）：学生企业家的摇篮

2014 年，法国高等教育、研究和创新部发起成立了法国大学生创新、技术转移和创业中心（Pôles Étudiants pour l'Innovation, le Transfert et l'Entrepreneuriat，简称 PEPITE）。任何希望接受创业和创新培训的学生或毕业生都可以在 PEPITE 机构得到帮助和支持。PEPITE 以其社会经济生态系统为背景，将高等教育机构（大学、商学院、工程学校）、公司企业聚集于一个平台，在这个平台网络中，所有会员和成员将共同工作并交流，使用共享办公空间，获得专属导师、项目资金支持、法律协助、实习机会，甚至奖学金。如今，法国有 33 个大学生创新、技术转移和创业中心分部，为法国大学生服务，其使命是通过实际创新创业，加强高等教育中的创业文化

和创新。

作为法国国家级发起的创新创业机构，大学生创新、技术转移和创业中心的数据显示，2016 年法国新成立 554,000 家企业，出现了 4,500 名"学生企业家"、33 家 PEPITE 孵化中心。无论这些"学生企业家"的创业项目性质是个人的还是集体的，是经济方向还是社会方向，是创新创意方向还是科技方向，"学生企业家"身份都能帮助他们更好地发起新的创新项目，并将这些项目打造成现实。

在法国，"学生企业家"身份相比于其他的高校创业政策，受众群体更广泛，使更多的青年人享受到学生身份和创业福利的机会。PEPITE 为每位具有"学生企业家"身份的创业人员提供一名教师或企业家进行业务指导。这些具有差异性和个性化服务的"课程"有利于开发大学生的创造性潜能，培养他们独立钻研和开拓进取的创新精神。创业课程并非局限于狭隘的创业知识传授，更重要的是训练学生创新创业能力和培养他们跨学科多领域的思维方式；为学生提供有效的关心与帮助，帮助学生前期做好战略决策、科学分析；实践经营运作时，能扶正方向，反思存在的问题，形成科学、缜密、完备的创业体系。

导师机制还促使高校与企业建立了一种合作制度，以推进企业的发展，带动高校创新创业的积极性。此外，企业也可以为高校创新创业发展提供适当的资金支持，减少政府和创业者个人的压力，高校大学生通过与企业家的交流学习，可以全面提升自己的创业能力和企业经营管理能力，是一份互利双赢的合作。

在课程之外，创新大赛作为"考核"和"选拔"的方式之一，无疑是最高效的筛选优质创新项目的渠道。大学生创新、技术转移和创业中心为创业者设立了一项名为"i-Lab 创新大赛（原为"支持创新技术公司创建的全国性竞赛"）"的赛事。i-Lab 创新大赛自 1999 年诞生，通过 i-Lab 创新大赛已孵化 2081 家创新公司，在地方和国家级创新生态系统中创造了真正的活力。作为高科技企业家的真正跳板，i-Lab 创新大赛成功地保证了其创新创业项目评选的重要作用，通过专业的评审团质量和卓越的国际声誉，为获奖者提供了获得投资的宝贵渠道。作为法国第一个种子项目评选平台，i-Lab 大赛中获奖的项目可获得最高 60 万欧元的奖金支持。2020 年创新大赛中，专家评审团在 424 个项目中选出了 73 个获奖者，涉及卫生、数字和软件技术、电子、化学和环境领域。可见，法国创新创业项目集中体现在环保、新能源及智能化领域。

根据赛事规定，只要项目所在公司是在法国境内创建的，其项目负责人都可参赛，无论其国籍和工作状态（学生、国企或私企员工、求职者等）。2021 年赛事规则中做了补充规定：前几届竞赛的获奖者、法国科技奖学金的受益者以及 PEPITE-Tremplin 学生创业奖的获奖者可使用其特权资格。

i-Lab 创新大赛中参赛的创新项目公司需满足以下 3 个要求其中一个：一是在新产品或服务投放市场之前开发的项目；二是已在开展研发的项目；三是服务与创新技术相关联或基于创新技术的项目。获奖者由国家评审团选出，评审团由创新创业领域、融投资领域、科研领域和技术转移领域等的企业家和专家组成。

该大赛自创办以来至 2020 年，历届评审团皆为行业领袖级人物，如 2020 年至今的评审团主席为法国知名生物制药公司 Da Volterra 的首席执行官，2018—2019 年评审团主席则是全球著名广域网物联网服务公司 Sigfox 首席执行官等。

三、低碳能源转型：VEDECOM 智能交通研究院

从高校创新创业到成就一个品牌，是一段漫长的路。在法国，除了可依托创业机构孵化高校创新项目外，政府还为特定行业设置了专业研究院。学生可以选择在高校创立自己的企业；抑或从事科研工作或深造，进入全国各相关研究所工作。这些研究所大多由政府支持，除了项目规模更大之外，行业影响力也不可相比。

在欧洲国家中，法国常常以新能源产业和智能交通闻名于世。即使是高校创新项目，也在源源不断地为新能源和智慧交通行业提供创造性的科技产品。在法国不同城市和地区，规模较大的"能源转型研究所"如群星闪耀。

能源转型研究所（ITE）是活跃在低碳能源领域的跨学科平台。根据法国 2010 年财政修正案草案，能源转型研究所汇集了行业技能和公共研究，助力公共/私人投资和所有利益相关者之间的密切合作，从而加强竞争力集群形成工业生态系统。能源转型研究所通过汇集和加强公共及私人研究能力，促进工业/服务发展，因而需要足够的临界资源和技术，其往往将产业链区域化，涵盖整个创新过程，实现产学研落地到产品。

VEDECOM 智能交通研究院作为一家智能交通领域的能源转型研究所，成立于 2014 年 2 月，是法国政府未来投资计划（Programmed Investissements d'Avenir，PIA）的一部分。该研究院致力于可持续和创新能源汽车研究，使智慧出行更环保，更自主，更共享。

（一）VEDECOM 智能交通研究院简介

VEDECOM 智能交通研究院是"法国自动驾驶汽车计划"的重要部分，近年来已被列入到法国"生态交通（Eco-mobility）"计划中。"生态交通（Eco-mobility）"是法国政府为振兴法国产业而制定的"新法国工业（Nouvelle France Industrielle）"计划的 9 个未来产业解决方案之一。

VEDECOM 智能交通研究院隶属凡尔赛大学（Versailles Saint-Quentin-en-YvelinesUniversity），其下设多方合作的基金会，拥有 50 多个合作机构，包括学术机构、地方政府和参与节能出行发展的品牌公司，涉及领域有汽车、运输和机动、物流、道路基础设施、电信、能源、航空和国防、数字服务和模拟、保险等。

VEDECOM 智能交通研究院一直积极应对未来自动驾驶汽车和城市出行机动性带来的挑战。其目标是开发颠覆性技术和学科交叉技术，实现可持续发展、安全、高效和实惠的移动方式。该研究院致力于成为在研究和开发领域取得世界一流成就的法国技术研究机构，利用跨学科的专业知识和在其机构合作伙伴所在领域进行的实验，真正联合所有支持智慧出行自动驾驶领域发展的合作方，迅速找到解决未来交通问题的方法，以合作、创新和竞争的共同价值观来界定行业与研究院发展。

VEDECOM 智能交通研究院有 3 个主要研究领域方向：电气化、智能网联自动驾驶车辆的新型移动解决方案、共享能源基础设施和服务。其为这 3 个主要研究领域制定了科学的战略规划，除了这 3 个研发领域外，在欧洲的强劲发展势头下，研究院也建立了跨学科发展规划。

2016 年 1 月 20 日，VEDECOM 智能交通研究院与城市移动研究院（Institut pour la Ville enMovement，简称 IVM）合作，该研究院积极参与交通、建筑和城市建设领域的国际研究和活动。IVM 城市移动研究院通过社会和机构补充并完善了 VEDECOM 智能交通研究院的技术创新计划。能源转型研究所的社会科学和人文科学因此得到加强，以便更好地解读新型出行与生活方式，以及日新月异的城市和建筑。

2017 年，VEDECOM 智能交通研究院创建了商业子公司 VEDECOM Tech，加强了研究院与市场之间的联系。商业公司的成立加强了研究所的产品生产和技术发扬，同时将其转化为各种商业服务，并以适应市场需求的方式整合创新策略。

（二）VEDECOM 智能交通研究院的生态交通研究

VEDECOM 智能交通研究院在自动驾驶和智能网联领域提出了一种与以往不同的突破性技术：自动交通模式。

从科幻走向现实，这是一个重大的技术突破。越来越多的自动驾驶车辆正在由司机操作变为自动驾驶，从设有安全员到无需人工干预。自动驾驶的目标是通过向城市交通中引入新机动方式，大大改善出行安全性和交通状况。这种可持续的、安全的出行方式，可以将传统意义上花在交通堵塞上的时间转化为生产时间。要想实现"省时"这一目标，需要对车辆设备和软件投入大量精力进行研究，并从社会和监管角度进行各方面可接受度的观察研究。

VEDECOM 智能交通研究院在自动驾驶和智能网联研究中又开设了 5 个创新方向：

（1）通过人工智能的优先级和算法，建立大数据动态和静态对象，构建实时自主系统的功能体系结构。

（2）通过环境感知与数据融合，制定自动驾驶车辆的人工智能轨迹规划，优化车辆控制平台开发和连接，并建设独立的车辆平台、测试路段，最终实现一定条件下车辆完全自动化。

（3）应用场景建设，法国和西欧地区场景数据收集。现有超过 500 吨的数据服务器、80 多个场景、9 类车辆，运输范围超过 100 万公里及 1.5 万小时行驶时间。

（4）通信技术开发和标准设定，建设 4G 和 5G 测试与研究平台。

（5）自动驾驶心理学，AI 情境认知，驾驶员心理负荷，驾驶员监控和对车辆控制监管的影响，模拟教育培训，模拟人车互动的行为和意图预测。

（三）产学研创新交流

VEDECOM 智能交通研究院科学管理团队，定义、协调和实施科学的战略规划，在工业和服务部门以及高等教育和研究的利益相关者之间充当接口。该研究院协助方案执行，同时促进项目的科学卓越性，与研究院委员会和战略科学指导委员会（COSS）联络，以协调科研活动并更新科研计划。

智慧交通和智慧汽车大会（Smart Mobility and Intelligent Vehicle Inscription，简称 SMIV）是 VEDECOM 智能交通研究院主办的盛会，旨在展示研究院及其国际学术合作伙伴关于智慧交通的最新研究成果以及在电气化和汽车互联领域有待解决的技术及科学挑战。在 2019 年 11 月 12 日第三届大会上，行业专家就多项创新科研方向展开汇报和交流，具体包括以下几个方面。

1. 可持续和智能交通

从经济和以用户为中心的角度讨论自动驾驶和生态交通的主题。涵盖的主题范围包括电动汽车和双向充电服务（V2G 或智能网联汽车）和新型移动服务，包括汽车共享、拼车和自动驾驶汽车。

2. 智能汽车及其与基础设施的协作

智能车辆的最新功能研究成果。解决扩展感知功能以实现更好的车辆定位；算法和 CEA 汽车嵌入式系统设计领域的最新进展；完全安全行驶过程中如何使用人/机界面。

虽然 SMIV 是权威性较强的学术大会，但其从学术水平、项目成熟度、影响力以及所获得的投资规模都与高校创业项目有一定差距。但可以确定的是，学术专家不是凭空出现的。在工程师和科学家培养方面，法国可以称得上是世界首屈一指，其工程师精英教育为各行业输送创新创造力量，如同齿轮滚动一般，保证了法国科研创新这艘大船的加速航行。

四、法国工程师精英教育

为智能交通和能源转型担当基石的，是法国的精英教育体系。作为全欧洲最吸引欧洲留学生以及海外投资者的国家，法国的高级工程师教育体系源源不断地为其科技领域的创新研发供给新鲜血液。

法国国立应用科学学院（Institut National des Sciences Appliquées，简称 INSA）是一个法国工程师大学校系统，属于法兰西精英教育大学校。INSA 集团在法国拥有 7 所学校，提供为期 5 年的高水准工程师精英教育，学生毕业后获得法国高教部授予的工程师文凭（工程师文凭为国家统一文凭），文凭颁发受全国工程师职衔委员会（CTI）的监督检查，以保证这一文凭的含金量。根据正在实施的法国高等教育体制改革，工程师文凭获得者同时被授予新制硕士学位，即英美国家的理科硕士学位。由于中法政府互认学历，该硕士学位被中国政府认可。

大学一、二年级被称为工程师基础学习阶段，侧重于专业基础课和综合课培养。学生成功完成这一阶段课程之后，才能进入 INSA 各学校进行后 3 年工程师专业阶段的学习，并最终取得工程师证书和理科硕士学位。毕业生们有机会在 INSA 的实验室继续从事研究，攻读博士学位，博士阶段学习为期 3 年。

INSA 与众多领域的机构、企业集团联系紧密，尤其是世界 500 强企业，到企业实习成为课程设置必不可少的部分，企业管理人员经常给学生开设讲座，大学与企业之间有很多共同合作的研发课题。同时，INSA 积极促进并加强国际间交流，吸引了很多的外国学生、学者和教师。在为期 5 年的学习时间里，有一半多的学生通过学校与外国大学、企业建立联系或开展国际科研项目，出国进行学术交流。同时，INSA 引进最先进的技术设备，使更多的学生可以利用计算机网络、多媒体图书馆、信息研究室、语言实验室、研发实验设备等进行学习。

INSA 注重培养学生的创造性和在实际工作中的操作能力。因此，INSA 的毕业生能适应多种领域，如项目管理、项目研究与开发、质量控制与管理等。另一方面，INSA 的毕业生既具有坚实的知识基础，又拥有国际化背景经验，在企业界受到高度评价，享有极好声誉，INSA 因此多次被《新经济学家》（*Nouvel Economiste*）评选为法国十大工程师学院之一。2000年1月13日，*Nouvel Economiste* 杂志（著名的商业先锋杂志）刊文称 INSA 是最好的几所工程学校之一。其中，INSA 里昂在 2004 年五年制工程师学校综合排名中名列榜首，INSA 图卢兹名列第三。

INSA 每年招收一定数量的亚洲学生。这些亚洲学生来自中国、越南、印度、泰国等国家，被录取的学生与法国本土学生混合编班，在一起度过第一阶段的两年学习时光。第一阶段学习结束后，根据成绩和志愿，学生可选择进入 INSA 七个学校的各个专业学习。该计划的目标是使亚洲学生和法国学生在学习期间，能够相互熟悉各自文化，了解未来合作伙伴，以此适应国际化就业环境。

INSA 集团在法国各地拥有 7 所学校，分别是：

1. 法国里昂国立应用科学学院（INSA de Lyon）

INSA 里昂建于 1957 年。现约有 4,200 名学生，450 名研究人员、教师，以及在 31 所研究实验室工作的 600 名研究生。其共设 12 所工程院系：计算机科学、电气工程、机械工程制造、机械工程研发、机械工程塑料处理、材料科学工程、通信、土木工程与城市发展、能量与环境工程、工业（企业）工程学、生物化学与生物技术、生物信息科学与模型。INSA 里昂在五年制工程师学校综合排名中多年名列榜首，在法国五年制学院中排名第一。

2. 法国图卢兹国立应用科学学院（INSA de Toulouse）

INSA 图卢兹建于 1963 年。现约有 2,700 名学生，220 名研究人员/教师，以及在 13 所研究实验室工作的 300 名研究生。其共设 9 个工程院系：生物化学工程、计算机科学、工业工程、机械工程、自动化与电气、应用物理、土木工程、数学工程与建模、网络与电信。

3. 法国雷恩国立应用科学学院（INSA de Rennes）

INSA 雷恩建于 1966 年。现约有 1,300 名学生，140 名研究人员/教师，以及在 10 所研究实验室里工作的 120 名研究生。其共设 6 个工程院系：土木工程与城市规划、机械工程与自动化、计算机科学、电气工程、电子与通信、纳米技术与材料学。

4. 法国鲁昂国立应用科学学院（INSA de Rouen）

INSA 鲁昂建于 1985 年。现约有 1,100 名学生，120 名研究人员/教师，以及在 12 所研究实验室的 190 名研究生。其共设 5 个工程院系：化学、能量与喷气动力、信息系统、应用数学工程、机械工程。

5. 法国卢瓦尔河谷国立应用科学学院（INSA Centre Val de Loire）

INSA 卢瓦尔河谷建于 1997 年。现约有 1,200 名学生。其共设 4 个工程院系：工业风险控制、信息安全、工业系统工程、能源风险与环境。

6. 法国斯特拉斯堡国立应用科学学院（INSA de Strasbourg）

INSA 斯特拉斯堡建于 1875 年。现约有 1,700 名学生和 100 名研究人员/教师，以及在 8 所研究实验室里工作的研究生 50 人。其共设 8 个工程院系：建筑设计、土木工程、机械工程、地形学、塑料加工、电力工程、气象工程、热交换和空气调节。

7. 法国上法兰西国立应用科学学院（INSA Hauts-de-France）

INSA 上法兰西学院于 2019 年由 3 所学校合并而成。2020 年 1 月正式成为 INSA 的第七所高校。

法国创新创业体系是一个完整的闭环：企业孵化来自青年创新创业个人或团体，通过高校创新教育获得最初的灵感和创意积累；由政府直接支持的高校辅导和社会机构进行项目完善、品牌策划、企业管理、投资上市等课程和服务，保证进入市场化运营管理的企业能够少走弯路，最高效地为国家创造价值；企业与国家级科研机构、研究所形成互利互助的合作关系，企业开发具有关键性专家的指引，团队建设具有核心和辐射的概念，开发效率极高；企业科研开发所需的技术和专家来自各工程师院校，通过系统化管理和教育，保证知识的专业化，科研发展的定向性，有针对性地扶持国家重点行业的加速发展。

这一产学研创新链条正在日渐成熟，作为欧洲代表性的高科技领域创新创业闭环，正在广受世界关注和学习。

第四节　新加坡高校创新创业进展与案例分析

一、新加坡政府：大力发展创新创业为核心的科技园区

新加坡前总理李光耀曾说："新加坡诞生于沼泽之上，但是过不了多少年，这里将变成一座世界型大都市。"

诚然，现在的新加坡已经在诸多世界大都市排行榜上名列前茅。支撑李光耀这句话变为现实的很重要一点是新加坡政府的创业精神。一个能时常保持居安思危、不断求新的政府肯定也是能不断内求的政府，内求什么？首先就是政府政策的不断创新。

（一）纬壹科技城

纬壹科技城是集研发、创新和实验平台于一体的创新园区，园区内既有私人的研究实验室、公共部门的研究学院，也有医院和理工学院，实现了基础设施共享，充分展示了新加坡在知识和创新密集型经济领域取得的成就。园区内有三大研发中心：启奥生物医药园、启汇园和媒体工业园。

1. 启奥生物医药园（Biopolis）

该园区是生物医药公共研究机构及实验室的所在之地。科学家、科技创业者和研究人员汇聚在此，同时因为附近有肯特岗校区和新加坡公立医院，非常利于成果转化和临床研究。该地癌症科学研究院由哈佛大学Daniel Tenen教授带领。

2. 启汇园（Fusionopolis）

启汇园主要发展资讯通信技术、媒体、物理科学和工程等行业。园区内有干湿实验室、洁净室等先进的基础设施和设备，硬件实力较强。

3. 媒体工业园（Mediapolis）

该园区主要发展高科技摄影、数码生产和广播等技术行业，也是新加坡传媒文化推向国际化市场的生产基地。

（二）裕廊工业园

新加坡裕廊工业园是亚洲最早成立的开发区之一，它的成功建立使新

加坡实现了快速工业化，其开发模式一直为学界研究，并被其他发展中国家效仿。

裕廊工业园是新加坡的化工产业重要基地。以填海造陆方式衔接而成的裕廊岛，是新加坡发展石化工业的专业用地。裕廊岛所代表的新加坡石油化学工业的另一个特征是"化学群"战略，上下游产品衔接，产出许多衍生产品，形成一个"大而全"的产品供应基地。这个战略可以降低运输成本，同时衍生品的开发生产又增加了效益。

裕廊工业园位于新加坡岛西南部的海滨地带，距市区 10 余公里，面积 6,000 公顷。1961 年，新加坡政府计划在裕廊划定 6,480 公顷土地发展工业园区，并拨出 1 亿新元进行基础建设。1968 年，该园区内厂房、港口、码头、铁路、公路、电力、供水等各种基础设施基本建设完成，同年 6 月新加坡政府成立裕廊镇管理局（JTC），专门负责经营管理裕廊工业园。

裕廊工业园的建设分为 3 个建设阶段：劳动密集型产业主导阶段、技术与资本主导阶段、知识经济主导阶段。

1. 1961—1979 年：劳动密集型产业主导阶段

在这一阶段，政府主要希望解决劳动就业问题，入驻企业以劳动密集型产业为主，提升工业化水平。20 世纪 70 年代末，新加坡失业率从 1965 年的 10% 下降到 3.3%；制造业占国内生产总值（GDP）比重由 1965 年的 15% 上升到 27%。

2. 1980—1989 年：技术与资本主导阶段

裕廊镇管理局开启十年规划，为高增长型企业提供差异化厂房，包括将南部的岛屿开发区开发成石油化工产品的生产和配售中心，将罗央开发成第一个航空工业中心，以及建设新加坡科技园区，以容纳科技开发型企业。

3. 1990 年以来：知识经济主导阶段

土地资源的有限性和竞争的激烈性将工业园区的发展推进到一个新时期，JTC 在设计和建造产业园区时更加注重成本收益比和产业的创新性，建设了商业园、技术园、后勤园等新概念园区。

裕廊工业园的园区招商引资由两个不同的部门合作完成：裕廊镇管理

局和经济发展局。

（1）裕廊镇管理局的职责。其负责园区规划、建设、管理。其主要业务：一是提供准备就绪的具有基础设施的工业用地，包括购入土地和为裕廊镇化工区进行填海造陆工程；二是兴建和出租厂房，它是新加坡厂房的最大供应者，拥有的厂房占全国的两成；三是提供裕廊工业港口和物品装卸设备。

（2）裕廊镇经济发展局的职责。其负责将投资商引入工业园区，为投资商提供全程的办证服务以及政策法律上的咨询服务。职能的分化使裕廊镇管理局招商能集中精力搞好工业园区的策划、建设和管理，经济发展局也可以摆脱基础建设带来的沉重负担。经济发展局的主要招商客户群体有三类，分别是：一是战略性公司，重点吸引其财务、市场等重要部门至园区内；二是技术创新型公司，重点吸引其核心产品及技术研发的部门至园区内；三是公司的重要部门，重点吸引其最复杂的生产程序和最先进的生产技术部门到园区内。通过这三类公司的引进，裕廊工业园区不再仅仅是一个低成本的生产中心，而是公司进行战略运作的长期基地。

二、新加坡高校创新创业案例：以新加坡南洋理工大学为例

（一）南洋科技创业中心：培育创新创业人才

1. "问题启发式"教育（Problem-Based Learning）

新加坡创新创业教育走在世界前列，其大学在培养理念上重视"问题启发式"教育（Problem-Based Learning），即在没有特定教材的情况下，鼓励学生在尝试思考并解决企业实际问题中学习。学生以已有知识为基础，在企业中观察、浸濡，切实找到自己的已知、未知和需知。例如，新加坡南洋理工大学孵化器的 NTUitive 开设的"Venture-Internship"课程鼓励学生与本土初创企业结合，沉浸实习 3 个月，根据所学参与企业初创过程。

南洋科技创业中心（Nanyang Technopreneurship Center，简称 NTC）也是"问题启发式"教育理念的长期践行者。NTC 由新加坡南洋理工大学和新加坡经济发展局于 2001 年共同发起成立，旨在培养创新创业人才。

2. 南洋科技创业中心课程

NTC 开设的课程层次明朗。在本科阶段，有主要教授创新思维的 Minor in Entrepreneurship（MiE），也有作为二学位的 Second Major in Entrepreneurship（SMiE），还有带领学生赴硅谷考察创新创业生态的 Overseas Entrepreneurship Programme（OEP）；在研究生阶段，有可以授予创业学硕士学位（理学）的 Masters of Science in Technopreneurship and Innovation（MSc TIP）和照顾到创业者高效紧凑时间而开设的 MiniMasters 课程；针对毕业生，NTC 还开设了 Entrepreneurship Development Programme（EDP），这是根据毕业生创业的实际需要而开设的产业专题型课程。

3. 南洋科技创业中心师资

NTC 所聘导师不仅学术水平高，而且多有实战经验、创投资源优质。例如，开设创业学概论和技术商业化课程的东莞松山湖材料实验室副主任陈东敏教授，讲授生态圈建设和创业政策课的 NTUitive 孵化器副总裁的林志乐博士，讲授风险投资实战课的汉能投资咨询有限公司的陈淡如博士，这 3 位老师共同之处，就是都曾在美国硅谷有过创业、投资的经历，因此学生上他们的课总能体会到浓浓的实战味，收获到满满的干货。

（二）新加坡南洋理工大学加速器 NTUitive：技术商业化与知识产权保护并重

1. NTUitive 的私人有限公司属性

NTUitive 是新加坡南洋理工大学旗下全资子公司，具有"商业化研究和培育未来的企业"基因，同时负责管理大学的知识产权。NTUitive 把大学实验室的研发（Research & Development，简称 R&D）功能向市场又推进了一步，承担的是创新与企业化（Innovation & Enterprise，简称 I&E）的责任。

NTUitive 本身是一家私人有限公司。注册为私人有限公司的目的，一是操作灵活，倘若遇到专利侵权问题，可以保护大学和教授的利益；二是作为私人有限公司，可以进入教授的企业中占一定比例股份。

2. NTUitive 主导的科创生态圈

从以上介绍可以看出 NTUitive 的灵活性，而且以它为主导的科创生态圈也的确有高效灵活的特点。根据"三螺旋结构"模型，"政府—大学—产业"三者之间谁为主导，可以分辨出不同风格特点的生态圈。以政府为主导的科创生态圈宏观调控最多，弊病是容易僵化，缺乏活力；以产业为主导的科创生态圈因其离市场最近，自由度最高，灵活性最强，弊病是产业结构无序，专利侵权问题多；以大学为主导的生态圈知识最密集，研究能力强，投入周期长，弊病是 R&D 到 I&E 转化的能力不强。

NTUitive 结合了产业为主导和大学为主导的优势而消融了两者的弊端。NTUitive 鼓励大学教授的科研成果主动做知识产权保护，并成立专利库，以列表形式发布于官网（https://www.ntuitive.sg）和各类社交媒体平台，同时借助包括新加坡南洋理工大学中国校友网络在内的各类资源，经常性地组织风险投资对接活动。例如，近年来，新加坡南洋理工大学 USNEWS 中多次排名世界第一的材料科学产业化成果很多，该领域的龙祎博士研发的水凝胶液态夹层玻璃可以节省 45% 的能耗。如此高效能的技术借助 NTUitive 很快实现了专利申请和保护，又在新加坡南洋理工大学驻中国办公室主任文泉的帮助下快速对接国内风险投资、寻找可以大范围生产的玻璃幕墙公司和应用的场景。

除了知识产权保护专利，NTUitive 还重视将孵化器内项目对接到校外产业园区，实现孵化器到加速器的角色转换。NTUitive 在校外新加坡中部地区成立 NTUitive@ Blk79，将孵化器内孵化的项目对接到其中，类似于中国北京中关村的园区功能。

第二章 中国高校创新创业案例分析

第一节 中国大陆高校创新创业进展与案例分析

2014年9月，国务院总理李克强提出"大众创业、万众创新"的号召，全民、全行业掀起关于"双创"的探索与实践。

2015年，国务院出台《关于深化高等学校创新创业教育改革的实施意见》，对大学"双创"发展做出系统设计、全面部署。

2017年，国务院颁布《关于强化实施创新驱动发展战略进一步推进大众创业万众创新深入发展的意见》，提出要发挥大企业、科研院所和高等院校的领军作用。将创新驱动发展作为解决发展问题的优先战略，将创新创业人才培养作为推动国家发展、民族振兴的重要支撑。

截至2019年底，全国创业孵化机构总数达到13,209家，其中科技企业孵化器（以下简称"孵化器"）为5,209家，同比增长7.4%，国家级孵化器为1,155家；众创空间为8,000家，同比增长14.0%，国家备案众创空间为1,819家。全国在孵企业和团队共有65.8万家，其中，孵化器在孵科技型创业企业共有21.7万家，同比增长5.3%；众创空间当年孵化的创业团队和初创企业数量为44.1万个，同比增长7.9%。创业孵化机构总运营收入为653.6亿元，与上一年基本持平，其中，孵化器总收入449.9亿元，众创空间总收入203.7亿元；创业孵化机构总运营成本为586.1亿元，同比增长13.7%，其中，孵化器运营成本为370.8亿元，众创空间运营成本215.3亿元。

2019年，中国创业孵化事业带动就业效果明显，全国创业孵化机构从业人员达到 16.8 万人，包括孵化器从业人员 7.3 万人，众创空间从业人员 9.5 万人；在孵企业和创业团队共吸纳就业 484.9 万人，同比增长 22.8%，其中，孵化器在孵企业吸纳就业 294.9 万人，包括应届毕业大学生 26.5 万人；众创空间在孵企业和团队吸纳就业 191.0 万人，包括应届毕业大学生 32.1 万人。

中国首都北京，作为中国"双创"潮头的弄潮儿，从 2014 年至今，孕育了中国硅谷——中关村创业大街，成长起一批 VC 领域头部基金——真格基金、洪泰基金、高榕资本、金沙江创投、经纬创投，落成了数家早期项目孵化基地——创新工场、洪泰创新空间、太库孵化器、氪空间，同时也在短短 6 年间涌现出不可小觑的独角兽企业——今日头条、滴滴出行、车和家、每日优鲜、快手、抖音、京东物流等，逐渐形成了具有中国特色的创新创业生态体系。

高校作为创新创业的中坚力量，肩负着培养创新人才和孵化创新性成果的重要使命。在创新创业的大生态里，高校一直是主力军和生力军。高校完整的创新体系，不仅仅是培养人才的基石，还会给社会以及其他创新群体带来发展动力。

北京作为中国 985、211 等高等学府最多的城市，担起了中国高校创新创业体系探索实践的重任，从创业教育、孵化空间、资金扶持、政策扶持、创业指导、组织发展等方面建立了完备的大学生创新创业培养实践体系。

未来，高校创新创业教育将贯穿人才培养的全过程，以创造教育培养创造性人才，以创造性人才造就创新的国家。

一、"高校—企业"互动协同视角

2021 年 3 月，中共十三届全国人大四次会议表决通过了《中华人民共和国国民经济和社会发展第十四个五年规划和 2035 年远景目标纲要》。其中，在第四章规划了"加强原创性引领性科技攻关，脑科学与类脑研究：脑认知原理解析，脑介观神经联接图谱绘制，脑重大疾病机理与干预研究，儿童青少年脑智发育，类脑计算与脑机融合技术研发"。面向未来技术，本节以清华大学、中国科学院自动化研究所和北京大学等创新创业案例进行分析。

（一）清华大学类脑研究计算中心

类脑计算系统是借鉴人脑信息处理方式，打破冯·诺依曼架构束缚，适于实时处理非结构化信息、具有自主学习能力的超低功耗新型计算系统。类脑计算将引领一次智能革命，在各个领域极大拓展人类的智力活动范畴。在全球类脑计算技术发展的热潮中，及时抢占类脑计算领域的制高点，能有效增强国家竞争力，对我国国防、公共安全和经济建设都具有重大意义。

2013年，欧盟推出了预期10年的"人类脑计划"，侧重于通过超级计算机技术来模拟脑功能。同年，美国"创新性神经技术大脑研究"计划开始探索人脑工作原理，最终目的是治疗脑部疾病。虽然欧盟、美国等均斥巨资长期支持此研究，但各国研究均处于起步阶段，尚未形成公认的技术方案。如今正是我国信息产业借此实现跨越式发展的契机，我国已全面启动自己的脑科学计划。

2014年，清华大学类脑研究计算中心成立，开始天机系列类脑芯片的研制。类脑计算研究中心通过学科交叉融合的方法，联合电子工程系、自动化系、微电子所、医学院、精密仪器系、计算机系和材料学院，共同开发了天机芯片。该芯片是国内首款类脑计算芯片，具有自主知识产权的新型类脑计算架构，同时支持人工神经网络和脉冲神经网络（全球首创），是国内首款类脑工具链软件。天机芯片从2015年的110nm工艺到2020年Q4代TSMC12nm工艺，从百万级神经元突触到多种神经网络，从实验室验证迈向产业化。作为大学科研成果转化的范例，类脑芯片走出了计算机，应用于智慧安防、智慧医疗、智慧教育等领域，并逐步探索更广阔的应用场景。

2015年，中国启动了对脑科学与类脑研究"一体两翼"的部署。此后，"十四五"规划的多个重大项目都涉及脑科学与类脑研究主题。

2021年3月16日，《求是》杂志第6期发表了习近平主席的重要文章《努力成为世界主要科学中心和创新高地》，再次提到脑科学等孕育新的变革。2021 年 4 月 19 日，国家发展和改革委员会提出，要提前布局类脑智能、量子信息、基因技术等未来产业。

2018 年，在北京中关村成立的灵汐科技公司是清华大学类脑研究计算中心的产业化公司。灵汐科技的技术来源于清华大学类脑计算研究中心历经 5 年的精心打造，公司与类脑中心保持密切合作。公司定位于全球技术领先的类脑芯片和计算系统，专注于类脑可编程众核芯片、算法、工具链和软件。

公司团队研发人员比例超过 70%，大部分具有硕士以上学历。核心成员大部分来自国内外知名科技企业。研究团队由院士、国家特聘教授、清华大学教授和类脑研究方向博士等组成。公司拥有自主知识产权布局，已申请和授权发明专利超过 140 个。多次成功流片，其中天机 2 代芯片的成果于 2019 年 8 月 1 日发表在 Nature 杂志。

2020 年 10 月，Nature 发表了该公司撰写的论文，首次提出"类脑计算完备性"以及软硬件去耦合的类脑计算系统层次结构，通过理论论证与原型实验证明该类系统的硬件完备性与编译可行性，扩展了类脑计算系统应用范围内使之能支持通用计算。

（二）清华 X-lab 模式

清华 X-lab（Tsinghua X-lab），是清华大学新型创意创新创业人才发现和培养的教育平台，简称"三创空间"，于 2013 年 4 月 25 日正式成立。清华 X-lab 倡导学科交叉、探索未知、体验式学习与团队协作的教育理念，致力于围绕"三创"（创意、创新、创业），探索新型的人才教育模式，帮助学生学习创意创新创业的知识、技能和理念，培养学生的创造力，包括创造性精神、创造性思维、创造性能力和执行能力，造就新一代的创新型人才。

清华 X-lab 依托清华大学经济管理学院，由经济管理学院、机械工程学院、理学院、信息科学技术学院、美术学院、医学院、航天航空学院、环境学院、建筑学院、材料学院、公共管理学院、工程物理系、法学院、新闻与传播学院、继续教育学院、电机系等 16 个院系合作共建，并与清华科技园、清华控股和清华企业家协会、盛景网联、中关村发展集团、同方股份、启迪协信建立了战略合作伙伴关系。

清华 X-lab 是一个公益性的开放平台,持续接收来自清华大学的学生、校友和老师的创意创新创业不同阶段的项目,并为他们提供学习机会、活动机会、培育指导、资源和服务。目前,围绕学习、活动、资源和培育4 个功能板块搭建平台,从创意、创新和创业 3 个维度推进,持续开展一系列相关工作,包括:与清华大学研究生院共同推出"清华大学学生创新力提升证书"课程;逐步搭建起纵横布局的创新中心,为学生提供专业领域的训练、指导和咨询;根据不同类型的项目团队,开展有针对性的系列活动,如创新工作坊、驻校企业家(Entrepreneur-in-Residence)和驻校天使(Angel-in-Residence)咨询服务、北极光系列创新讲座等;提供学习和实践场所。

自清华 X-lab 成立以来,已经有超过 3 万人次的清华及社会的青年学生参与了其组织的各类讲座、比赛、交流、实践活动,1,500 多个来自于清华在校生和校友的创意创新创业不同阶段的项目加入清华 X-lab,注册企业的项目直接带动就业人数超过 8,000 人,同时,经过清华 X-lab 的培育,所有注册公司的项目融资金额已经突破 30 亿元人民币。清华 X-lab不仅成为北京市科学技术委员会授牌的第一批"众创空间",同时还被中关村管理委员会认定为"创新型孵化器"和"中关村(清华)梦想实验室"。

(三)中国科学院自动化研究所

中国科学院自动化研究所(以下简称"自动化所")成立于 1956 年,以智能科学与技术为主要定位,是中国科学院率先布局成立的"人工智能创新研究院"的总体牵头单位,是我国最早开展类脑智能研究的研究机构,也是国内首个"人工智能学院"牵头承办单位。60 多年来,自动化所为我国国民经济建设、社会进步、科技发展和国家安全作出了重要贡献。新中国成立初期,自动化所开拓了我国的控制科学,为"两弹一星"作出了历史性的贡献;20 世纪 80 年代,自动化所开创了我国模式识别智能信息处理的新领域;20 世纪 90 年代,自动化所以控制科学为基础,率先布局了人工智能研究;自 2016 年起,自动化所率先布局博弈智能研究,逐步形成了数据智能、类脑智能和博弈智能的完整布局，并产出了一系列重要成果。

自动化所长期坚持"智能科学与技术"研究，在复杂系统智能集成、模式识别、机器学习、计算机视觉、语音语言信息处理、类脑智能、智能机器人、智能系统和智能芯片等领域形成了鲜明的学科优势和技术特色，具有从原始创新、核心关键技术研发到技术转移转化的完整智能技术创新链。

当前，紧密围绕国家人工智能战略，面向新一代人工智能的挑战，自动化所确立了"自主进化智能"的发展方向，布局了"脑与类脑研究""仿人视听觉智能""自主机器智能""博弈进化智能""复杂系统智能""AI 基础软硬件支撑体系""AI 创新应用"七大研究板块，并牵头建设了怀柔国家综合性科学中心的"脑认知功能图谱与类脑智能交叉研究平台"、中国科学院香港创新研究院人工智能与机器人创新中心。

自动化所现有包括模式识别国家重点实验室、复杂系统管理与控制国家重点实验室、国家专用集成电路设计工程技术研究中心 3 个国家级平台在内的研究中心 14 个，与国际及港澳台地区研究机构共建中欧联合实验室等国际合作创新平台 5 个。

中国科学院自动化研究所脑网络组研究中心（简称"研究中心"）以世界上第一个由中国科学家提出的组学——脑网络组学为特色标签进行建设，面向万亿级脑健康产业，以脑网络组学为理论指导推进脑科学与类脑研究，以人工智能、医疗大数据、手术机器人等为赋能手段切入智慧医疗市场，打造"国内第一、国际一流"脑健康与智慧医疗的基础研究、临床应用和产业化平台，为"健康中国 2030"的国家战略提供新技术、新方法和新策略。

研究中心在 973 项目首席科学家、欧洲科学院外籍院士蒋田仔研究员带领下，以建设世界领先的脑与类脑科研及产业化机构为愿景，以面向诊断的脑结构智能检测设备和面向治疗的神经调控机器人等为载体，通过产业化将脑科学研究的最新成果应用到临床实践。通过创新、转化、合作和商业化进行脑疾病的前沿研究，开发尖端医疗设备，建立脑图谱医疗大数据平台，提高脑疾病诊疗的效果和效率，促进脑健康产业化发展，普惠社会。

研究中心依托中国科学院自动化研究所，其团队成员主要来自模式识别国家重点实验室、脑网络组北京市重点实验室，在脑科学、人工智能、医疗大数据分析和建模方面具有雄厚的基础，处于国际领先水平。团队承担的 973 项目产出了"脑网络组图谱"重大成果，该图谱 2016 年发布后被国际同行广泛认可，被誉为"揭开了人类脑图谱绘制的新篇章"，先后被两院院士评为"十大科技进展""十大医学进展"，以及中国科学院"改革开放 40 年 40 项代表性成果"。团队承担科技部重大仪器项目，研发出世界首创的一系列光电同步脑信号检测设备，其中小型化可穿戴版本已经产业化，孵化出中科博锐科技有限公司，A 轮估值 4 亿元。

研究中心首批孵化的产业化项目包括：

1. 脑网络组图谱导航的神经调控机器人

神经调控是利用侵入或非侵入设备来增强或抑制神经元活动，达到治疗脑疾病和增强认知能力等目的，是脑健康和脑机接口、脑机融合的重要科学前沿，在医疗、教育、军事等领域有重要应用前景。以经颅磁刺激（TMS）为例，它已经广泛用于脑认知研究，以及抑郁、疼痛、成瘾、运动障碍、痴呆、癫痫等的脑疾病治疗和康复。团队研制的 TMS 机器人已经通过医疗安全性测试，是面向非侵入式电磁调控细分市场的下一代产品，将逐步取代现有 TMS 设备。不计耗材和软件服务，仅 TMS 硬件，2018 年全球规模近 9 亿美元，预计 2025 年近 15 亿美元（CAGR = 8.8%）。相较于药物，神经调控技术有安全、副作用小、疗效持久等优势，已成为难治性脑疾病干预的未来趋势。然而，现有技术不能针对个体实现精准调控，造成了治疗各种疾病中普遍偏低的临床有效率。使用绘制最精细、信息最丰富的脑网络组图谱进行个体化精准定位，可显著提高刺激的靶向精度；结合机器视觉的机器人调控可有效避免脱靶，提高治疗自动化，并使远程诊疗成为可能。本项目以脑网络组图谱为纲，聚合人工智能、影像大数据、机器人三类软硬件技术，做到"在正确的靶点、正确的时间、实施正确的调控"，实现脑疾病干预的高临床有效率和高实施效率，有望形成新的临床范式，颠覆现有神经调控设备市场。

2. 脑活动信号检测器械

团队在 2012 年组建了脑检测和调控技术与装备研发部，承担科技部国家重大科学仪器开发项目，自主创新研发了光电同步脑活动检测仪，形成了针对脑功能检测的多模态同步采集新型仪器，包括头戴式 2 通道、便携式 8 通道、移动式 32 通道 3 个系列的产品，申请专利 23 项，其中 4 项为国际专利，使得本仪器成为有自主知识产权的一套完整设备。孵化出中科博锐（北京）科技有限公司，对脑部检测技术等科技成果进行产业化，将头戴式产品推向市场，获批"创新医疗器械"，进入注册绿色通道，在权威神经科医院（北京的宣武医院和天坛医院）进行了临床试验。脑血氧检测市场价值近百亿元，包括 2,000 家三甲医院设备购置 24 亿元、耗材每年 38 亿元，以及基层医院设备配置 30 亿元。在 2020 年 7 月获批 4 个医疗器械注册证后，团队启动 A 轮融资，融资 4,000 万元用于新产品的研发。本项目将对便携式 8 通道及移动式 32 通道两个系列产品启动注册证申请工作，并进行产业化，覆盖更广大的面向脑疾病诊断和监测的脑信号检测应用场景。

3. 脑图谱健康大数据平台

医疗数据价值巨大，安永分析指出覆盖全英国 5,500 万人口的 NHS 医疗大数据产生价值约每年 850 亿元，包括 400 亿患者直接利益和 450 亿溢出社会经济价值。以此为参考，全中国医疗数据潜在价值达万亿元量级。研究院将深耕脑健康数据细分领域，为突破数据时空碎片化、模态单一化等瓶颈，建设以脑网络组图谱为基体的跨模态多尺度脑健康大数据管理、计算与分析平台，标准化数据产生过程，贯通数据来源孤岛，贯穿个体生命周期，绘制个人、疾病的全景图，汇聚高价值脑健康数据，并依托平台开发智慧医疗应用，释放数据价值潜力。此项目直接对接团队将承担的中国脑计划（科技创新 2030—脑科学与类脑研究）中脑网络组图谱相关任务。

（四）北京大学创业训练营

为了更好地服务国家创新创业发展战略，2012 年北京大学校友会携手北大企业家俱乐部，牵头协调学校 15 个相关部门和院系，联合发起"北京大学创新创业扶持计划"。该计划充分依托北京大学教育资源、研究资源和校友资源，建立"创业教育、创业研究、创业孵化、创投基金"四位一体的综合创新创业扶持平台。其中，作为计划的核心环节，北京大学创业训练营旨在培养和扶持中国优秀创业青年，发现转化优秀科技成果，提升创新创业软环境及平台服务能力。

北京大学创业训练营（以下简称"北创营"）发展至今，已经成为中国最大的全开放公益式创新创业教育、扶持与服务平台。目前，北创营平台已聚集 400 位资深导师，发展了 500 门创新创业课程，在全国开设 19 个专业众创空间及孵化器，连接 28 家北大系投资基金，总规模超过 1,000 亿元，在战略咨询、财务、股权等十几个专业领域开设创业工坊，为创业企业提供深度提升的专业服务。

北创营通过新青年创客云平台网络课堂、开放课程、直播课程、线下路演沙龙、创新大赛、城市峰会、专题特训等多种形式，服务了超过 100 万名青年创客，截至 2021 年 8 月，北创营共举办了 230 余期各类创新创业特训营，北创营营友服务社区平台深入服务超过 22,000 名优秀创业者，与超过 200 个各地政府部门、大型企业、大型园区、创新创业平台与服务机构等建立了深度战略合作伙伴关系。

北创营拥有以下几大优势：

（1）草根创业：北京大学创业训练营申请人不限年龄、学历、是否已经成立企业，有志于创业的人员均可报名。

（2）开放公益：训练营从创业培训、导师服务、产业对接到初期孵化，全部不收取任何费用；同时，任何申请人至少获得网络课堂和开放课程的服务。

（3）实战课程：北京大学调动各院系及校友企业家导师群体，针对初创企业设计了一套实战创业教育课程体系，目前，已经完成近 100 门课程的讲授和设计，累计授课超过 1,000 个学时。

（4）导师体系：目前北京大学各院系相关知名教授、企业家导师、专家导师累计超过 300 名成为北创营计划特约导师，从经典理论、实战案例、管理经验等各个维度帮扶初创企业。

（5）众创平台：北创营独立开发了一套全国直播及 MOOC 点播体系，将北创营全部课程及特训班课程以直播结合点播的形式向社会公益开放，目前直播体系一次可同时覆盖 1,000 个开放课堂。

（6）创新孵化：针对初创企业、大学生创业及科技成果转化项目，北创营建立起以创业教育与导师服务为引入接口，以公益孵化基地为载体，以天使基金及北大校友网络为资源对接，以选种和育苗为目标的初创企业全环境苗圃体系。

（五）首都高校大学生创新创业共同体

首都高校大学生创新创业共同体，是由国际大学创新联盟（IUIA）与北京市各大高校创协成员联合发起，并推动全国大学生参与，共建的公益性、综合性大学生创新创业扶持平台。该共同体主要目的是针对大学生创业者真实需求，打造最适宜大学生的创新创业扶持体系。目前已有首都 36 所高校创协成员参与其中。

首都高校大学生创新创业共同体主要特色为学生组织服务学生，贴近学生及学生创业者，打造落地的、低门槛的创业启蒙教育服务体系。以庞大的初创案例库、导师一对一指导，帮助大学生从学生创业过渡到社会创业，从体验创业到社会创业。给学生创业一个长线成长过程，一个低风险的港湾，最终达到高创业率，成为国家双创早期环节必不可少的一环。

首都高校大学生创新创业共同体会员单位分别为：北京大学、清华大学、北京理工大学、中国人民大学、中央美术学院、首都经济贸易大学、中央民族大学、中华女子学院、北京交通大学、北京中医药大学、北京工商大学、北京外国语大学、华北电力大学（北京校区）、中国石油大学、北京林业大学、北京师范大学、中央财经大学、中国农业大学、北京联合大学、中国地质大学、北京语言大学、北京工业大学、中国传媒大学、北京邮电大学、北京科技大学、首都师范大学、北京化工大学、北京体育大学、中国政法大学、中国地质大学、北方工业大学、北京服装学院、北京印刷学院、北京航空航天大学、北京信息科技大学、对外经济贸易大学。

1. 建设共同体的实体店——中国梦想空间（知岛空间）

IUIA 为共同体投资建设了知岛空间实体店（中国梦想空间）。位于中关村创业大街 24 小时营业的知岛空间，一个占地 600 平方米，提供图书、咖啡、烘焙、简餐等服务，并将空间分为洽谈区、自习区、办公区、会议区，主要满足大学生学习、餐饮、社交的基本需求。空间内，通过创业活动、创业主题书橱、日刊等形式，对学生逐步引导，给他们种下创新创业、努力奋斗的"种子"。

2. 共同体的活动内容

（1）创始人夜话——真实的跨界创业案例库

创始人夜话是首都高校大学生创新创业共同体线上活动之一。每周邀请一位高校创业代表，讲述自己的创业历程，分享自己的创业经验。创业要有充足的时间研究过去，思考当下，判断未来。更多的研究是为了更少的决策，更久的研究是为了更准地决策。站在前人的肩膀上成长是更快的捷径。创始人夜话是一个需要不断迭代的活动，每一个跨行业、跨学科的分享都是对青年创业者构建自己思维体系和价值观的一次助力。拥有更广的视野和是非对错的判断，是创业者很重要的基础素质。

（2）投资人下午茶——指点迷津，给予鼓励，投资帮扶

投资人下午茶是首都高校大学生创新创业共同体线下活动之一。每期邀请两位投资人，服务于种子轮 & 天使轮项目，对项目进行深度打磨，告诉项目如何改进，并对优秀项目进行投资。

牛人指路是创业项目快速迭代最有效的途径，每一个超出现有认知的建议和经验，都是创业项目巨大的助推剂。前人给到大学生的建议与鼓励，是年轻时不断奋斗的最好的礼物。持续的陪跑，助力大学生创业者向社会创业者转变。

（3）共同体线下见面会——构架属于青年创业者的精神家园

共同体线下见面会，每月一期，由首都高校中一个创协负责策划举办，线下活动人数在 50~100 人。主要目的是构架首都高校大学生创业圈，让创业者找到组织，共同成长。见面会已成为一个持续拉新，提高黏性的必备活动。

（4）跨境创业交流

创新很多时候就是现有成果的组合。坚持举办跨境交流活动就是坚持"走出去"和"引进来"，让大学生获得全球视野，获得对行业价值链、商业规律、生态环境的全面洞察。从全球化找经验，要创新。

3. 区块链大学生线上创业社区

构建线上大学生创业社区是必然趋势，能够充分发挥技术所带来的效率。通过区块链技术，将完整记录创业者的创业历程及评估创业者个人画像，为创业者提供全方位的精准服务，最终实现投资人投资风险最小化，创业者发展最大化。

（六）全球青年艺术家共同体

1. 全球青年艺术家共同体简介

全球青年艺术家共同体（GYAC）于2019年由国际大学创新联盟（IUIA）联合国内及欧美一流大学、艺术基金会、美术馆、创新创业组织等共同发起，是全球创新性艺术共同体。以"艺术创新、链接全球"为宗旨，以聚合全球艺术类大学生、青年艺术家、青年艺术创业者和国际艺术机构资源为目标，搭建青年艺术家与企业家创新创业合作平台。

全球青年艺术家共同体受到联合国教科文组织的认可与指导，负责组织全球青年艺术家创作交流及巡回展演活动，面向市场转化优秀艺术成果，推广国际艺术教育培训，推动中华民族优秀传统文化与世界各国文化的民间交流，打造青年艺术家顶尖艺术交流与创新合作的全球共同体。全球青年艺术家共同体于2021年1月在英国注册基金会，将不断推出更多艺术融合产业化活动，助力于提升城市国际化水平及国际化艺术产业方向的发展。

2. 未来五年规划

中国第十四个五年规划纲要中提出，要健全现代文化产业体系，以讲好中国故事为着力点，创新推进国际传播，加强对外文化交流和多层次文明对话。全球青年艺术家共同体响应"十四五"规划方针，构建数字艺术产业，未来五年，将成为在全球艺术领域具有一定影响力的共同体。全球青年艺术家共同体将联合全球著名大学、博物馆、艺术馆、五星级酒店、咖啡厅等几百家单位联合发布"共享卡"。引进欧洲知名俱乐部，在中国北京市、上海市、广州市、深圳市、澳门地区、香港地区等核心城市的著名名胜风景旅游度假区、大学、博物馆、艺术馆、文化产业园区、五星级酒店等地落地，共同融入艺术数字资产"共享卡"概念。艺术数字资产"共享卡"，可以在全球青年艺术家共同体任意场所（全球 100 所博物馆、艺术馆，100 所大学，100 个五星级酒店等）消费，做到真正可以消费的"共享卡"。

全球青年艺术家共同体将联合全球 20 个知名大学，选取 10,000 名大学生进行线上投票，评选"全球百名知名艺术家"，发放艺术数字资产"共享卡"。通过发卡将全球知名的 100 名艺术家连接起来，融入全球青年艺术家共同体，引领全球艺术发展方向，探讨融合全球艺术产业化的新路径。

全球青年艺术家共同体发挥美术在服务经济社会发展中的重要作用，把更多美术元素、艺术元素应用到城乡规划建设中，增强城乡审美韵味、文化品位，把美术成果更好地服务于人民群众的高品质生活需求。要增强文化自信，以美为媒，加强国际文化交流。

3. 艺术创新创业项目

全球青年艺术家共同体自成立以来，举办了众多艺术展演活动及设计项目。例如，主导策划"艺术创新，链接全球"2020 世界青年大学生摄影大赛索尼青年摄影奖活动暨高校摄影教育创新交流会；主办"自然为师"2020 首届全球网络艺术展；主导策划"2020 寻根·抒情"写意平遥国际油画艺术展；在澳门主办 2021 年"鲁澳情深、山盟海誓"艺术展；派代表赴澳门参加 2021 年中国—葡语国家文化周演出；主办全球青年艺术家共同体"火星玫瑰"中意国际青年艺术家艺术展；主导策划"云山万里"南怀瑾先生书法展世界巡回展；主办"全球青年艺术家共同体艺术之夜"，特邀意大利意中友好协会会长斯蒂法诺先生视频参会致辞；主办奥斯卡·全球新青年创新创业派对；主导策划青岛国际当代艺术展；主导策划"故乡的远景——摄影艺术+映像展"。

二、"大学—城市"视角

本节选取区块链技术与新材料技术，以山东省青岛市、广东省东莞市与北京大学和中国科学院的合作为案例进行分析。

（一）青岛链湾："区块链+"创新应用基地

国际大学创新联盟（IUIA）于 2015 年 10 月在伦敦新金融城（金丝雀码头）成立中英金融科技孵化器（中国梦想空间）。该梦想空间的第一批孵化项目包括了以区块链技术为主的众多初创企业。2016 年，青岛市市北区相关领导赴伦敦考察 IUIA 中英金融科技孵化器，决定将其引入青岛。IUIA 联合北京大学、上海点亮资本，借鉴硅谷模式，共同发起成立了青岛中英金融科技孵化器和区块链产业研究院，由北京大学产业技术研究院院长陈东敏教授出任青岛区块链研究院院长，由上海点亮资本合伙人郭峰博士出任理事长，IUIA 具体负责孵化器的运营。IUIA 聚合了国内外科研院所、产业联盟、双创机构和投资基金等社会力量，以自我创新为动力，以区块链技术应用服务为导向，以"政府引导、市场推进、企业化运作"为原则，全面建设以"五大平台、十大应用场景"为核心的区块链产业发展新模式——链湾计划。

区块链作为新兴行业，改变了传统互联网的中心控制模式，其分布式存储方式体现了高度自治性的特点，实现了由一中心到多中心的演变。区块链的发展仅靠适用相关的行业法律法规显然是不够的，新的监管方向、监督手段也会随之应运而生。

1. 青岛链湾产业生态五大平台

（1）产业基金平台：一个以私募基金机构为交易主体，以其所持有的小微创新企业股权收益权为交易标的，以区块链技术为底层支撑的线上私募基金服务平台。

（2）产业孵化平台：以区块链底层技术搭建的"区块链+产业"创新孵化服务平台，通过平台、机构之间的信息共享与合作实现促进科技成果转化、优质企业孵化加速。

（3）教育培训平台：以区块链底层技术搭建的区块链线上教育平台，

以打造"链湾"人才聚集高地。紧密围绕区块链，聚合国内外知名区块链专家资源，整合多所高校与机构，从底层技术、重点场景应用、区块链业务思想、相关基础知识等不同层级建立完善的线上线下课程体系，并提供精准专业的咨询服务，一方面为区块链产业的发展提供合格的从业人员；另一方面发掘和培养区块链行业的领军人物。

（4）应用测试平台：结合区块链底层技术，整合全球知名高校与机构为用户节点，集中"链湾"全球资源优势打造高效率、低成本的应用测试平台。

（5）资格认证平台：基于区块链底层技术的区块链技术与从业人员资格的标准认证平台。通过完善的技术储备、认证标准，以及科学的专家认证流程，打造健全的资格认证体系和业内高品质的资格认证平台。

2. 十大应用方向

（1）政府管理：政府数据开放共享模型在保证政府数据全方位安全开放共享的前提下，实现了对共享数据真实性、有效性、传播途径的监管，降低了关键数据泄露或非法使用的风险。

（2）跨境贸易：将区块链作为跨境贸易的基础设施，有助于降低跨境支付成本，提高支付效率，构建健康供应链生态圈。

（3）供应链管理：区块链实现了信息的多方共享，提升了供应链的管理效率。供应链的各个环节都会在区块链中留有记录，借助区块链的防篡改、可追溯特性，实现商品的追踪溯源，有效杜绝了假冒伪劣行为。

（4）供应链金融：借助区块链的信任传递机制，中小企业能够快速获得核心企业的信任背书，有效破解融资难题。与此同时，通过分析区块链上保存的交易记录，金融机构可以构建高效的征信体系，从而防范金融风险，提供安全、优质的金融服务。

（5）医疗大健康：区块链技术在大健康产业的积极应用可以在保持各医疗机构独立性的同时，实现关键信息的可靠共享，构建完整统一的公民健康图谱，推动大健康产业的实践与发展。

（6）公示公证：区块链技术在公示公证领域的应用可以解决当前存在的手续烦琐、文件造假等问题；可以更好地帮助公民维护权益；可以提高公信力，打造全新信息公示服务体系。

（7）城市治理：利用区块链技术实现城市相关信息公开过程中的透明度和可信度，并保护链上的个人隐私。城市中信息数据充分流动，在一定程度上解决环境、就业、经济方面的窘境，避免"信息孤岛"，实现高效、创新、协同的城市治理模式。

（8）社会救助：利用区块链技术建立从资金管理、身份认证入手，捐助者、募捐者、受助者共同拥有慈善公益数据的区块链数据库，提高慈善救助的公信力及信息的可追溯性，实现信息共享确认，形成多部门、多方参与的联合救助。

（9）知识产权产业化：利用区块链技术创建政府监管与验证的知识产权产业链，提供产权注册、维护与查询服务。

（10）工业检测存证：利用区块链技术创建工业产品检测存证链，可以公开、透明地检验工业产品的真伪，进一步加快智慧生产与智能制造质量体系的建设，推动工业产品质量的提高。同时，推动存证技术的公开性、透明性，使所有可查看区块链的节点皆可对工业产品信息进行检验，并确保检验报告安全不可更改。

（二）东莞松山湖材料实验室

松山湖材料实验室（以下简称"实验室"）坐落于粤港澳大湾区重要节点城市东莞，于2017年12月22日启动建设，2018年4月完成注册，是广东省第一批省实验室之一，布局有前沿科学研究、公共技术平台和大科学装置、创新样板工厂、粤港澳交叉科学中心四大核心板块，探索形成"前沿基础研究→应用基础研究→产业技术研究→产业转化"的全链条创新模式，定位于成为有国际影响力的新材料研发南方基地、国家物质科学研究的重要组成部分、粤港澳交叉开放的新窗口。

1. **人才队伍**

截至2021年7月，实验室总人数913人，全职全时人员共547人。其中，两院院士8人、海外高层次人才39人、研究序列257人、工程师285人、联合培训研究生108人、客座49人、博士后52人及其他人员。

2. 核心板块

（1）前沿科学研究：强化核心技术攻关

前沿科学研究板块，是以前沿研究为基础，瞄准材料领域基础科学前沿问题，针对我国材料领域的"卡脖子"问题，实现相关科学技术领域的原始性重大突破、攻克产业核心关键技术、破解关键领域重大科技难题的平台。该板块充分发挥基础研究对材料科学和工程技术的创新源头作用，打通从基础科学发现、关键技术突破到产业应用前期的完整创新链，并积极推动实现材料科学重大原创性突破和重大成果转移转化。

松山湖实验室的前沿研究板块目前已布局十大前沿科学研究方向，非晶材料团队、二维材料团队、生物界面团队、新能源催化团队、实用超导薄膜研究团队、先进陶瓷团队、半导体/光伏材料与器件团队、计算机辅助材料设计及硅异质外延团队等多个团队已进驻。其中，由汪卫华院士带领的非晶材料团队的研究成果"基于材料基因工程研制出高温块体金属玻璃"入选"2019年中国科学十大进展"。

（2）公共技术平台和大科学装置

公共技术平台是实验室的重要组成部分，针对材料设计、制备、加工、表征、测量、模拟，建设系统的、国际一流的、综合性用户开放平台，包括中子科学平台、材料制备与表征平台、微加工与器件平台、材料计算与数据库平台，和以"材料智造"为目标的大科学装置（将在二期进行建设）。

公共技术平台将为粤港澳周边大学、科研机构、企业提供通用性技术服务，为国家材料科学重大领域的研究和关键技术的创新突破提供稳定的、专业的、先进的科学技术支撑。

（3）创新样板工厂

创新样板工厂是松山湖材料实验室科技成果进行小、中试孵化的物理载体和服务平台，致力于推动实验室的产业技术研究与产业转化，培育一批有发展潜力的新材料高科技企业，为科技成果转移转化提供强力引擎。截至2021年，实验室分3批从国内外知名高校、科研院所及高新技术企业引进了23个优质项目，目前已在东莞注册成立产业化公司

25 家。

（4）粤港澳交叉科学中心

粤港澳交叉科学中心负责整合国际学术资源，通过建立跨学科、跨产业的创新生态，服务于粤港澳湾区产业集群。旨在建成高水平、长期、稳定的学术交流和合作研究的平台；以材料科学为核心，面向生命、能源、先进制造、人工智能等多学科交叉，持续关注国内外相关科学前沿和最新动态，开展交叉合作，提供创新思想和成果源泉；面向社会开放，宣传和普及材料科学及相关学科交叉所形成的各种成果，锻造先进的科学文化基础，促进和培养更多的优秀年轻人才投身于前沿研究；建立与政府、企业、高校和科研院所良好的合作关系；为实验室发展提供战略咨询，并引领中国乃至世界交叉学科的发展。

粤港澳交叉科学中心作为跨学科的国际学术交流平台，主要联合国内外各大学、中国科学院、国家自然科学基金委员会等机构，吸取国际类似研究机构的成功经验，邀请国际一流学者进行中长期或短期访问，以持续深入的科学研讨会为主，打造系列知名国际会议和讲习班。

第二节　澳门特区高校创新创业进展与案例分析

澳门早已回归祖国母亲的怀抱，如今，澳门在"一国两制"的基本国策下长治久安，在澳门特区政府的领导下，澳门人民团结一致、锐意进取中日新月异。在诸多团结发展的元素中，澳门的青年人无疑是最具有朝气和活力的主体，澳门地区的大学更是促进青年人爱国爱澳、求真向善的理想载体。

目前，澳门共有 12 所高等教育机构，其中有 10 所高等学校，两所研究机构（联合国大学国际软件技术研究所和澳门欧洲研究学会）。在 10 所高等学校中，有 4 所公立高等院校，分别为澳门大学、澳门理工学院、澳门旅游学院、澳门保安部队高等学校；6 所私立高等院校，分别为澳门城市大学、澳门科技大学、澳门管理学院、圣若瑟大学、澳门镜湖护理学院、澳门中西创新学院。

创新是驱动发展的第一动力。澳门大学、澳门科技大学、澳门城市大学等一批澳门高校在创新创业教育、科学研究与技术发展、科技成果转移转化等方面积极探索，推动建设了"澳门大学国家级众创空间""珠海澳大科技研究院""澳门科技大学创新创业中心"等一批创新主体项目，发起"澳城大创新创业产学研活动"等一批创新创业活动。澳门的高校用实际行动鼓励在澳青年走出舒适区，勇于创新、精于创业。

澳门企业基于"产业—大学"的良性互动关系，积极资助澳门的高校（科研机构）的科研发展，支持大学生的创新创业活动，其中"永利集团""美高梅集团"就是典型代表。

中央政府高度重视澳门与内地特别是横琴的深度融合，《横琴粤澳深度合作区建设总体方案》的出台利于更好地聚焦创新要素优化配置，构建创新创业生态系统。《横琴粤澳深度合作区建设总体方案》的出台，从制度、产业、人才、教育、金融、环境等方面为澳门的创新创业发展提供了极大的利好机遇。

一、澳门典型大学的创新创业情况

（一）澳门大学创新创业情况介绍

1. 澳门大学简介

澳门大学成立于 1981 年，是澳门唯一一所国际化的公立综合性大学，具有现代化的治理模式。80%的教职员工来自澳门以外地区。以英语为主要教学媒介，该校致力于培养具有全球思维能力和国际竞争力的具有创造性和社会责任感的毕业生。

澳门大学教学单位包括文理学院、教育学院、健康科学学院、法学院、社会科学学院、科技学院、荣誉学院、研究生院、继续教育中心。研究机构包括中医研究院、应用物理与材料工程研究所、合作创新研究所、微电子研究所、澳门研究中心、亚太经济管理学院及人文高级研究所等。目前，澳门大学有超过 12,500 名学生。对于本科生，该大学提供独特的"四位一体"教育，包括学科教育、普通教育、研究和实习教育以及社区和同伴教育。采用学分制和大学制，提供约 130 个学士学位、硕士学位和博士学位课程，涵盖文学、语言、工商管理、市场营销、会计、金融、国际综合度假村管理、科学、教育、生物医学、法律、历史、经济学、心理学、社会学、通信、工程、计算机、中国医学等教学领域。

澳门大学在《泰晤士报高等教育》（THE）世界大学排名中排名第 201 ~250 位，葡语大学协会排名第 1 位。QS 世界大学排名中位居第 322 位。在基础科学指标（ESI）排名中，其工程学、化学、计算机科学、药理学和毒理学、材料科学、生物学和生物化学、临床医学、精神病学/心理学、社会科学、通用科学和农业科学等 10 个学科名列前茅。

2. 战略研究方向

（1）"3+3+3+3"战略性研究蓝图

澳门大学制定了战略性的"3+3+3+3"研究蓝图，其中 4 个"3"是指 3 个国家重点实验室（中医药质量研究国家重点实验室、模拟和混合信号 VLSI 国家重点实验室、智慧城市物联网国家重点实验室）、3 个新兴研究领域（精密医学、先进材料、区域海洋学）、3 个跨学科研究领域（认知和脑科学、数据科学、人工智能和机器人），以及 3 个人文社会科学研究平台（人文社会科学高级研究所、澳门研究中心和亚太经济学院）。该大学鼓励跨学科合作，特别是现代技术在人文和社会科学中的融合。

（2）珠海澳大科技研究院

澳门大学正在加强创业精神和知识传授，以提高其研究成果的社会影响。珠海澳大科技研究院是澳门大学和澳大创科有限公司在大湾区建立的第一个产业—学术界合作示范基地。该研究院是珠海市与澳门在大湾区建设的国际科技创新中心的合作中心。依托 3 个国家重点实验室和具有竞争学科的科研院所的研究优势，融入大湾区，参与国家科研项目，促进技术转让，培育新兴产业。此外，澳门大学教职员工和学生还成立了 30 多家公司，以促进技术转让。

（3）标志性研究领域：芯片与中医药

根据科学网的统计数据，澳门大学学者在高影响力期刊上发表的论文数量从 2007 年的 77 篇增加到 2020 年的 2,000 多篇。芯片研究是澳门大学的一个关键研究领域。澳门大学的芯片研究人员旨在开发模拟和混合信号集成电路和系统，并建立先进的研发平台，获得了国家科技进步二等奖。在国际固态巡回会议上，该大学在会议接受的论文数量方面排名世界第二，仅次于英特尔。中医是澳门大学的另一个标志性研究领域，该领域的研究人员专注于中药的质量和国际标准，并先后获得国家科技进步二等奖、国际创新中药产品发明金奖和澳门 40 多个特殊科技奖。

3．创新创业情况介绍

（1）国家级"众创空间"

澳门大学创新创业中心获批为"国家级众创空间"，体现了国家科技部对澳门大学产学研发展的充分肯定，也代表了中央人民政府对澳门科技创新发展和科研技术转化的鼓励和支持。

澳门大学创新创业中心是澳门重要的青年创新创业孵化平台，旨在为澳门大学师生提供一个创新创业的平台和载体，发现更多青年创新创业人才，对创业项目团队进行有效扶持，在校内乃至澳门形成支持科技创新、大力创业的良好氛围，推动澳门大学科技成果转化和开发，在知识创新、技术创新等方面作出更多贡献。

澳门大学创新创业中心主要工作是重点辅助师生将其创意理念转化成实践，为其提供一个创新创业的产学研支援平台，在促进产业发展的同时形成新型人才培养机制，全力培养创新创业人才。该中心的主要功能有三项，分别为：

①培育创新创业型的人才；

②以创业项目为出发点，建立选拔机制；

③提供项目入驻孵化的软硬体支持。

自 2017 年开展入驻团队招募以来，创新创业中心邀请海内外多名学术专家组成创业咨询团队，为有意创新创业者提供团队管理、市场拓展、财务管理、融资、知识产权、业界合作等全方位的咨询支持服务。澳门大学还开设相关创新创业课程，普及创新创业所需的基本知识，让广大师生不仅能学习技能，更能获得观念的提升，培养创新创业精神。

受资助的入驻团队中，如干细胞常温运输系统、新一代蛋白质分子检测产品和服务方案等多个项目均在各类创新创业赛事中取得了较好成绩，具备较好的发展前景。获得资助后，将进一步提升其团队运作和项目开发能力。

（2）创建澳大创科有限公司（UMTEC）

澳大创科有限公司成立于 2006 年，是澳门大学全资拥有的商业机构。业务领域包括专业研究、技术革新及持续教育，服务涵盖顾问、咨询、技术转移和援助、工程测试、培训课程等。澳大创科有限公司致力于推广和转移澳门大学的宝贵研究成果。

澳门大学全资拥有的澳大创科有限公司（简称"澳大创科"）及珠海澳大科技研究院一同带领澳门大学的初创团队参加了第二十一届中国国际高新技术成果交易会（简称"高交会"）。在本届高交会上，澳大创科展示了珠海市迪奇孚瑞生物科技有限公司、澳门蓓涞生物科技有限公司及紫电科技有限公司的三项产业化项目，包括微型基因检测平台、干细胞常温运输系统、Air-ClearV 无臭氧电子空气消毒装置。

澳门大学先后于 2010 年 11 月及 2018 年 7 月获得中华人民共和国科学技术部批准，共设立 3 个国家重点实验室，分别是：中药质量研究国家重点实验室（SKL-QRCM）、仿真与混合信号超大规模集成电路国家重点实验室（SKL-AMSV）、智慧城市物联网国家重点实验室（SKL-IOTSC）。

（3）面向学生的"双创"活动

澳门大学创新创业中心每年主办"创新营"，为有着创业梦想和潜力的创业人才提供平台。创新营不但可以协助现有的创业团队吸纳新人才，也可帮助未组成团队的创业人才找寻合适的团队。

2021 年度的创新营于 6 月 10—11 日举办，吸引了 20 多名学生参加。活动第一天上午由中心主任颜至宏教授主讲，主要讲解了创新创业的要素，包括寻找创新灵感、产品服务与商业模式创新、团队组建等方面，以及创业路上至关紧要的技巧，如财务预算与规划、商业计划书撰写、路演技巧等活动也邀请到香港中文大学（深圳）高等金融研究院姜少平执行主任举办讲座。他以"大学生创业的准备"和"大学生创业的机会与挑战"为题作主题分享，从个人层面到团队层面，分析创业要素，并结合数个案例讲解了初创公司组建时需要留意的事项，包括合伙人的选择、合作模式、市场选择及技术门槛、盈利模式、商业模型等。

2021 年 9 月 29 日至 11 月 3 日，澳门大学创新创业中心举办了创业财务规划与税务课程。目的是为有意创业的本校在读学生、校友、教职员及报名/已入驻本校进行创业孵化的团队提供会计知识上的创业支持。课程主要教授财务规划的基本知识在澳门经营企业经常遇到的会计问题，为在澳门创业打好基础，也为日后长远发展做好充足的准备。

（二）澳门科技大学创新创业情况介绍

1. 澳门科技大学简介

澳门科技大学成立于 2000 年，已迅速发展成为澳门最大的综合性大学，并跻身大中华区大学前 20 强。澳门科技大学努力培养多学科专业学生，教学与科研并重，注重课程质量，追求卓越，学术发展不断迈上新台阶。连续 10 年，澳门科技大学在上海发布的"大中华区顶尖大学排名"中，名列前 100 名，2020 年位列第 17 名。在 2020 年、2021 年、2022 年《泰晤士高等教育》（THE）"世界大学排名"中，澳门科技大学位列前 300 强，连续 3 年位于"亚洲大学排名"第 32 位。同时，在 2020 年和 2021 年 THE 的"世界年轻大学排名"中分别位列第 38 位和 32 位。澳门科技大学校园坐落于凼仔，面积达 0.21 平方千米。优美的环境和便利的交通使其成为学生接受高等教育和进行研究的理想场所。

（1）愿景和使命

澳门科技大学秉承"专注实践，提升知识、能力和素质"的座右铭，秉承"促进文化交流，培育英才，促进经济发展，促进社会进步"的使命。大学紧密结合澳门的需要和祖国的快速发展需求，借鉴和吸收世界一流高等教育机构的经验，创造和提供多元化的教育课程，旨在培养高素质的人才。与此同时，澳门科技大学大力开展多学科前沿研究，努力跻身亚太地区名校行列。

（2）科研发展

优秀教育和非凡研究的关键是拥有一支知识渊博、专业、经验丰富的教师团队。澳门科技大学拥有讲席教授、教授、特聘教授、副教授、助理教授数百人。大多数学术和研究人员已获得博士学位，并曾在世界知名机构和大学工作或学习。此外，澳门科技大学聘请了一批世界一流的专家教授设计并讲授本科及研究生课程，这些专家包括中国科学院院士、中国工程院院士、美国国家科学院院士、高被引学者等顶尖学者。这些杰出的学者通过教授课程和指导毕业生，传授最新知识，传播最新研究成果，向学生介绍国际视野和多元文化。

学术自由一直是大学的追求。澳门科技大学支持学术人员和研究人员开展多元化的研究项目，鼓励教师合作创造新知识、新技术、新产品，推动学术多元化发展，为澳门和国家进步提供服务。澳门科技大学重点发展中医药质量控制与创新药物、癌症与风湿病治疗、系统工程、环境科学、智慧城市、建筑与城市规划、人类资源管理和博彩旅游管理等专业。其他研究领域包括澳门社会、文化和可持续发展研究、海峡两岸跨区域法律比较研究、艺术设计、媒体研究、知识产权保护、海洋保护、开发利用、下一代互联网、机器人技术创新、数学科学、拉美研究、澳门历史研究、澳门知识产权服务等，鼓励教师发表高质量的研究成果。近年来，澳门科技大学在国际 SCI/SSCI 学术期刊 Q1 区发表的研究论文数量不断增加，国家和国际专利授权数成倍增长。

2. 创新创业情况介绍

（1）澳门科技大学商学院

澳门科技大学商学院成立于 2000 年，是大学成立之初所构建的四大学院之一，有着良好的社会影响力。目前在校学生近 4,000 人，其中本科生约 2,600 人，硕士生约 1,100 人，博士生约 250 人。学士学位包括工商管理学士和应用经济学学士。硕士学位包括工商管理硕士、公共管理硕士、管理学硕士、会计学硕士、金融学硕士、应用经济学硕士、商业分析理学硕士、慈善与社会组织管理硕士、高级工商管理硕士、供应链管理硕士。博士学位包括管理哲学博士和工商管理博士。

作为亚洲一所"年轻"的商学院，澳门科技大学商学院的课程设计符合市场需求。教学计划和教材均与国际一流商学院保持一致。澳门科技大学的本科生和研究生毕业后都顺利就业，每年都有学生被知名大学录取。

学生还积极参加全球管理挑战赛、德勤税务锦标赛、全国大学生"挑战杯"等课外学术活动。过去几年，澳门科技大学相继获得全球管理挑战赛世界冠军和亚军，全球管理挑战赛（澳门赛区）冠军，香港 CLTHK 征文比赛季军，德勤税务锦标赛冠军，全国大学生"挑战杯"一、二等奖。

（2）澳门科技大学创业发展中心

澳门科技大学创业发展中心于 2010 年 9 月成立，旨在提高学生的创新意识，帮助学生发现自身长处，深入自身潜能，寻找健康、良好的学习途径，培养对生活的认识以及社会发展核心价值的理解。

该中心品牌活动包括校园招聘会、校园创业课程、创业计划书比赛、创业摊位比赛、历史报告、企业拜访、就业探路、大学工作坊等。此外，该中心主动与香港、澳门、广东多家大企业接触，让学生有更多的实习和就业机会，体现了"学以致用，人尽其才"的原则。

3. 澳门科技大学创新创业案例研究

（1）走进阳明湖——零碳再生专项设计夏令营

2021 年 8 月 26 日，"走进阳明湖——零碳民宿小镇设计夏令营"第二届客家杯设计大赛活动圆满结束，评审通过严谨的评选流程和数小时的投票讨论，最终评选出一等奖 4 组、二等奖 4 组、三等奖 7 组。澳门科技大学建筑学硕士研究生宋俊新小组的作品《忆场·亦场》及设计学本科生李恺薇小组的作品《溯水观岚》均获得一等奖，设计学本科生华传旺小组的作品《陡水学社》及设计学本科生邵子纯小组的作品《逃离 007》均获得三等奖。

（2）澳门科技大学人文艺术学院设计大赛

由澳门科技大学人文艺术学院艺术学艺术设计专业二年级的董诗洁设计，顾正友老师指导的作品《做爪子艺术沙龙品牌形象》成功入围 Hiiibrand Award 2020。同时，《做爪子艺术沙龙海报》还荣获第二十一届白金创意国际大学生平面设计大赛（Platinum Originality laternational University Students Graphic Design Competition）优秀奖。

（3）第十一届全国大学生电子商务创新创业挑战赛

2021 年 7 月 21 日，由全国电子商务产教融合创新联盟主办，云南工商学院承办的第十一届全国大学生电子商务"创新、创意及创业"挑战赛（简称"三创赛"）全国总决赛成功举行。本届报名团队数量高达 96,567 支，参赛师生约 100 万人，为历届规模最大。此前有 1,000 多所高校举办校赛，31 个省份及澳门特别行政区分别举办了省级赛，最后选拔出 185 支优秀团队在云南工商学院参加全国总决赛。澳门赛区的"澳门风向标"团队的项目《智慧旅游体验与商户智慧管理系统》进入全国总决赛，最终获得全国总决赛三等奖。

（4）粤港澳大湾区 IT 应用系统开发大赛

2021 年"粤港澳大湾区 IT 应用系统开发大赛"澳门分赛于 5 月 15 日在澳门青年创业孵化中心举行。本届大赛由澳门国际科技产业发展协会举办，经初步筛选，有 11 个项目符合参与路演资格，最终澳门科技大学获得 4 个奖项，其中优胜奖两个，分别由"澳健生物"团队的《基于脑机接口的脑卒中康复外骨骼》、"睿视成像科技"团队的《基于多感测器融合的工程结构健康 3D 成像应用系统》获得；入围奖两个，由"澳门豪俊金曲"队伍的《赛事信息管理系统》、"酷冰雪"团队的《酷冰雪 App》获得。大赛旨在开拓大湾区高校青年的全球科技视野，促进 IT 工程应用技术人才和创新创业人才的培养。参赛项目充分考虑产学研商优势互补，具有较强可行性，参赛者也在比赛中提升了技能、加强了交流、增长了见识、促进了自身发展。

（三）澳门城市大学创新创业情况介绍

1. 澳门城市大学简介

澳门城市大学（简称"澳城大"）精炼人文、艺术、商学、金融、新工科及社会科学学科特色，秉持根植澳门、服务大湾区的社会责任与办学使命，遵循明德、博学、尚行的校训精神，在粤港澳大湾区高等教育融合发展的背景下，培养澳门和区域所需的应用型、实务型人才，持续为城市及社会发展提供智力支持。大学实践国际学习、体验学习、跨文化学习、同伴学习与增值学习并行的"五位一体"学习模式。大学紧握粤港澳大湾区高等教育融合发展的时代机遇，聚焦大湾区共建一流高等教育，抓住机遇，发挥优势，立足区域，面向世界，紧贴区域和国家发展的人才需求，为澳门培养更多爱国爱澳且拥有家国情怀的青年人才。

2. 实施创新创业教育的主要载体

（1）葡语国家研究院

葡语国家研究院（Institute for Research on Portuguese-speaking Countries，简称 IROPC）是致力于系统性学术研究、研究生教育与出版的重点院级学术单位，也是本地区一个特色鲜明的国别和区域研究培育基地与智库平台。研究院主要开展葡语国家的政治、经济、法律、历史及社会文化研究，国家的转型和治理研究，开展中国与葡语国家的外交关系、经济与文化交流研究，建设中国在葡语国家企业资料库和葡语国家在华企业资料库。该研究院致力于邀请澳门本地以及国际著名学者，开展研究项目、举办学术会议、工作坊和学术讲座。开设"葡语国家研究"博士和硕士研究生学位课程，同时内设澳门"一带一路"研究中心，为中国和葡语国家在"一带一路"建设中提供智力支持。

2019 年 11 月，澳城大孔繁清副校长代表澳城大葡语国家研究院"一带一路"研究中心出席由横琴新区管理委员会和澳门特区政府经济局主办的横琴·澳门青年创新创业成果展，并代表澳城大葡语国家研究院"一带一路"研究中心与横琴金投创业孵化器管理有限公司签署《澳琴青年创新创业发展合作备忘录》。为葡语国家研究院、"一带一路"研究中心的学者和研究助理提供了产业交流平台、研究实习基地，为进一步开展产学研深入合作提供了发展机遇，进一步为澳城大学子在横琴创新创业提供更有利的条件。

（2）商学院

商学院鼓励探索与创新，积极探索产学研互动的教学模式，着力提升师生的学术和研究水平，培养更多的优秀人才，同时力求将澳门的独特优势发展成为大湾区以及中国与葡语世界的商业和文化交流平台的组成部分。在课程设置上，商学院设立了国际商务领袖实验班。

在科研项目上，商学院专门设立了亚太商务研究中心。该中心致力于推动学术研究，并积极成为师生研究学习的综合平台。中心的师资队伍主要来自海峡两岸及港澳地区和亚太区各地，包括对亚太区域之人文、经济与商贸素有研究的商学院专、兼职教师。

其重点研究范围包括创业创新研究，旨在提供一个跨院校之学生创业及创业孵化平台，鼓励学生组成创业团队并参与孵化创业项目。亚太商务研究中心建立的目的也是为了提供一个产、学、研之校企合作的研习基地，提升商学院理论与实践结合的价值。商学院的师生对创新创业都有很大的兴趣，开展了许多研究，在各种创新大赛中获得了不菲的成绩，并将创业大赛获得的奖金作为创业基金，成功实现了创业梦想。

（3）金融学院

金融学院成立于 2018 年，目的是响应澳门融入国家整体发展的号召，积极参与大湾区的建设，配合澳门特别行政区政府促进中葡金融服务平台建设、特色金融中心建设以及大学生金融创新的发展。

（4）学生社团：澳城大创行（Enactus City U）

在澳城大，学生还自发建立了自己的创新创业组织——澳城大创行（Enactus City U），该社团成立于 2017 年 9 月 28 日，是由热衷及践行公益创业的学生自发而建的学生组织。其目标是建设成一个优秀的澳城大人学习以及实践公益创业的平台。该社团在短短的几年发展时间内构思并完成了不少创新创业项目，如"众志橙橙"（进行中）和"虫塑新生"（已完成）；积极参与了大湾区各项创新创业的相关赛事，如"鹏程大湾区高校商业模拟大赛"（澳城大创行"拿不到许可证不归队"获得第一名）、"2019粤港澳大湾区大学生公益创新创业项目大赛"（凭"众志橙橙"获得创益计划类银奖）和"菁英汇大湾区商业比赛"。同时开展了许多有趣的分享会，让更多有想法、感兴趣的学生了解创新创业的相关内容，近期有"Needs VS Wants 工坊"和"共创未来"在线分享会等。

3. 澳城大创新创业产学研活动简介

澳门城市大学的创新创业氛围浓厚，各个学院聘请国内外知名专家学者开展课程指导，鼓励学生在多领域进行探索与创新。同时，学生也积极建立创新创业相关的社团、工作坊等，并吸引更多同伴参与其中。例如，商学院毕业校友联袂澳门及内地青年才俊共创文传出版公司，海南大学与澳门城市大学联合举办"万人计划"交流访问项目专家讲座交流会，2020

年第九届"赢在广州"暨粤港澳大湾区大学生创业大赛，穗澳校企创新创业交流合作论坛于澳城大举行，澳门新青年理念协会创办人带大湾区创新创业理念走进澳城大，"Casino Marketing and Innovation"专题，南沙青联分享支持澳青年就业创业奖励政策等各类学术讲座、赛事活动。

4. 澳城大创新创业培育路径

（1）携手澳横青年，共建创业研习基地

2017年4月12日上午，澳门城市大学、横琴·澳门青年创业谷正式签约，共建创业研习基地，旨在依托双方的资源优势，建立产学研一体化的战略合作关系，促进高校与孵化器的资源联动。澳门城市大学与创业谷的本次合作主要有三项内容：一是双方共享创业培训资源，互派培训专家不定期在澳门城市大学商学院和横琴·澳门青年创业谷举办创业培训讲座或论坛活动；二是澳门城市大学商学院将择优向横琴·澳门青年创业谷推荐创业项目；三是澳门城市大学商学院向创业谷内的孵化企业推荐优秀毕业生，创业谷每年接收一定数量的在校生到在孵化的企业实习。

该合作旨在探索与澳门城市大学共同建设高校实习基地、创业导师资源库、志愿者服务站、大学生创业项目孵化基地、学生活动赞助园地、科研课题项目合作研究基地、产学研创新研发机构基地等。

澳城大作为澳门的综合性私立大学，其中的商学院是城大的旗舰学院，兼备本硕博课程，强调实务性增值教育，长期为澳门本地培育商界精英专才。澳门城市大学与横琴一直保持良好的合作关系，而创业教育中心将成为商学院增值教育的崭新配套。在创业教育中心的推动下，澳门和横琴澳门青年创业谷之间的交流、互动与合作会更为频繁。期待在两地当局的关注下，创业教育中心能够取得成功。

（2）后疫情时期创新创业云课堂

在线座谈会商学院邀请了致力于社会创新和全纳教育的企业家 Kristen Li 教授，组织学习与发展（OLD）、技术创新与创业精神（TIE）、工程教育和智能工业计划（SII）的 Kris Law 教授和 Josiah Chan 教授，为学生进行"业务流程管理—将按章工作转变为寻求改进的文化变革""商业创新的设计思维""Innovation and Future Workplace""疫情下的全球经济影响"

等线上讲座。

以第三届"澳中致远"创新创业大赛的内容为例，Follow Me Macau成员之一 Marco Rizzolio 导师在 MS TEAM 上介绍 2020 年第三届"澳中致远"赛事详细内容，鼓励学生在家好好利用课余时间，准备方案，参加比赛。

Marco 在 MS Team 上介绍了"疫情下的全球经济影响"，和同学、老师分析及讨论现时疫情下的经济现况及各国的市场策略。学生对两次网上座谈会的反应热烈，商学院亦会继续组织不同主题的座谈会，使学生能够了解更多课堂之外的信息。

（3）葡企研修班探后疫情发展

由中葡论坛（澳门）常设秘书处主办、澳门城市大学承办的"葡语国家中小企后疫情期发展网络研修班"于 2021 年 7 月 20 日至 26 日成功举办，中葡论坛常设秘书处副秘书长丁恬和澳门城市大学商学院院长及公开学院总监 Jose Alves 分别在 20 日的开班典礼上致辞。

丁恬致辞表示，目前全球新冠肺炎疫情形势依然严峻，中小企业发展也面临诸多困难，本期研修班也是疫情发生以来，秘书处首次举办聚焦经济复苏和发展专题的研修班，希望学员通过学习交流，互通有无，积极研讨国际形势、行业发展趋势、企业创新和危机管理，争取学有所获。中葡论坛密切关注疫情发展情况，积极利用线下+线上等方式开展论坛框架下的相关工作，促进中葡间企业交流与合作，推动论坛与会国经济恢复和发展。

2021 年第一期研修班在中葡论坛（澳门）培训中心举办，61 名来自佛得角、几内亚比绍和莫桑比克 3 个葡语国家的相关领域官员和企业代表在线参加。学员围绕新冠肺炎疫情后经济发展、中小企业策略与创新、运作韧性与危机管理、数字化转型、社会责任、与中国供应链和物流、澳门作为中国与葡语国家平台角色等专题进行研修交流。在当前疫情下，此次研修班充分利用互联网资源，打造线上交流平台，有效推动葡语国家学员与中国包括澳门中小企业就后疫情发展进行经验交流，共同推动论坛与会国经济复苏和发展。

（4）"928 创业挑战赛"——商业计划竞赛

中国和葡语国家学生"928 创业挑战赛"商业计划竞赛由澳门城市大学、深圳大学、中国—葡语国家经贸合作论坛（澳门）常设秘书处和联合国大学澳门研究所联合主办，国际丝路创业教育联盟及其澳门基地协办。

本次大赛鼓励可续创业项目，旨在激发学生的创业创新精神，为中国与葡语国家商业的可持续发展作出贡献。提高学生对澳门平台带来的国际商业和创业机会的认识，并培养具有全球思维的年轻企业家。本次大赛是中国和葡萄牙语国家高等教育学生的首次创业竞赛，重点是可持续发展。

大赛具体通过以下方式实现：

①传播关于大湾区和葡萄牙语国家商业环境的知识。

②深化大湾区和葡萄牙语国家大学之间的学术合作。

③在这些地区的创业生态系统，即孵化器、加速器、大学和公共机构之间发展网络与合作。

④培养有潜力得到澳门、大湾区或葡萄牙语国家投资者实施和支持的创业项目。

（5）创新创业进展分析

澳门青年人的就业、创业和未来发展一直是国家和特区各界关注的话题。近年来，澳门的青年创业环境得到了改善，创业氛围也逐渐浓厚。在"一国两制"方针下，澳门社会持续稳定发展，同时，作为全球最开放的贸易和投资体系之一，澳门享有自由港、单独关税区地位，这为澳门青年的创新创业活动提供了良好环境，这也是澳门青年的创业优势。

近年来，国家推出了一系列措施支持澳门融入国家科技创新体系，包括建设"广州—深圳—香港—澳门"科技创新走廊，支持澳门建设中医药科技产业发展平台等。随着澳门青年创业孵化中心获批成为"国家级众创空间"，澳门创新创业的发展空间将进一步得到拓展。借助这个"众创空间"，澳门作为中国与葡语国家商贸合作服务平台，可以发挥"精准联系人"的作用，帮助创业青年拓展与葡语国家的合作交流。

二、澳门企业对大学创新创业的支持

（一）中国"互联网+"大学生创新创业大赛

2019 年 6 月 15—16 日，永利澳门有限公司（简称"永利公司"）支持举办"中国'互联网+'大学生创新创业大赛"，这是为全面推动"大众创业，万众创新"政策落地粤港澳大湾区而举办的全国性大赛。活动目的是为大湾区培育青年人才、引入优质产业，致力实现产业升级和可持续发展。

永利公司副主席兼执行董事陈志玲女士致辞时表示，响应国家"双创"政策，助力大湾区产业升级，永利将始终与澳门教育、产业界通力合作，后续将着力支持建立资源丰富的青年创新创业生态体系，为青年创业者提供发展壮大孵化的平台。

（二）2019"澳中致远"创新创业大赛决赛精英考察团

2019 年 6 月 19—22 日，由澳中致远投资发展有限公司、澳门青年创业孵化中心、澳门科学技术协进会组织的"2019'澳中致远'创新创业大赛"决赛精英考察团一行近 50 人拜访永利皇宫。

考察团由时任澳门经济局副局长刘伟明、澳门青年创业孵化中心行政总裁林家伟带领，来自中国大陆、中国香港、中国台湾、中国澳门、葡萄牙和巴西的参赛选手、青创企业及各大院校代表到访永利皇宫，将其作为大湾区行程中的起程站及澳门主要考察企业。考察团分批参观了酒店设施及后勤区域，了解酒店如何将创新技术应用于设施配套和旅游服务。

（三）第二届"创青春"粤港澳大湾区青年创新创业大赛澳门选拔赛

永利公司为第二届"创青春"粤港澳大湾区青年创新创业大赛澳门选拔赛的支持单位之一，为国家的"双创"政策作出积极贡献。此次比赛首度于澳门设立选拔赛，标志着社会各界对澳门青年企业实力的肯定，具有里程碑意义。

"创青春"广东青年创新创业大赛自 2014 年起举办，已累积超过 1 万支创业团队、10 万多名创业青年参赛。澳门选拔赛为有意前往大湾区发展的青年创新创业团队提供了重要舞台，胜出队伍将晋身第六届"创青春"广东青年创新创业大赛总决赛。

（四）第三届"创青春"粤港澳大湾区青年创新创业大赛澳门选拔赛

永利公司为第三届"创青春"粤港澳大湾区青年创新创业大赛澳门选拔赛的协办及支持单位之一。本次大赛由共青团广东省委主办；联合广东青年创业就业促进中心、澳门创意产业协会、澳门大湾区青年文化有限公司承办。大赛首日邀请 7 位不同领域的重量级嘉宾进行经验分享，次日邀请到粤港澳大湾区知名投资人、青年创新企业家以及专家学者团队，意在号召与发掘澳门地区青年创新创业的团队，广泛征集优秀的创业项目。

（五）第十五届亚洲电子论坛暨粤港澳大湾区电子商会成立大会

由中国电子商会和粤港澳大湾区电子商会主办，永利公司全力支持的"第十五届亚洲电子论坛暨粤港澳大湾区电子商会成立大会"于 2020 年 10 月 27 日召开，共吸引 10 多个国家和地区的 100 多家电子科技相关企业代表就大会主题"智慧·让生活更美好"作主题分享和交流，借此积极推进"大湾区智慧城市"的建设，助力粤港澳大湾区快速发展。在论坛中，联想、华为、小米等科技企业巨头就不同创新科技话题进行了交流。

（六）2020 永利本地企业合作交流会——"M 唛"推广嘉许计划

2020 年 10 月 30 日，由永利度假村（澳门）股份有限公司主办，澳门中华总商会、澳门厂商联合会、澳门生产力暨科技转移中心协办的"2020永利本地企业合作交流会——'M 唛'推广嘉许计划"顺利召开，目的是推动和鼓励本澳中小企不断提升技术与服务水平、增强竞争力，获得"M唛"认证的本地企业一直是永利公司采购的首选对象。永利澳门有限公司副主席兼执行董事陈志玲在致辞时表示，"'M 唛'推广嘉许计划进一步展现了永利对澳门产品优质认证的信心，旨在透过计划向首次成功加盟'M唛'的厂商送上一份心意，包括为这些优秀厂商打造电商化的专业服务，开拓线上营销渠道；并且让本地青创企业联手，免费让厂商体验创新的消费奖赏积分平台，以达到品牌推广作用。"她继续指出，"这些举措正切合'M唛'创立的初衷，以本地企业可持续提供优质产品和服务为目标，携手做好'澳门制造'，拓展更大的发展空间。"

自2020年初开始，永利公司便因应新冠肺炎疫情变化开展了一系列为中小企业而设的支援项目，包括通过澳门中华总商会向本澳企业分发防疫物资；与本地厂商合作生产可重用口罩，以缓减当时口罩供不应求的情况；与本地青创企业合办"乐活周末"活动，支持青年文创与中小企业；与中华总商会合作推出《关爱8000 消费双重赏》线上奖励，进一步促进本地消费复苏；与澳门工商联会合办离岛文化深度游及美食市集活动，为本地中小企业创造新商机，以及带动本地中小企业参与珠海横琴美食节活动，助力企业搭上大湾区发展的新机遇。

（七）2020永利本地中小企合作交流会——电子商务论坛暨采购合作洽谈会

永利度假村（澳门）股份有限公司于2020年11月25日举行"2020永利本地中小企合作交流会——电子商务论坛暨采购合作洽谈会"，邀请业界专家与本地企业分享营商创新思维，以新技术推动本澳产业转型升级，提升市场竞争力。永利公司也于同日安排采购合作洽谈会，让与会者以及本澳供应商代表与永利公司的采购专员进行现场面谈，共同探讨合作商机。活动吸引了超过300家本地企业代表出席。

永利公司副主席兼执行董事陈志玲女士致辞时表示："2020年，全球经济受到新冠肺炎疫情严重影响，但在同一时间，网上营销的新经济模式也在全球呈现出爆发式增长。有见及此，永利特别邀请到两家国际知名的新经济网上营销企业代表——抖音和阿里云的嘉宾，与大家分享并深入探讨本地中小企如何进一步把他们的业务电商化、数位化，用新时代、新经济的方式跨出澳门，不再受地域的制约。"她继续指出，"数位化的浪潮已经深刻影响了全球零售行业，而2020年的疫情更是让各行各业，都必须开始探索电子商务的可能应用。我们希望借由今天的活动做一个开端，未来和澳门的中小企业朋友在以上议题共同探讨，协同发展。"

（八）第六届粤港澳大湾区 IT 应用系统开发大赛

第六届粤港澳大湾区 IT 应用系统开发大赛澳门分赛于 2021 年 5 月举行。由澳门国际科技产业发展协会主办，永利关爱为支持单位之一，当日展示由本地高校学生设计的优秀 IT 程式项目，继而甄选出进入 6 月广州总决赛的队伍。

（九）永利持续支持澳门大学科研及学术发展

永利度假村（澳门）股份有限公司于 2021 年 8 月 10 日向澳门大学发展基金会捐款 8,000 万澳门币，用作支持澳门大学及其亚太经济与管理研究所的发展，并作为永利企业社会责任最重要的举措之一。

澳门大学亚太经济与管理研究所着重于跨学科合作，旨在促进对澳门和大湾区的社会经济发展具有重要意义的跨学科研究，通过结合来自不同学院和学系的综合专业知识取得理想研究结果，研究重点集中在 3 个主要领域：金融创新、智慧旅游、亚洲经济。2021 年初，澳门大学亚太经济与管理研究所举办了"智慧旅游座谈会 2021——智慧城市发展下澳门旅游业的机遇与挑战"，邀请政府、业界及学术界人士就当下澳门旅游业的问题与机遇作专题探讨。

永利公司多年来通过澳门大学发展基金会支持澳门大学的发展，包括支持亚太经济与管理研究所的学术及研究活动，如联同工商管理学院、科技学院、智慧城市物联网国家重点实验室等开展跨学科合作，积极为粤港澳大湾区及国家的经济发展提供学术支援和技术支撑。

（十）美高梅创孵育成计划

澳中致远投资发展有限公司、澳门青年创业孵化中心与美高梅于 2019 年起合办为期两年的"美高梅创孵育成计划"，以专业带教的方式，为青年创新创业团队提供针对性的专业指导，助其提升营商技能，增加专业知识，推进项目落地市地，提高竞争力。两个机构于 2021 年 2 月举行嘉许礼暨年度育成分享会，表扬 10 个积极参与、表现突出的优秀青创企业，借此鼓励一众青创学有所成，优化项目，觅得商机。

美高梅总裁及首席营运官王志琪表示，创孵育成计划是美高梅培育本地青创、推动中小企发展的另一里程碑。2019年11月，美高梅成为首个与澳中致远签订备忘录，共同推出育成计划的企业。通过这个计划，美高梅已与10家青创企业开展合作关系，真正达到了"育成"的目标。美高梅会继续以务实及创新的方式，希望透过美高梅这个平台帮助青创走得更高更远。

为期两年的"美高梅创孵育成"计划，涵盖八大实务范畴，包括品牌及市场推广、信息科技、客户关系及业务推广、餐饮服务标准与需求、人才培育与发展管理、酒店营运、采购评标标准及专家分享等。此外，结合实地考察、后勤参观、对接洽谈等助青创掌握商业规范。

（十一）美高梅与澳门工商联会携手带领中小企"带出去、引进来"

自2019年开始，美高梅全力支持澳门工商联会的"携手湾区共发展"年度系列活动。双方旨在湾区建设和澳门新一轮的跨越提升中，在互融互通方面作出积极努力，为企业发展提供帮助和支援。

2019年，活动共组织了近100位年轻企业家前往国内外多个企业、创业基地、文化园区等；"走出去"大湾区交流论坛项目包括大湾区交流论坛、花城公园路演、专题讲座等主题活动，并组织企业家考察团，与江门、成都等地工商业界签署合作框架协议；设立网上咨询平台，为青创者解析大湾区市场机遇，并拍摄"透视湾区"及"金狮湾区小贴士"系列短片，让社会各界对澳门多元旅游及博企运作加深认识，以推动澳门中小微企的发展，带动湾区外中小微企走进粤港澳大湾区。

2020年，美高梅与澳门工商联会继续携手深化系列活动内容，包括拍摄短片、举办湾区专场讲解会暨澳门本地品牌展览、路演、讲座、富华里展销会等。活动将推动本地中小微企的可持续健全发展，继续以全新的内容带动中小微企走出澳门，体会大湾区的营商环境。

2021年，澳门工商联会和美高梅发起"赏受澳门"智能售卖机项目，属"携手湾区共发展"系列活动之一，旨在针对现时澳门租金贵、人资成本高等问题，通过智能售卖机拓宽消费者购物渠道，助本澳中小企业降低经营成本、低风险测试内地市场。期望通过项目为本澳中小企业增加对外销售渠道，宣传及扶持具有本土特色的澳门产品，为本澳中小企业可持续健康发展注入持久正能量。

产品甄选会通过公开招募形式，共吸引超过 40 家商户报名参与，有超过 50 个品牌的 500 多款产品。共有 20 家商户、27 个品牌出席今日甄选会活动，产品种数超过 250 款。"赏受澳门"智能售卖机将以广州市黄埔区澳门青年人创新部落作为大湾区首个试运营点，将有 5 部售卖机落地广州，以售卖澳门文创、澳门手信及葡语系国家产品为主。预计将扶助超过 50 家澳门商户的产品进入广州，为本澳中小企业未来落户湾区做好准备。未来，如市场反应达到预期，将逐步增加湾区布点，与更多潜在品牌或澳门企业合作，通过智能售卖机平台，助本澳中小企业创立全新的销售方式和宣传渠道，拓阔市场。

（十二）支援青创，美高梅与本地青创合作推出虚拟教室及全新网上学习系列

2019 年，澳门青年创业孵化中心与美高梅合办了"创孵 ProQ 盟 × MGM"青创交流与配对系列活动。美高梅于活动期间认识了本地青创企业约克郡在线学院，开展了第一期的商业普通话培训合作。疫情期间，网上学习的需要更见明显，美高梅培训团队遂继续与该公司合作，推出由这家中小企业打造的虚拟教室平台，将传统教室的课程转化为遥距课程，让成员在家中也可于由导师网上直播的虚拟教室里学习，甚至能与其他学员进行互动学习。平台得到公司内多个营运部门的支持，因此，美高梅及该公司现正计划推出更多的网上教室课程主题，内容涵盖酒店营运、客户服务、食品安全卫生等，以加强团队对网上学习的应用及为本地中小企业提供更多的合作机会。

约克郡在线学院联合创始人及首席执行官黄敏婷表示："这是我们首次与大型的企业合作，对一家青创公司来说，确实是莫大的鼓舞。我们尤其感谢美高梅在新冠肺炎疫情期间仍选用我们的学习平台，让我们感受到美高梅对本地中小企的信任和支持。对我们来说，美高梅除了是我们的客户，也是我们的学习榜样，在合作期间不断给予我们指引和支持，让我们得以成长及发挥。"

美高梅一直致力为本地中小企业提供创新和发展的机会，务实推动他们的可持续发展。除关注他们的营商环境及为他们未雨绸缪外，更助他们推行环保营商概念。在青年创业方面，积极发掘和扶持有潜力的本地青年初创开拓商机，协助初创企业突破步入市场化的困难。通过多元化的项目计划，与中小企业及青创共同成长，互利共赢，携手抓紧粤港澳大湾区的难得机遇。

在"创孵 ProQ 盟×MGM"的商业配对中，美高梅与一家进驻澳门青年创业孵化中心的本地青创公司 Barra Studio 进行了合作，邀请他们为美高梅剧院上演的剧场派对表演 FuerzaBruta 创作一个开场前的 AR 互动游戏，丰富观众体验。项目推出后反应不俗，美高梅现正与 Barra Studio 商讨其他方案，进一步扩大双方的合作。

Barra Studio 总经理蒋家文认为，作为初创公司，能与大型企业合作是重要里程碑。美高梅作为大型企业，对产品要求高，其提出的建议有助于优化产品和服务。蒋家文又认为，合作有助提升公司品牌形象，也可增加在业内的知名度，给予客户更好的信心，有助于日后发展。

（十三）美高梅品牌 IP 创新联动，助力青年创意

2021 年美高梅以狮子为核心，运用澳门自身特色及文化底蕴，推出专属"美狮 IP"品牌活动，打造系列原创盛事，为澳门缔造新景点。自"美狮 IP"筹备至今，与约 50 家澳门中小企业合作，让他们一同参与这个澳门原创 IP 项目，以推动跨界合作，催生新业态产业链发展。其中包括邀请1220 电影制作有限公司与舞剧主演到不同澳门世遗景点拍摄宣传片，碰撞出《醒狮美高梅》与澳门的神奇火花。此外，也与本地多媒体制作公司"极思"合作，为《苏醒》艺术特展部分作品增设 AR（扩增实境）互动体验。

（十四）美高梅 2019 粤港澳大湾区创业创新系列活动

2019 年，大湾区企业先锋颁奖礼在澳门美高梅宴会厅举行。活动由澳门青年企业家协会主办，中央人民政府驻澳门特别行政区联络办公室经济部、澳门特别行政区政府经济局、澳门青年创业孵化中心、青年创业创新培育筹备委员支持，美高梅赞助，澳门日报社、澳门中小企服务平台及澳

门有线电视为媒体支持单位。

本次粤港澳大湾区创业创新企业颁奖礼为在大湾区发展成功的企业家颁发奖状,鼓励他们对有意前往大湾区发展的澳门青年提供协助,帮助他们在大湾区创业、就业,共同建设大湾区家园。活动上,澳门青年企业家协会与香港青年联会及中山青年企业家协会签署了友好合作协议。

大湾区市场发展潜力巨大,大部分澳门青年人对进入大湾区发展有着极大的热情及期待。未来,美高梅将继续积极推动大湾区青年发展,并积极与本地及其他大湾区城市合作,进一步推动澳门与大湾区的青年发展,为青年人提供更到位的支援服务。

(十五) 美高梅助力青年职业实习

美高梅重视培育本地人才,为他们提供各项发展机会。自开业以来,持续与特区政府和本地不同机构合作,推行涵盖本澳应届大学毕业生、大学生和中学生的实习计划,让青少年在美高梅团队成员引领下,于大型综合度假酒店取得工作经验。这一过程中,他们可探索个人潜能和兴趣,提升自我实力及素养,继而更全面地做好职业生涯规划。

美高梅全力支持和配合劳工事务局开展的"疫境自强,职出前程"职场体验计划,助应届大学毕业生在"疫"境中提升个人竞争力,以便觅得理想职位。美高梅安排 22 名由劳工局转介的应届毕业生,于 2020 年 8 月开展为期 3 个月的"美高梅本地毕业生职场体验计划"。实习生分布在 9 个部门,包括餐饮部、房务部、厨房部、水疗中心、客户体验管理部、信息科技部等,让他们深入了解酒店业运作,并掌握职场沟通和分配时间的技巧。

另一方面,为了让本地大学生在毕业前了解职场需要,美高梅全力支持"'你'想前途——2020 澳门大专学生实习计划"。该计划由澳门高等教育局主办,澳门中华总商会青年委员会及澳门中华青年工商联会承办,旨在让大学二年级或以上的学生,在暑假期间到本地或广东、江苏等地的企业实习。美高梅特地安排两名入选计划的大学生,在美高梅设于珠海的共享服务中心——珠海贝芙实习 4 周。

此外,美高梅继续支持教育暨青年局在暑假举办的"青年善用余暇计划"，是唯一连续 6 年参与该计划的大型综合度假酒店。多年来共培育 60 多名大学生，分别于房务部、餐饮部、车务部、工程部及信息科技部实习。2021 年，4 名大学生获安排在设施管理部及信息科技部受训，从中体验如何在职场发挥团队精神。

（十六）美高梅联合澳门大学，举办游学团

美高梅自 2000 年起一直支持澳门大学所举办的游学团，旨在丰富学生对综合度假酒店业的认识，增强他们对未来投身此行业的愿望。2018 年，游学团共有 48 位澳门大学学生远赴拉斯维加斯参观美高梅国际酒店集团旗下之酒店物业，更与集团高级管理团队会面和交流，深入了解美高梅的营运及拉斯维加斯酒店与博彩业的实际情况。游学团一行包括 41 位来自博彩管理课程和会展及款客服务管理课程的三年级及四年级在读生、3 位教职员及 4 位圣公会成员。圣公会期望借此机会了解更多有关拉斯维加斯所推行之负责任博彩措施，进一步研究适用于澳门的相关知识与方法，把问题赌博影响降至最低。

美高梅安排团员前往集团旗下位于拉斯维加斯的百乐宫大酒店（Bellagio）、美高梅大酒店（MGM Grand）、Aria 及 TOMobile Arena 等酒店参观，对非博彩元素及负责任博彩项目进行考察，并于百乐宫大酒店欣赏著名表演节目《O》。

游学团成员之一的澳门大学学生黎凯琪表示："美高梅作为全球十分著名及成功的品牌，积极创造自身独特的企业文化，从竞争对手中脱颖而出。我对于参观美高梅国际酒店集团旗下酒店的印象尤为深刻，因为可以学到课本或讲义上没有提及的东西。拉斯维加斯的度假酒店现在更致力发展非博彩元素，包括餐饮、娱乐、会议设施等，这正是澳门迈向经济多元化的借镜。我非常庆幸能参加这次考察，对酒店管理做进一步的了解，有助我未来的职涯规划。"

除实习计划外，美高梅自 2018 年起与澳门科技大学的酒店与旅游管理学院及澳门旅游学院多次合办"名厨示范工作坊"，把世界名厨带到本地高等学府，向学生分享厨艺技巧及行业见解。希望为本地厨艺人才开拓新视野，以巩固澳门作为"创意城市美食之都"的地位，将其建设成为粤港澳大湾区的旅游教育培训基地。

三、澳门特区传统企业转型自动驾驶案例

2021 年 12 月，奥邦智联（珠海横琴）自动驾驶科技公司（简称"奥邦智联"）发布了澳门第一台 L4 级别的自动驾驶环保车。奥邦智联是在国际大学创新联盟（IUIA）中法孵化器与清华大学车辆学院、清华大学苏州汽车研究院的众多专家顾问团队指导、支持下成立的澳门特区第一个自动驾驶初创企业。

清华大学车辆学院和清华大学苏州汽车研究院是中国自动驾驶与智能网联创新创业的领军研究机构。

（一）清华大学苏州汽车研究院

清华大学苏州汽车研究院成立于 2011 年，是清华大学第一所面向产业应用的专业化派出研究院，也是清华大学与苏州市政府合作共建的综合性汽车产业研究院。其致力于汽车应用技术研发、科技成果转化和高新技术企业孵化。依托清华大学技术与人才优势、苏州地区经济与区位优势，以国家和行业重大需求为导向，研究院致力于汽车应用技术研发、科技成果转化和工程技术服务。其围绕智能网联、新能源、节能减排、轻量化和安全碰撞、NVH 等重点方向，以新技术、新产品的研发与产业化引领行业发展，以技术、金融和人才服务助推产业升级，形成了科技创新、技术服务、科技金融、人才服务、技术转移、企业孵化等六大业务板块，已成为我国汽车产业创新发展的重要支撑平台。

截至 2021 年，研究院已累计完成 70 多项高新技术研发与成果转化，孵化及投资企业 100 多家，为国内外近百家知名企业提供技术服务。未来，研究院将坚持"创新、开放、合作、共享"的发展理念，力争建设高端人才汇聚、高科技企业云集、高端服务业繁荣、科技金融市场活跃的中国汽车"硅谷"。

（二）澳门奥邦智联自动驾驶科技有限公司

2015 年 7 月，国际大学创新联盟（IUIA）在法国巴黎设立 IUIA 中法跨境孵化器。该孵化器孵化了面向 L5 级别的自动驾驶项目。奥邦智联

（珠海横琴）自动驾驶科技有限公司是在 IUIA 中法孵化器、清华大学苏州汽车研究院、澳门大学智慧城市研究院等共同支持下，由澳门奥邦集团发起成立的中法智能网联自动驾驶项目的实施机构。该项目联合法国顶尖人工智能+自动驾驶领域的科创机构，面向高智能化级别的车路协同式自动驾驶发展方向，通过"城市级智能网联顶层方案设计+应用场景商业化+教育实训基地"建设，在未来 5 年内，将在数字化交通、智能网联、自动驾驶领域推出一系列创新服务和产品，做行业的创新引领者。

面向不同城市智能网联发展需求，奥邦智联将联合各合作方实现三方面建设目标：

（1）共建中法自动驾驶智能网联研究院，以因城施策、属地研发的形式，输出研究院智能网联顶层架构城市大脑解决方案，打造以"智能车辆+智能交通+智慧城市+数字化升级"为特征的新型汽车社会生态模式。

（2）输出基于研究院智能网联顶层架构城市大脑解决方案的落地总包商服务，通过"云平台+路侧系统+智能网联汽车"三位一体的闭环，建设奥邦智联道路新型基础设施，实现高精度地图数据服务、车路协同感知与决策、实时测试车辆监控与接管。

（3）依托 IUIA 智能网联自动驾驶小巴车和实验路段，联合伟东云教育、清华大学苏州汽车研究院、清研智联等共同制定面向大学生及高职学生的教育实训基地的标准模式。

奥邦智联已与国内多家车企达成战略合作关系，包括蘑菇车联、成都云科、金瑞麒、京东物流、法国易迈（EasyMile）等车企和实验室，这些机构将与奥邦智联合作实现无人驾驶摆渡车、出租车、观光车、小巴车、接驳车以及物流车等典型应用场景车型。

奥邦智联计划在澳门、广东、山东等地建设"车路云智行新生态"自动驾驶与智能网联示范区，在横琴新区建设首个琴—澳自动驾驶示范运营平台，实现示范应用、城市名片、科技创新、产业集群和标准引领的发展目标。

第三节　横琴粤澳深度合作区创新创业进展与案例分析

一、《横琴粤澳深度合作区建设总体方案》解读

（一）聚焦创新要素优化配置，构建创新创业生态系统

2021年9月5日，中共中央、国务院印发了《横琴粤澳深度合作区建设总体方案》（以下简称《方案》）。习近平总书记指出："建设横琴新区的初心就是为澳门产业多元发展创造条件。"该方案中6处提到"科技"，14处提到"人才"，21处提到"创新"，并且把"发展科技研发和高端制造产业"摆在"发展促进澳门经济适度多元的新产业"的首要位置。国家战略叠加下的强大磁吸效应，将加速集聚国内外各种创新要素，有力推动合作区打造粤港澳大湾区国际科技创新创业生态系统。

（二）制度创新：健全粤澳共商共建共管共享新体制

《方案》中关于建立合作区开发管理机构，组建合作区开发执行机构，做好合作区属地管理工作，建立合作区收益共享机制等一系列政策的出台，是粤港澳大湾区制度创新的时代探索。深化横琴粤澳深度合作，用好"共商共建共管共享"新模式，有助于降低两地的制度性隔阂，为"一国两制"实践新示范提供更稳固的基础。

这种创新的管理模式，标志着粤澳合作迎来新篇章，也为之后探索合作项目、规则制度衔接提供支撑。未来设立的粤澳两地共同管理机构，将共同对合作区的行业需求、产业布局、企业引入、城市融合、人才招揽等进行专职管理，并从多个维度推动制度创新，包括规则对接、通关模式、社会治理等，将打破此前两地合作的一些壁垒，形成产业融合、市场相通、创新互促、民心互通的良性循环。

（三）产业创新：优化经济适度多元产业新布局

《方案》将"发展促进澳门经济适度多元的新产业"明确为横琴粤澳深度合作区重点任务，促进粤澳携手发展科技研发和高端制造产业、中医

药等澳门品牌工业、文旅会展商贸产业、现代金融产业等，从而形成多点开花的产业发展格局，为澳门产业适度多元提供良好的机遇。

中国国际经济交流中心产业规划部部长王福强指出，"合作区瞄准的是'澳门所能、湾区所向、国家所需'的产业，横琴有着相对充足的科研空间，有着利于促进科创产业发展的一系列激励机制，能够为澳门的科研能力、创新成果转化提供空间支撑、服务保障，粤澳之间可实现优势互补。"《方案》还要求切实做到货物"一线"放开、"二线"管住。横琴与澳门之间设为"一线"，横琴与内地其他地区之间设为"二线"。值得一提的是，对合作区内企业生产的不含进口料件或者含进口料件在合作区加工增值达到或超过30%的货物，经"二线"进入内地免征进口关税。这将为全世界高端制造业提供很大的机遇。

《方案》在发展科技研发和高端制造产业方面还明确指出，"大力发展集成电路、电子元器件、新材料、新能源、大数据、人工智能、物联网、生物医药产业""加快构建特色芯片设计、测试和检测的微电子产业链"。以科技创新攻克"卡脖子"难题，这将要求横琴粤澳深度合作区加快探索新技术、新业态、新模式，培育一批具有产业生态主导力的"链长"企业。此外，还要坚持聚焦高质量发展主题，持续打造具有全球影响力的科技和产业创新高地。围绕产业链部署创新链，围绕创新链布局产业链，切实增强产业链供应链的自主可控能力，培育世界级先进制造业集群，在推动碳达峰碳中和方面下功夫，有力推动科技和产业深度融合发展。

（四）人才创新：推动国内外"高精尖缺"人才新集聚

《方案》要求，制定吸引和集聚国际高端人才的政策措施，大力吸引"高精尖缺"人才，对符合条件的国际高端人才给予进出合作区的高度便利，为高端人才在合作区发展提供更加优质的服务。对在合作区工作的境内外高端人才和紧缺人才，其个人所得税负超过15%的部分予以免征，此税收优惠力度非常大，总体上与港澳税负趋同，相当于营造了一个同质的税收环境，以此吸引全国各地的优秀人才前往合作区工作、创业。此外，可以加快海外人才专业认证制度建设，吸引外国人才、在海外的澳门人才回流，前往合作区工作。

澳区全国人大代表、澳门科学技术协进会会长崔世平指出，"通过合作区内更优惠的税务政策及弹性的人员流动方式，将加快促进科创产业的落地、科研人员的交流，澳门业界人士也十分期待更多创新科技应用和成果转化在合作区落地，未来粤澳合作将大有可为。"

这一系列举措旨在形成"人才特区"正向效应，打造与国际对标的发展环境，集聚全球高端创新资源，加快形成国际化创新策源地，进而有效支撑区域产业融合创新发展。在人才普遍成为稀缺资源的今天，合作区想要大量引进国内外优秀人才，还需革新思想，在吸引人才、培育人才方面下功夫。

（五）教育创新：搭建国际化创新创业新基地

《方案》支持引进世界知名大学，建设国家级海外人才离岸创新创业基地。合作区仍将布局建设一批社会发展急需的科技基础设施，组织实施国际大科学计划和大科学工程，高标准建设澳门大学、澳门科技大学等高校的产学研示范基地，构建技术创新与转化中心，推动合作区打造国际科技创新中心的重要支点。高水平打造横琴澳门青年创业谷、中葡青年创新创业基地等一批创客空间、孵化器和科研创新载体，构建全链条服务生态，打通高校科技成果走向产业化的"最后一公里"。

（六）金融创新：打造跨境金融新窗口

《方案》将澳门自由港经济制度、规则延伸到横琴粤澳深度合作区，促使其成为"内地开放度最高、体制宽松度最大、创新空间最广的地区"。在探索跨境金融创新方面，需要继续用好澳门作为对接葡语国家重要窗口的特殊优势，打造中国—葡语国家金融服务平台，推动合作区朝着国际化方向发展。鼓励社会资本按照市场化原则设立多币种创业投资基金、私募股权投资基金，吸引外资加大对合作区高新技术产业和创新创业的支持力度。未来，跨境投融资外汇管理改革将在合作区进一步深化，一系列创新创业企业跨境投融资的政策也会陆续出台。

（七）环境创新：构筑梦幻联动新家园

《方案》旨在推动合作区深度对接澳门公共服务和社会保障体系，为澳门居民在合作区学习、就业、创业、生活提供更加便利的条件，营造趋同澳门的宜居宜业生活环境。例如，高水平建设横琴国际休闲旅游岛，支持澳门世界旅游休闲中心建设；大幅降低并逐步取消合作区与澳门之间的手机长途和跨境漫游费；支持澳门轻轨延伸至合作区，与珠海城市轨道线网联通；有序推进广州至珠海（澳门）高铁，南沙至珠海（中山）城际铁路等项目规划建设。

在横琴建设中，青年无疑是中坚力量。众多青年领袖中，介绍以下两位典型创业者。

科创新青年之一：周运贤

周运贤，横琴最早创业的澳门青年之一。2015 年，从事中国与葡语国家经贸平台开发运营服务的周运贤，与 4 个澳门青年一起决定到横琴创业，成为最早一批跨境来横琴创业的澳门青年。他们落户横琴澳门青年创业谷，选择了跨境数字技术领域，成立了"跨境说"。

短短 6 年间，"跨境说"已有数百名员工，在数据及运算领域积累了多项自主知识产权。目前"跨境说"已成功打造了琴·澳跨境电商小镇、珠澳跨境电商基地，开发运营了珠海市重点实体经济项目横琴澳门未来中心，是中葡经贸合作及人才信息网等多个国家平台运营商，也是横琴澳门青年创业谷里的一个标杆。

周运贤听到《方案》提出建设中葡国际贸易中心和数字贸易国际枢纽港，推动传统贸易数字化转型时，感到十分欣慰。这正是过去 6 年"跨境说"所做的事，"跨境说"利用澳门与葡语国家对接的窗口优势，帮助内地地区进行传统贸易数字化转型。他还表示，公司未来将坚持走内外两条路径，对外方面将继续加大对葡语国家的数字贸易输出，帮助他们做好传统产业转型；对内方面则继续融入大湾区发展，对接好内地的广阔市场。不仅如此，横琴粤澳深度合作区将给整个跨境数字贸易行业带来新机遇。

科创新青年之二：何国涛

何国涛，首届横琴科技大赛一等奖得主。2018 年，他带领团队凭借"AI 汽车芯脑项目"获得了首届中国横琴科技创业大赛第一名，并获得 1 亿元奖励资助。因此，何国涛将自己创立的项目落地横琴，普强公司受益于横琴一系列创新政策，迅速进入发展快车道。作为澳门企业在大湾区人工智能与科技产业发展的"领头羊"，公司在科技创新和业务发展方面取得了良好进展，持续推进人工智能技术在大湾区的落地应用，积极推动粤港澳大湾区的科技合作、协同发展。

普强的中国总部设在横琴粤澳深度合作区，已与多家世界 500 强公司建立合作，业务涵盖智慧政务、智慧金融、智能汽车、智慧交通、智能家居等多个领域。目前，公司正处于筹备上市的关键阶段，已经进行五轮融资。

普强公司积极响应《方案》，大力发展科技研发和高端制造产业，建设人工智能协同创新生态，全力打造下一代互联网产业集群。在国家政策扶持和智能科技创新的双重驱动下，普强公司不仅全力推动人工智能技术在澳门各大银行、酒店、旅游、社区等领域的落地应用，还与澳门大学进行产学研及联合实验室方面的合作，为澳门人才及学生提供在横琴的工作机会，吸引澳门青年来横琴发展，加速琴澳科技合作交流，让澳门科技产业快速融入大湾区，共同推动大湾区人工智能产业建设。

中山大学粤港澳发展研究院首席专家陈广汉指出，"未来无限广阔。横琴和前海要在改革开放重要领域和关键环节大胆创新，加快推进粤港澳建立更广泛、更深层次的联系纽带，加快形成全面深化改革开放新格局，提高全球资源配置能力、创新策源能力、协同发展带动能力。"

二、全球名校电子体育（无人车＆无人机）创新创业大赛

国际大学创新联盟（IUIA）联合澳门科技大学、清华大学、北京理工大学等有关电子竞技机构和孵化机构，在横琴深合区策划举办了"全球名

校电子体育创新创业大赛"，主要突出无人车比赛和无人机比赛。

（一）无人车电竞大赛

1. 竞赛目的

本项竞赛以"无人驾驶，驶向未来"为主题，定位"国际化赛事，全行业参与"，为全球自动驾驶行业的学者、高校学生、整车企业及科技公司提供一个展示、竞技和交流的平台，以赛促学、以赛促用，加速自动驾驶的商业化进程，改善和方便人们的生活。

2. 竞赛内容

低速无人驾驶挑战赛（智能配送）。

示例：起点

场景描述	参赛车辆静止于起始线前方，设置好自动驾驶参数，待起点裁判员发出"开始"指令后，车辆开启自动驾驶模式，自动起步出发。
评分规则 （总分 50 分）	1. 参赛车辆提前起步的，不扣分，但比赛计时增加 1 分钟； 2. 参赛车辆在裁判员发出开始指令后不能起步的，每持续 30 秒扣 10 分； 3. 参赛车辆在场景内发生碰撞的，该场景计 0 分。

示例：行人闯入

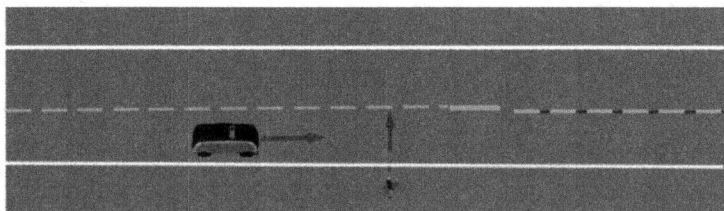

示例：车辆切入/切出

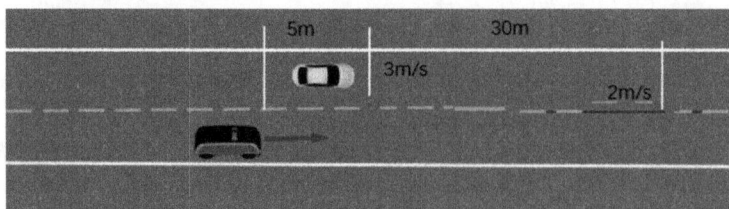

示例：人车混形

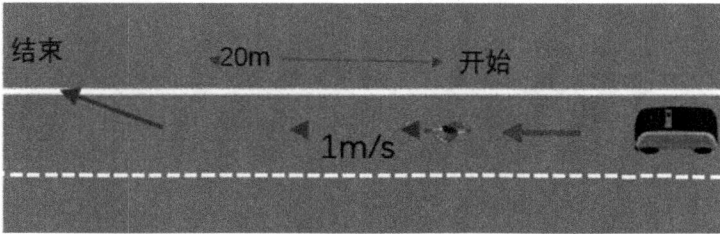

示例：终点停车

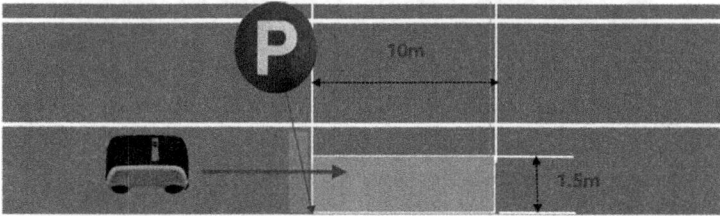

示例：自动泊车

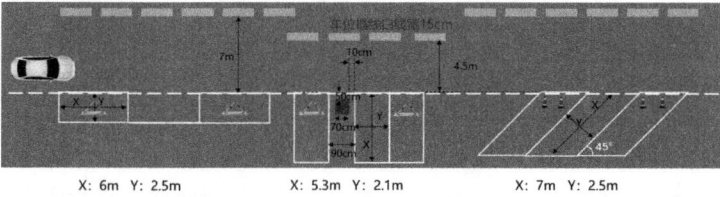

X: 6m Y: 2.5m   X: 5.3m Y: 2.1m   X: 7m Y: 2.5m

示例：施工避让

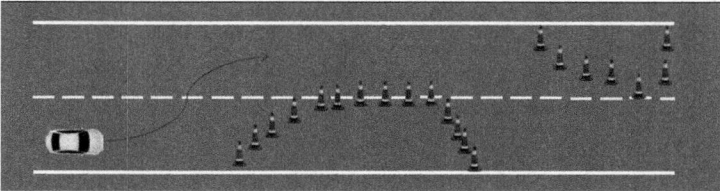

示例：终点停车

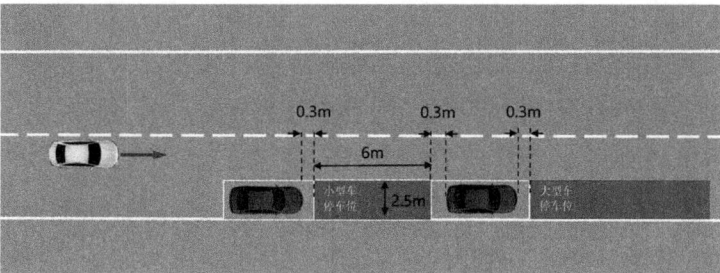

示例：施工限速绕行

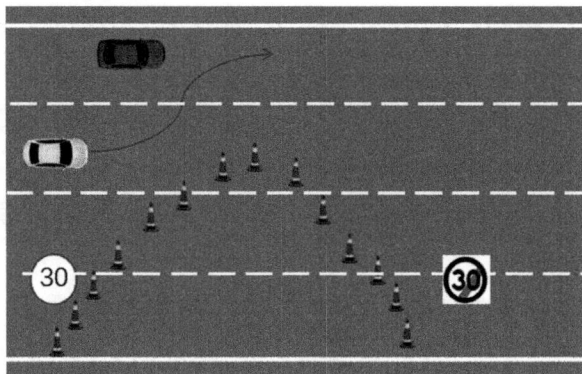

示例：虚拟仿真挑战赛

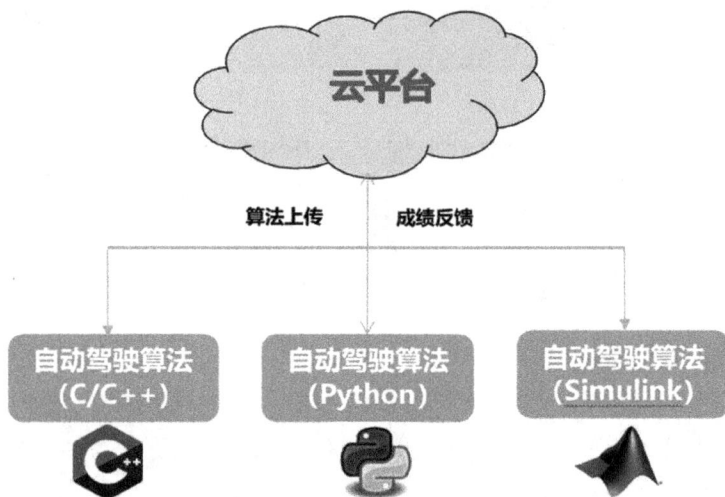

（二）无人机创业大赛

1. 竞赛目的

本项竞赛以"科技创新，促进发展"为理念，结合无人机特定场景，展示应用领域前沿技术，打造行业和科研系统高水平无人机国际赛事，促进无人机应用和产业创新，助推社会进步与发展。

2. 竞赛内容

比赛分为常规、难度、超视距网络、实战四大赛道，比赛场地主要包括起降区、移动门框区、表演区、移动靶标区、特殊场景区、领航无人机环线区和实飞对抗区，参赛无人机可采用固定翼组和非固定翼无人机。每个参赛队单个项目的比赛时间原则上不得超过 30 分钟。

（1）常规赛道

①极速穿越

比赛前，门框区内的两个门框边长 1 米、间距 10 米，初始位置任意停在横木上，以 10 厘米/秒的速度随机向左或向右横移，最大移动量为 10 米。各参赛队无人机数量不得少于 3 架，参赛无人机从起降区起飞，按规定路线穿越所有门框，完成密集编队穿越任务，并返回起降区降落。最终无人机数量越多，编队越密集，完成任务速度越快，得分越高。

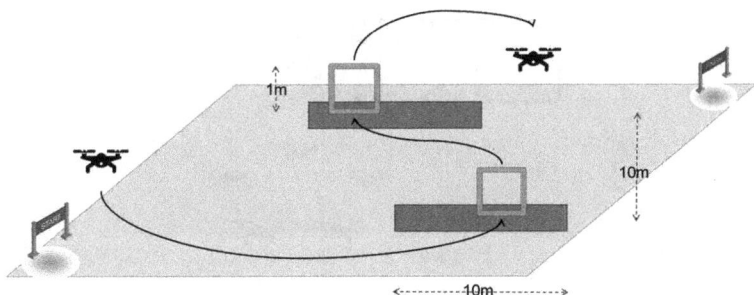

②数字舞蹈

每支参赛队派出 5 架全自主无人机参赛，完成指定飞行队形变换表演。

离线规划：赛方提前公布表演阵型，并用数字编号指代，无人机编队以 2 米/秒的速度，绕 30 米半径的圆周飞行，依次按照大屏幕上显示的编号执行对应编队任务。可规定单次任务的最大时间 4 分钟，可挑战 3 次，无人机完成任务数量越多，完成时长越短，得分越高。

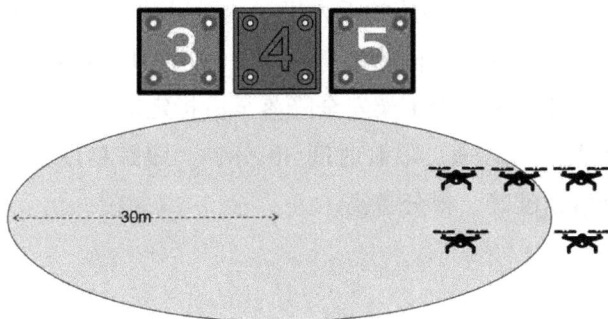

在线规划：赛前不公布阵型，无人机比赛现场在线。

识别屏幕数字，排列出对应编队。单次任务的最大时间 6 分钟，在 30 分钟内无人机识别准确度越高，参与编队无人机数量越多，得分越高。

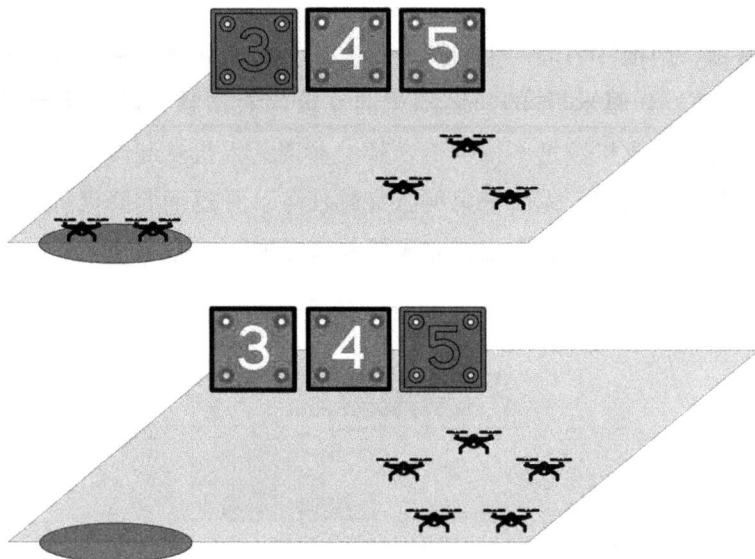

注：数字 3、4、5 分别代表三角形、正方形、圆形。无人机在电子围栏外对数字进行识别，并将识别结果以编队队形展示。

a. 数字 3 近似为锐角三角形为成功；

b. 数字 4 近似为正方形、长方形、梯形均视为成功；

c. 数字 5 近似为圆形、椭圆形均视为成功。

③形影不离

每支参赛队派出 3~5 架旋翼无人机对地面运动中的车辆进行搜索、跟踪、围捕。集群需根据各车辆的车身数字，派出相应数量的无人机对该车辆进行跟踪，并使其中至少 1 架安全降落至沿指定航线和速度（5~10 米/秒）行驶的无人汽车车顶，限制时间 30 分钟。跟踪精度越高，集群调整速度越快，降落越准确，得分越高。

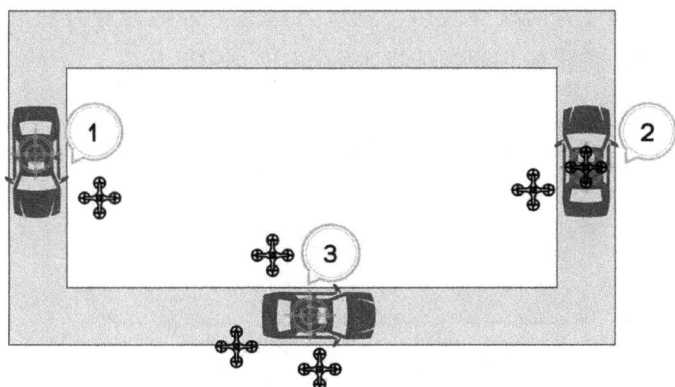

（2）难度赛道

①空中握手

每支参赛队派出 2~10 架全自主无人机参赛。比赛中，领飞无人机按照规定的路线和速度飞行，参赛无人机集群需与领飞无人机拖拽的模拟锥套依次完成空中对接。任务完成总时间越短，数量越多，与领飞无人机越靠近，位置保持越稳定，得分越高。

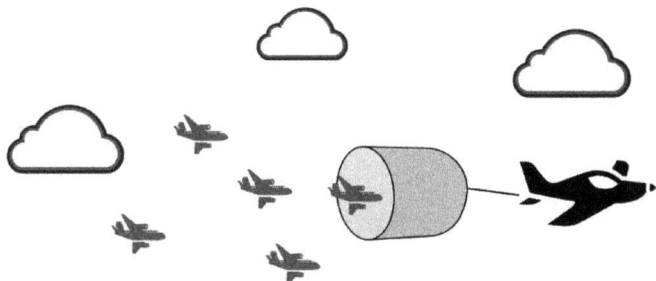

②巅峰对决

巅峰对决分为虚拟赛和实飞赛，参赛队进行"2 对 2"模拟实战，每队试图突破对手防线或阻拦对手突破。虚拟赛中，每支参赛队将智能算法写入各自准备的智能计算设备中，并与仿真环境服务器连接，驱动虚拟环境中的飞机进行攻防对抗。攻方有飞机通过突破口则攻方获胜，否则守方获胜。双方攻防各 5 次，对抗 10 局，积分决定胜负。实体赛中，每支参赛队派出 2 架全自主固定翼无人机参赛，在规定的空域和时间内，攻方若有无人机成功穿越守方防线突破口，则攻方获胜，否则为守方获胜。攻守角色互换各一局，若比分相同则依据击毁/击伤判定胜负。

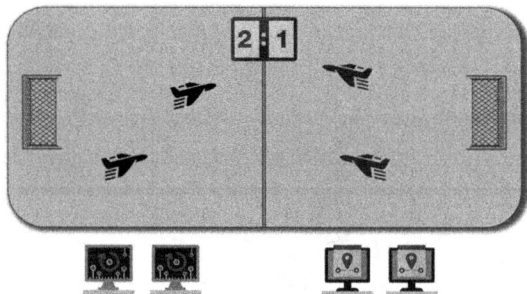

（3）超视距网络赛道

①远程控制

比赛将跨城市开展，主办方提供相同的无人机，采用相同的自主控制算法，基于相同的公共网络环境，操作手于城市 A 通过视频回传远程控制位于城市 B 的无人机完成"穿越门框"项目，门框区内的两个门框边长 1 米、间距 10 米，静止于横木上。任务完成总时间越短，速度越快，得分越高。

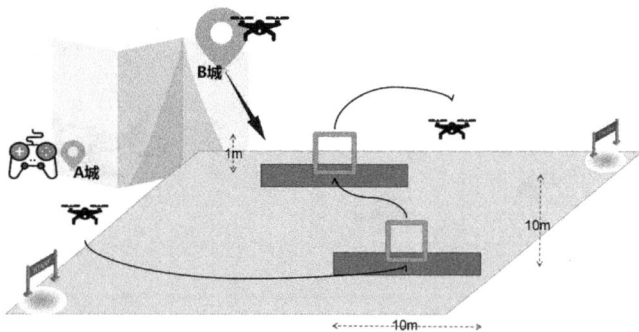

②途中干扰

比赛将跨城市开展，主办方提供相同的无人机，基于相同的公共网络环境，参赛队自行编写控制算法。无人机于 B 城市完成"形影不离"项目车辆数字视频采集任务，并回传至 A 城市，过程中于 A、B 两城市间的 C 城市设置信号干扰源。最终无人机回传视频效果越佳，得分越高。

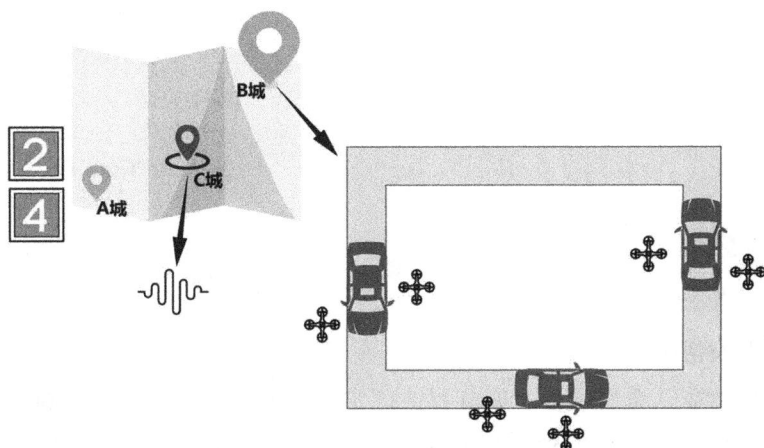

（4）实战赛道

①自动运载

每支参赛队派出 1 架旋翼或固定翼无人机，自动降落、起飞返回、抓取放置 1 千克货物 3 次，运输到指定位置。起飞点和目标点直线距离 400 米，需要货物放置在直径 2 米的环形靶区域，且飞行高度不低于 20 米。飞行时间越短，放置精准度越高，得分越高。

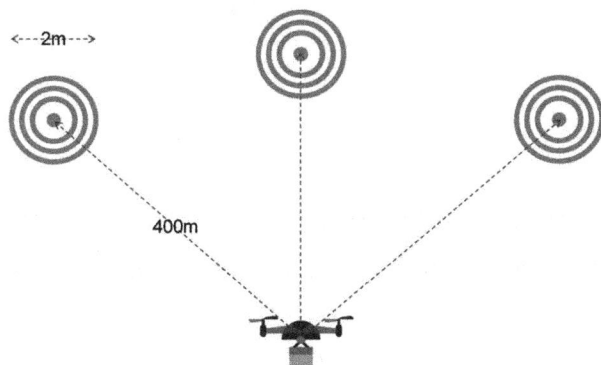

每支参赛队派出 1 架旋翼或固定翼无人机，运输荷载 1 千克货物到指定区域进行空投，起飞点和目标点直线距离 400 米，空投时飞行高度不能低于 50 米，速度不低于 5 米/秒，空投区位置为 5 米环形靶区域，可空投 3 次。平均精准度越高，得分越高。

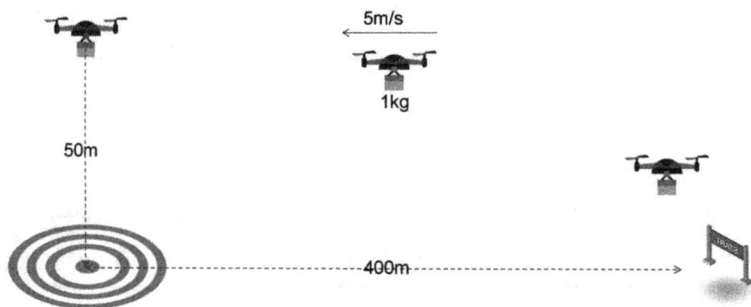

②助农帮手

每支参赛队派出最多 3 架旋翼或固定翼无人机，在 200 米×300 米区域内对农作物进行精准识别和洒水施肥。自主识别指定区域农作物的种类，无人机投放喷洒颜料水，场内放置白纸检测喷洒质量，完成区域任务后在指定区域降落。完成任务时间越短，有效工作面积越大，得分越高。

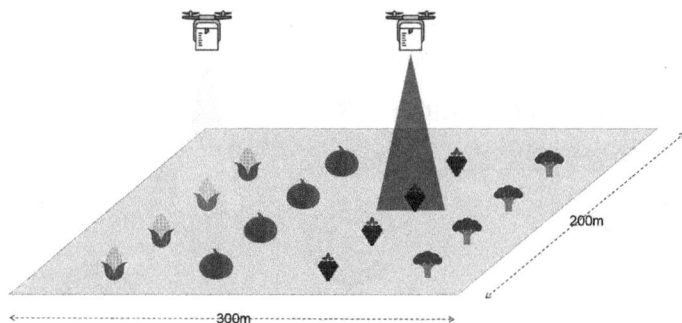

③灭火能手

每支参赛队派出最多 2 架旋翼或固定翼灭火无人机，在指定地点起飞，在 200 米×300 米区域内对 6 个起火点自动完成灭火，并降落到起飞区域。任务完成时间越短，得分越高。

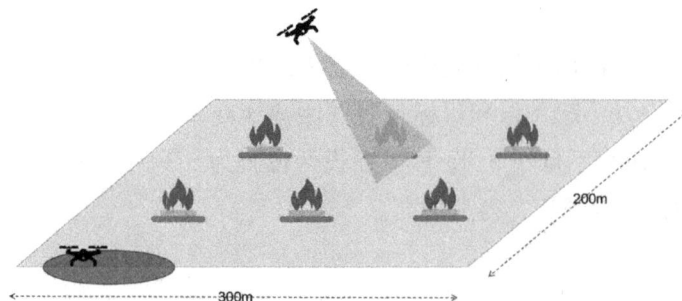

④空中夺球

主办方派出 1 架旋翼无人机，挂载黄色小球以 8~16 米/秒的速度按指定的路线飞行，每支参赛队派出 1 架旋翼或固定翼无人机拦截捕获黄球，完成任务后到指定位置降落。撞毁靶机要扣分。完成时间越短，得分越高。

第三章

葡语国家高等院校创新创业研究报告

第一节　葡语国家基本概况

　　葡萄牙语国家共同体（Comunidade des Palses de Lingua Portuguesa，CPLP，简称"葡语国家共同体"）成立于 1996 年 7 月，目前有 9 个会员国，分别为葡萄牙、安哥拉、巴西、佛得角、几内亚比绍、赤道几内亚、莫桑比克、圣多美和普林西比、东帝汶，领土面积超过 1,070 万平方公里，其区域总面积超美国、中国和印度，几乎是欧盟的两倍。2018 年，葡语成员国的总人口超过 2.84 亿人，相当于欧盟总人口的一半，是美国人口的80%，具有巨大的市场潜力。到 2050 年，葡语国家成员国的人口预计将超过 3.6 亿，将成为世界第六大经济体。葡语国家的概况见表3-1。

表 3-1　葡语国家概况

国家	国土面积（万平方公里）	人口（万）	国内生产总值GDP（亿美元）		高等教育机构数量（个）	失业率（2018 年）
			2018 年	2020 年		
葡萄牙	9.2226	1,028.18	2,213	2,312	287	6.86%
巴西	851.57	20,900	18,800	14,000	2,608	12.54%
安哥拉	124.67	3,080.98	1,057.51	623.07	93	7.25%
莫桑比克	79.938	2,949.6	147	140.21	53	3.73%
佛得角	0.4033	54.38	19.87	17.04	10	12.28%
东帝汶	1.5007	126.8	15.69	18.21	11	3%
几内亚比绍	3.6125	187.43	14.58	14.32	5	4.06%

续表

国家	国土面积（万平方公里）	人口（万）	国内生产总值 GDP（亿美元）		高等教育机构数量（个）	失业率（2018 年）
			2018 年	2020 年		
圣多美和普林西比	0.1001	21.1	4.56	4.73	4	13.32%
赤道几内亚	2.8051	130	130.97	100.22	7	9.16%

一、葡语国家共同体发展情况

葡语国家除了语言、文化相通外，分布区域、经济体量不同，发展阶段也不同。葡萄牙作为欧盟国家，属于发达经济体；巴西经济实力居拉美首位，巴西作为金砖国家，属于新兴经济体，服务业产值占国内生产总值七成；安哥拉和佛得角属于中等收入国家；东帝汶、几内亚比绍、莫桑比克、圣多美和普林西比都属于发展中国家甚至最不发达国家。

2017 年 11 月，葡萄牙科学技术和高等教育部部长埃托尔与巴西科学技术创新和传播部部长卡萨波在巴西的弗洛里亚诺波利斯共同主持并签署了《弗洛里亚诺波利斯宣言》，宣告大西洋国际研究中心（AIR）正式成立，成员包括葡萄牙、巴西、西班牙、安哥拉、佛得角、尼日利亚、乌拉圭、圣多美和普林西比，英国和南非作为观察国加入。2018 年 1 月，首届葡语国家海洋生物学大会在葡萄牙法鲁举行。2018 年 6 月，葡语国家共同体科学、技术和高等教育部部长第 8 次会议在巴西召开。2018 年 7 月，葡语国家共同体第 12 届国家元首和政府首脑会议在佛得角萨尔岛召开，佛得角担任主席国，为期两年，重点致力于促进成员国间海洋和人文领域的合作。2019 年 4 月，葡语国家共同体内政部长会第 5 次会议在佛得角普拉亚举行。2019 年 7 月，葡语国家共同体部长理事会第 24 次会议在佛得角举行。2019 年 11 月，葡语国家共同体国家第 10 次旅游部长会议在佛得角举行。

二、各国竞争力与营商环境

世界经济论坛《2019 年全球竞争力报告》显示，葡萄牙在全球最具竞争力的 141 个国家和地区中，排第 34 位；莫桑比克在全球最具竞争力的

141 个国家和地区中，排第 137 位。

根据世界银行发布的《2020 年营商环境报告》，葡萄牙在全球营商便利度 190 个国家和地区中，排第 39 位；巴西营商环境得分 59.1 分，比上一年得分（58.6 分）略有上升，在全球 190 个国家和地区中排名第 124 位；莫桑比克在全球 190 个国家和地区中，排名第 138 位。

根据《世界概况（美国）》CIAWorld Factbook 于 2019 年 1 月公布的数据来看，巴西贫困人口占比为 4.2%，葡萄牙贫困人口占比为 19%，佛得角贫困人口占比为 30%，安哥拉贫困人口占比为 37%，东帝汶贫困人口占比为 41.8%，莫桑比克贫困人口占比为 46%，圣多美和普林西比贫困人口占比为 66%，几内亚比绍贫困人口占比为 67%。葡语国家贫困人口大约 2,678.71 万人，平均贫困率为 9.45%。

联合国开发计划署发布的《2019 世界各国人类发展指数》显示，葡萄牙的人类发展指数为 0.85，在全球 189 个国家和地区中排名第 40 位；莫桑比克人类发展指数为 0.446，位列 189 个国家中的第 180 位。

三、有关国家未来发展规划

（一）葡萄牙发展规划

2013 年，葡萄牙政府发布了《2013—2020 年增长、就业和工业发展战略》，着力改善 8 个关键领域，包括教育、金融、商业环境、投资环境、财政政策、创新制度、国际化水平和物流基础设施。采取的措施包括：强化和改进职业教育，利用欧盟结构基金提升企业竞争力，加大对中小企业的融资支持力度等。

2016 年 4 月，葡萄牙政府提出了《2016—2020 年国家改革（PNR）和稳定计划》，该计划主要在经济创新、区域多元化、国家现代化、企业资本化、凝聚力和社会平等领域推出结构性改革，以促进投资及公共财政的可持续性发展。

葡萄牙于 2017 年向联合国提交了《2030 年可持续发展议程》。主要突出了六项重点工作：素质教育、性别平等、产业化、创新和基础设施、减少不平等、气候行动和海洋生物保护。

2019 年 6 月，葡萄牙政府提出了《2030 国家人工智能计划》，旨在促进和确保国家数字化发展。其主要内容包括提高国民数字技术水平，为年轻人提供数字化技能培训，促进国家数字技术发展等。

（二）莫桑比克发展规划

莫桑比克属于农业国，农业是吸纳国内就业人口的主渠道，农业就业人口占 72.1%，工业和服务业就业人口分别占全国就业人口的 7.7% 和 20.1%。2020 年 4 月，莫桑比克重新调整并通过《2020—2024 年政府五年发展规划》和《2020 年经济和社会计划》。规划纲领旨在维护莫桑比克国家和平的同时，推动多元化发展，提高竞争力，创造更多就业机会，进而改善民生。具体包括三大优先发展领域：一是发展人力资源，促进社会公平；二是推动经济增长，提高生产力，创造就业机会；三是强化自然资源和环境可持续管理。规划指出，振兴农业，发展工业，促进电力、基建和旅游行业等行业，推进重大油气资源开发是实现新五年规划发展目标的基础。

第二节　葡萄牙与巴西高等院校创新创业研究报告

一、葡萄牙

葡萄牙共和国（葡萄牙语：República Portuguesa；英语：The Portuguese Republic），简称"葡萄牙"，是一个位于欧洲西南部的共和制国家。它东邻同处于伊比利亚半岛的西班牙，西部和南部是大西洋的海岸。葡萄牙是一个经济发达的国家，拥有相当完善的旅游业；也是欧盟成员国之一，欧元和北约创始成员国之一；还是世界贸易组织、联合国等国际组织的成员，对于创新创业教育的开展是极佳的平台。近年来，葡萄牙的创新创业生态系统不断完善，创新力排名在欧盟第 19 位。2019 年，研发经费投入达到 33.53 亿美元，占 GDP 的 1.4%。

（一）葡萄牙高等教育体系与重点院校简介

葡萄牙的高等教育主要分为大学教育和技术教育。截至 2019 年，共有

287 个高等教育机构，其中公立院校 183 所，私立院校 104 所，比较知名的有里斯本大学、科英布拉大学、波尔图大学、新里斯本大学、埃沃拉大学、里斯本理工大学、米尼奥大学、葡萄牙主教大学、阿威罗大学和国家行政管理学院等。2020 年，教育预算支出为 94 亿欧元，占政府总预算的 9.6%。

葡萄牙高等教育学制遵从博洛尼亚进程（欧洲高等教育学位体系）：第一周期学位（学士学位）学程为 6~8 学期（3~4 年），第二周期学位（硕士学位）学程为 3~4 学期（1.5~2 年），第三周期学位（博士学位）学程为 6~10 学期（3~5 年）。其中，公共高等教育机构网络包括 14 所大学、20 所理工学院和 6 所军事警察高等教育机构。[①] 2019 年底，葡萄牙 51.5% 的人口只受过基础教育，22.7% 的人口完成全部中等教育，19.6% 的人口接受过高等教育。

葡萄牙研究开发活动主要是在大学实验室进行。葡萄牙在生物技术、新材料、新能源和电子信息等高新技术领域具有一定的研发能力，接近欧盟的中等水平，很多实验室设备精良，在欧洲堪称一流。一些传统产业部门，如模具、酿酒、服装、制鞋、软木和大理石加工等技术都颇具特色，在国际上久负盛名。但葡萄牙总体研究实力还不能与其他发达国家相提并论，其科技成果集中在小型技术、工艺流程等。欧盟委员会于 2019 年发布的欧盟创新评估报告显示，葡萄牙创新力在欧盟成员国中列第 13 位。全国研究机构数量为 4123 所，研究人员 58154 人，研究人员中，大学占 54.1%，企业占 40.7%，政府占 3.9%，非营利私人机构占 1.3%。2020 年科技预算支出为 6.3 亿欧元，占政府总预算的 0.6%。

1. 科英布拉大学（Universidade de Coimbra）

科英布拉大学创建于 1290 年，是世界最古老的五所大学之一，也是葡萄牙最古老的大学，同时也是伊比利亚半岛上历史最悠久的高等学府之一。该校是葡萄牙最著名的公立大学，该校所在的古都科英布拉位于首都里斯本以北，1139—1260 年曾是葡萄牙的首都。

科英布拉大学设有文学院、法学院、医学院、理工学院、药物学学

---

① 葡萄牙教育部高教司网站. https://www.dges.gov.pt/en/pagina/public-higher-education.

院、经济学学院、心理学与教育科学学院和体育学院，拥有学生 22,000 余人，可授予 3 个学位等级：学士、硕士、博士。其中，文学院、法学院和医学院在葡萄牙的专业排名中都是名列榜首。科英布拉大学还是科英布拉集团的创建地以及创立者之一，是广州国际友城大学联盟创始成员。

由科英布拉大学创建的佩德罗·努内斯研究所（Instituto Pedro Nunes）是全球知名的企业孵化器之一，也是大学致力于科技创新与知识转移的中心点。葡萄牙众多杰出的创业公司均诞生于科英布拉大学，其中包括 ISA-Intelligent Sensing Anywhere 公司，已经与中国建立合作的 Critical Software 公司、Crioestaminal 公司、Ciberbit 公司以及 Feedzai 公司等。除此之外，科英布拉大学合伙创建了 Coimbra iParque 科学园区，促进创新创业企业之间的合作交流。

科英布拉大学作为欧洲著名大学，曾为祖国乃至世界培养了大批杰出人才。其中有史诗《卢济塔尼亚人之歌》的作者，葡萄牙公认的最伟大的诗人路易·德·卡蒙斯（1524—1580 年）；闰年的提出者，分角器与象限仪的发明者，欧洲宗教学界数学家、天文学家克里斯托佛·克拉乌（1538—1612 年）；19 世纪末期优秀作家埃萨·德格伊罗斯（1845—1900 年）；诺贝尔生理学医学奖获得者，脑血管造影术发明者安东尼奥·埃加斯·莫尼兹（1874—1955 年）；在 2007 年票选最伟大的葡萄牙人中，排名第一的前葡萄牙总理安东尼奥·德·奥利维拉·萨拉查（1889—1970 年）；政治音乐家乔斯·阿方索城、知名教育家前澳门大学校长费利纳、澳门立法会主席宋玉生以及澳门大法官何超明等著名人物。此外，学校还为巴西输送了许多教授和学者。

自 2014 年起，根据葡萄牙的相关法律，科英布拉大学为中国学生特别设立了便利的留学通道。中国学生在读完高中之后可以直接用其在全国普通高等学校招生统一考试（高考）或联考（香港、澳门、台湾地区）中取得的成绩报名。科英布拉大学为没有葡语基础的留学生特设一年的预科课程（第 0 学年），为留学生提供密集型葡语语言课程以及其他课程，以便能更好地融入本科学习。

2. 里斯本大学（Universidadede de Lisboa）

里斯本大学诞生于 1288 年，是一所位于葡萄牙的著名高等公立研究型学府，长久以来，被公认为是葡萄牙的精英大学，葡萄牙老牌名校之一。目前设有文学、法律、医学、药理、自然科学、教育与心理学、美术、牙科医学八个系。此外，还有眼科医学、细菌学、医学等 4 个研究生院以及唐·刘易斯王子地球物理研究所、社会科学研究所。

在《世界大学学术排名》（ARWU）中，里斯本大学连续多年位居全葡萄牙第一，是葡萄牙最大的高等教育研究机构。700 余年的校史、出色的科研、极高的教育水准，培养出了一大批在文学、艺术、政治、科学领域的杰出人才，如葡萄牙后期象征主义诗坛的代表人物费尔南多·佩索阿、现联合国秘书长安东尼奥·古特雷斯、现葡萄牙总统马塞洛·雷贝洛·德索萨等。诺贝尔生理学医学奖获得者安东尼奥·埃加斯·莫尼兹亦在该校医学院任职教授。其经济管理学院获得了国际高等商学院协会（AACSB）和 AMBA 认证，同时也是欧洲管理发展协会（EFMD）成员，与北京大学光华管理学院、北京师范大学及同济大学等是国际合作伙伴。

2020 年 3 月，受新冠肺炎疫情影响，里斯本大学正式宣布停止面授课程，各学院组织开展线上教学。孔子学院所有的汉语课都成功转成线上授课，成为文学院最早开展在线教学的语言课程，孔子学院教师多数为天津外国语大学师生。汉语水平考试（HSK）受新冠肺炎疫情影响一再推迟，里斯本大学孔子学院在汉语水平考试中心的支持下，于 2021 年 5 月底组织了首次居家考试。

新冠肺炎疫情对人文交流项目的开展产生了巨大的影响。一年一度的"汉语桥"比赛改为线上举行。在疫情期间举办的两届比赛中，孔子学院选手连续夺得两届葡萄牙赛区冠军，取得了自 2017 年以来里斯本大学孔子学院"四连冠"的好成绩。

3. 米尼奥大学（Universidade do Minho）

米尼奥大学于 1973 年建校，位于米尼奥省会布拉加市，有学生16,000 名，教职人员 1,100 名，行政、技术与服务人员 600 名，是葡萄牙最大的院校之一。大学分为两个校区，布拉加校区设有科学院、经济学院、管理学院、文学院、法律学院、心理学院、教育学院和医学院，吉马良斯校区设有工程学院。各学院均设有自己的研究生院。

1997 年，文学院成立东方语言文化中心（The Centre of Oriental Studies），开设了两年制汉学选修课，教授初级汉语，包括汉字、阅读、书法、语音、语法、中国文化，另有中国历史、思想史、地理、社会等专题讲座。2004 年，东方语言文化中心设立东方学本科课程，2009 年，设立中葡跨文化研究硕士课程，为葡萄牙第一个也是唯一一个与中文有关的硕士专业，不只面向以葡萄牙语为母语的汉语专业学生，同样也面向以汉语为母语的葡萄牙语专业学生招生。

2005 年 9 月，中国国家汉语国际推广领导小组办公室（简称"中国国家汉办"）经过对米尼奥大学汉语教学情况的考察，决定在此设立孔子学院。

4. 新里斯本大学（Universidade Nova de Lisboa）

新里斯本大学是里斯本一所成立时间较晚公立大学，成立于 1973 年，是为适应当时葡萄牙高等教育的改革要求而成立的，发展至今已经获得了诸多学术领域的认可，并取得了一些成绩，其理工科、医学和公共卫生专业较强。学校在欧洲排名第 15 位，在欧洲众多年轻的大学中也能位居前十。

研究型大学排名越来越成为青年学生择校的重要依据，新里斯本大学凭借其连续 3 年上榜"QS50 岁以下 50 强"排名中的葡萄牙大学，于 2015 年成为 YERUN Network（欧洲年轻研究型大学网络）的创始成员之一。根据 2016 年数据，新里斯本大学有近 20,000 名学生，其中 7% 是外国留学生；在 1,746 名教师中，也有 254 名国外教师。

新里斯本大学的研究结构重点在 4 个方向：研究、教学、国际化和创业。学校设有 NOVA 社会创新中心、NOVA 创业数字平台、NOVA IMPACT 等机构，作为学校文化的一部分，在其生态系统中广泛推广和使用，促进知识转移和将研究成果转化为社会经济价值的方式，并加强与公司和社会的联系。

学校通过针对本科生和硕士生的初创者学员、专业研究人员、教授和博士生设计的"科研创业"以及对社区开放的项目提供多学科的创业培训，并激发其社区参与创意 NOVA Idea Competition、Stage Two 或 NOVA

ImpACT Challenges 等创新创业比赛，创业导师顾问团汇集了来自不同知识领域的大约 30 位专家，包括企业家、顾问和风险投资人。

5. 波尔图大学（Universidade do Porto）

波尔图大学位于葡萄牙北方工业中心波尔图市，为葡萄牙著名的高校之一。该校建于 1911 年 3 月 22 日，由波尔图航海学校与商业学校等 4 所专科学校合并而成。波尔图大学设有建筑、体育、法学、经济、工程、食品营养学、医学、牙科医学、教育与心理学、生物医学等院系。该大学与欧洲和美国的许多高校都建有校际合作关系。

2017 年，学校在 QS 世界大学排名跻身前 300 位，是葡萄牙高等教育和研究机构获得的最佳名次。学校因其所进行的科学研究而获得国际认可，其实验室产出了超过五分之一的葡萄牙科学文章。

波尔图大学与多个实验室有合作关系，例如，IBMC（分子和细胞生物学研究所）、IPATIMUP（分子病理学和免疫学研究所）、INEB（生物医学工程研究所）、CIBIO（生物多样性和遗传资源研究中心）、CIIMAR（海洋与环境研究跨学科中心）和 CAUP（天体物理学中心）。波尔图大学还与 500 多所国外大学签订了合作协议，允许来自世界各地的学生在大学进行交换学习。目前，有 1,913 名外国学生（占学校学生总数的 7%）在校园学习。

6. 阿威罗大学（Universidade de Aveiro）

阿威罗大学是一所公立大学，以提供高等教育、研究生教育和服务社会为宗旨。该校位于葡萄牙西部濒临大西洋的阿威罗市，创立于 1973 年，之后迅速成为葡萄牙大学中最具创新精神的一所大学。拥有 10,886 名学生，主要研究领域有理学、机械工程学、信息技术学、经济学、管理学等，是一所发展迅速、充满朝气的以理工科为主的大学，设有多个高水平实验室，如与德国西门子合作的西门子实验室等。

阿威罗大学（UA）是研究领域的领先机构，是国内、国际公司和重要机构特许合作伙伴，与许多项目合作并为其提供重要服务。

UA 的研究项目是在 19 个研究单位的范围内开发的，这些研究单位的研究人员中有 52% 在由科学技术基金会推动的最后一次评估中被归类为非常好、优秀或卓越，占 UA 研究人员总数的 64%。UA 在葡萄牙的高等教育机构中占有重要地位，在基础设施质量、研究能力和人力资源方面是最好的大学之一。自 1998 年以来，它一直是欧洲创新大学联盟（ECIU）的一部分。该联盟是一个国际研究型大学集群，共同强调创新、创造力和对社会的影响。

阿威罗大学孔子学院是中国在葡萄牙建立的第三所孔子学院。该所孔子学院办公及教学场地面积近 400 平方米，首次招收的学员数量已达 790人。孔子学院面向大中小学生及对汉语和中国文化感兴趣的当地民众开设各种汉语班，举办各种文化活动。

与葡萄牙其他两所孔子学院不同的是，阿威罗大学孔子学院的办学特色是系统培养有一定中文基础的葡萄牙人担任汉语教师，使学院成为葡萄牙本土汉语教师培养及培训中心。阿威罗大学孔子学院的成立对当地中小学汉语教学起到了积极的推动和引导作用，使阿威罗大学在中文教学及中葡文化交流方面发挥更加重要的作用。

7. 埃沃拉大学（Universidade de Évora）

埃沃拉大学建立于 1537 年，是葡萄牙历史上继科英布拉大学后建立的第二所大学，拥有悠久的历史，是在葡萄牙国王若昂三世的命令下建造的，旨在建立一个神学大学。之后于 1559 年扩建，建立了除医学院以外的完整的教学体系。如今埃沃拉大学已经发展成为葡萄牙著名的公立大学之一，有很好的学术气氛。

埃沃拉大学设有历史、文化和社会跨学科中心以及可再生能源中心。可再生能源中心致力于为不同经济部门的脱碳开发技术解决方案和太阳能应用及能源转型作出贡献，中心整合并领导了 INIESC 国家聚光太阳能研究基础设施项目，这是葡萄牙国家战略利益研究基础设施体系中的一部分。此外，其跨学科中心（CIDEHUS）重点开展以南欧和地中海为主的研究项目。

埃沃拉大学定期发布 TREZE 杂志，关注知识转移、知识产权、项目合作、初创企业和衍生公司、实习就业等方面内容。大学定期举办创新合作活动 DIC2E，邀请兴趣方参加创业博士资格计划，旨在鼓励基于研究项目的商业理念发展，重点关注可持续性、健康、艺术和技术四大领域。

（二）葡萄牙创新创业实践案例

葡萄牙多年来在支持创新创业方面的努力的确收到了成效。据新华丝路网早前的报道，葡萄牙创业公司2018年货物和服务销售额达22亿欧元，占当年全国 GDP 总额的1.1%；创业公司货物和服务出口额从2016年的6.73亿欧元增长到2018年的11.21亿欧元，占当年全国总出口额的1.9%。此外，2016年成立的葡萄牙创业服务中心公布的数据显示，创业公司吸纳的就业人数从2016年的1.6万人增加到2018年2.5万人。

1. 里斯本创新创业体系

里斯本是葡萄牙推动大学生创新创业的示范城市，整个城市充斥着青年创业的良好氛围。2019年，欧洲最大的科技会议——网络峰会（Web Summit）在里斯本顺利召开，会场内随处可见的是"里斯本，创业城市"的巨大标语。2018年，葡萄牙政府出资1.1亿欧元，确保未来10年这一科技会议继续在里斯本举办。2011年，孵化器机构"里斯本创业"（Startup Lisboa）在里斯本市政府、葡萄牙经济部下属机构及当地银行的支持下正式成立，并于次年开始运行。2012年以来，该项目已经支持了400家初创企业，创造了3,500个就业岗位。2016年，葡萄牙政府再次推出了国家创业战略"葡萄牙创业"（Startup Portugal），旨在促进国内初创企业的发展，吸引国内外投资，并推动国内初创企业在国外市场发展。

EGG 电子公司（EGG Electronics）是该项目的受益企业之一。该公司为里斯本的一家创业企业，由3名葡萄牙青年于2014年创立，已经完成了种子轮融资。主要业务是定制个性化的插线板，产品主要销往德国、法国和意大利，并且提供了此次网络峰会媒体中心内的特制插线板。公司创始人之一蒂亚戈·文达·莫尔加多（Tiago Venda Morgado）在采访中谈到，公司的成立受益于里斯本当地的"里斯本创业"、"Beta-I"等创业孵化器和加速器项目。

2. 里斯本 Beta-I 加速器

Beta-I 于2009年在里斯本诞生，旨在应对当时的金融危机。目标是为葡萄牙带来更多的创业公司，并在 10 年内帮助该国转变为欧洲最具活力的创新中心之一。目前，在全球拥有强大的影响力，在里斯本和圣保罗设有办事处，有 20 多个国家/地区应用其创新专业知识。其与国际品牌合作，为瞬息万变的世界创造新的解决方案。使命是激发协作创新，作为解决挑战和创造机会、实现可持续增长和解锁解决方案的一种方式，让每个人的世界都变得更美好。愿景是成为全球公认的协作创新标杆公司，在连接不同利益相关者以共同创造更美好的集体未来方面闻名。Beta-I 主要聚焦的产业领域是能源、可持续性和医疗保健。在 2016 年欧洲最热门创业公司排名中，WIRED UK 杂志认为 Beta-I 是里斯本创业领域的关键孵化器。

里斯本挑战赛是 Beta-I 的旗舰项目，是一项雄心勃勃的为期 10 周的国际加速计划，旨在吸引热切的国际科技初创公司。该计划真正以创始人为中心，专注于产品加速，被评为欧洲第二大最具活力的加速器。如果没有此类系统允许开发的技能和专业知识，即使这些想法非常有趣或创始人非常有能力，初创公司也很难进入市场。该计划面向处于原型或产品阶段的初创公司，寻求真正创新和授权的体验。它为真正的启动加速提供了一系列的方法和资源。例如，Uniplaces（在线学生住宿平台）、Line Health（获得德国大型制药公司拜耳股份公司的资助）或 Unbabel（可扩展的专业翻译服务平台）等初创公司都是 Beta-I 里斯本挑战计划的一部分。

在创新方面，Beta-I 还培育了一些企业加速器，以行业为重点，采用垂直方法。例如，Protechting（一家专注于保险的加速器，与中国复星集团及其本地品牌忠诚保险合作，是葡萄牙最大的保险公司），德勤数字颠覆者（德勤的创业加速计划，由 Beta-I 支持，专注于颠覆保险业的数字解决方案）或巴塞罗那软木挑战赛（一个为期 8 周的加速计划，专注于软木和非密集型）。此类举措使 Beta-I 能够与雀巢、微软、谷歌、德勤等公司合作，在大公司和初创企业之间架起一座桥梁。此类计划的魔力在于，真正的创新发生在成功的成熟企业和仍缺乏规模的颠覆性初创企业之间的十字路口。

从加速孵化的成果来看，Beta-I 的 175 家校友创业公司已经筹集了超过 5,500 万欧元，Beta-I 有 3 名校友在 YCombinator，3 名校友在 Techstars，

2 名校友在 500Startups，8 名校友在 Seedcamp，40% 的校友获得了投资。

对 Beta-I 来说，培养伟大的想法并观察他们成长以实现其全部潜力是重中之重。因为世界在变化，但创业世界变化更快，Beta-I 挑战团队拥抱变化。最重要的是，Beta-I 挑战企业家成为最好的自己。在 Beta-I，企业家相信"I（我）"的力量，并将其用于创新、想象力、主动性、灵感和投资。在里斯本，企业家会结识许多总是乐于助人的优秀人士，还可以在海滩放松身心，周末去冲浪。在这里拥有令人惊叹的生活质量和低廉的生活成本——这对企业家建立自己的公司非常有帮助。事实上，近年来，葡萄牙已经发展出大量世界级的创业公司，像 Beta-I 这样的项目是这一进步的关键，因为它们帮助大量企业家发展和提升他们的商业理念。同时，Beta-I 可以帮助确保政府机构使用的所有工具，以便当地社区能够更好地发展，营造一个丰富的创业创新环境。

3. 科英布拉创新园（Coimbra iParque）

科英布拉创新园是位于葡萄牙科英布拉的科技园，该城市因其卓越的科技、高素质的人力资源和生活质量以及区域创新生态系统而广受认可。该园区预计有 150,000 平方米的工业用地和 700 平方米的办公空间。最初的计划中还包括数据中心、几个不同大小的会议厅、餐厅和绿色公园等附加设施。该园区还旨在提供一系列专业服务，以支持业务发展、国际化和外国公司的成立。科英布拉创新园在这个生态系统中发挥着重要作用——补充了该市现有的商业创新基础设施，面向孵化（IPN-Incubadora）和企业加速（TecBIS）阶段。因此，科英布拉创新园被看作创立企业和研发实体的理想栖息地，具有技术和创新基础以及强大的出口和国际化特征。

科英布拉创新园的使命是通过促进、创建和安置具有高技术含量的公司，并致力于创新、实验开发和在建议或培训行动中使用新技术，来推动科英布拉地区的经济发展和现代化。科英布拉创新园的成立是为了将这些倡议和企业联系起来，并与他们合作，建立合作网络，创造协同效应和竞争优势。它旨在基于一系列可信的机构举措的集体努力创造一种新的竞争概念，并促进吸引受过高等教育的人力资源和投资，将科英布拉变成一个新的基于技术的商业中心，与一些最具创新创业精神的欧洲中小大学城

（即莱顿、鲁汶、隆德、图尔库或乌普萨拉等）。

　　该地区是林地，许多私人业主被市政当局强行征用以建造公园。公园的建设于 2010 年完成，大约在葡萄牙共和国请求金融救助的时候。尽管如此，还是有几家企业立即在园区内开业。2011 年至 2017 年间，园区成为少数在信息与通信技术（ICT）、健康、纳米技术、清洁技术和绿色建筑领域拥有专业知识的公司和应用研究中心的总部。第二个发展阶段——包括额外的 200,000 平方米工业用地和 3,500 平方米的办公空间，已获批准，因此有足够的扩展空间。第二阶段还包括住房、购物、绿色公园和体育设施的专用区域。科英布拉地区的一些人使用可用于慢跑、远足、骑自行车、遛狗甚至街头赛车的基础设施。

　　科英布拉创新园提供的服务包括出售地块和提供莱昂纳多·达芬奇（Leonardo da Vinci）商业中心的办公空间，供设立公司。此外，它还提供虚拟办公室解决方案、科学或商业活动的解决方案（礼堂、培训室等）以及对公司的创建、发展和国际化的一系列支持服务。园区还提供其他设施，如数据中心、餐厅/食堂以及绿色和休闲空间。在这些地段中，目前有 6 个公司在全面运作。另外 3 个地段正处于规划和建设项目阶段。

　　科英布拉创新园的达芬奇大楼是位于科英布拉 Antanhol 教区的科学和技术园区的一个中心点。该商业中心提供各种规模的办公空间，供设立企业，总面积达 500 平方米。在商业中心设立企业包括一套服务，如接待支持、清洁、保安等。公司还可以从共享会议室和获得额外服务的特殊条件中受益，并使用补充空间，如可容纳 200 人的大礼堂和允许不同配置和尺寸的模块化培训室。

　　因此，达芬奇商业中心打算在一个有利于创新和商业发展的环境中，以有竞争力的价格，将自己打造成一个令人愉快的工作空间。这座位于 iParque 中心区的新建筑还包括一个自助餐厅/餐馆，为整个园区服务，但也将对公众开放。

4. 波尔图大学创新创业体系

　　波尔图大学位于全球战略要地，弥合了各大洲之间的差距。作为全球许多网络、项目和伙伴关系的特殊伙伴，波尔图大学在高等教育领域的国际合作中发挥着关键作用。波尔图大学致力于为学生、教师和研究人员创造流动机会，并设计合作教学和研究平台，其战略基于促进与世界各地大学的对话。这些活动中有许多是在大学所属的大学网络中进行的。与五大洲，特别是欧洲、南美洲、亚洲和葡萄牙语国家的大学签署了数百项双边合作协定，进一步加强了其特殊地位。此外，波尔图大学参与并在某些情况下领导了数十个国际方案和财团开展的项目，目的是支持高等教育的流动性和发起有关教育、研究和技术发展方案的合作倡议。在此背景下，拥有《伊拉斯谟高等教育宪章》（ECHE），该宪章为欧洲高等教育机构在伊拉斯谟+计划内开展的国际和欧洲合作建立的总体框架。由于以上原因，波尔图大学被认为是国际合作的战略伙伴，这一事实也有助于波尔图大学与伙伴大学共同开展越来越多的培训方案。

该校设有创新和技术创业硕士（Master in Innovation and Technology Entrepreneurship，简称 MIETE），旨在通过实践教学对管理人员和企业家进行综合培训，以发展创新业务。波尔图大学把向社区和商业结构开放作为其战略支柱之一，是葡萄牙北部和整个国家经济、社会、文化及科学发展的重要引擎。学校不仅培养专业人才，而且致力于打造领导者，培养创新者，鼓励企业家，简而言之，就是培养可以在社区中发挥作用的人。

正是这种战略及定位，波尔图大学在世界其他地区的影响力越来越广泛，其开展的支持创新和创业的活动得到了全世界的认可。在国家层面上，该大学已经赢得了两届由葡萄牙创新商业协会（COTEC）颁发的"增强知识和创业精神奖"。

（1）波尔图大学创新机构简介

波尔图大学科技园（Science and Technology Park of University of Porto，简称 UPTEC）通过大学和市场之间的知识共享，支持艺术、科学和技术领域的商业项目的创建和发展。遵循集群战略和初创企业、创新中心和固定项目之间的资源共享，UPTEC 为其项目提供所需要的具体支持，使他们参与到一个更广泛且横向的国内国际合作伙伴和导师的网络之中。

自 2007 年开始，UPTEC 已经支持了 630 多个商业项目的发展，涉及的领域包括纳米科学、纳米技术、新材料和生产、能源、健康、食品、生物技术、信息技术和通信、数字媒体、建筑、互动营销、内容制作等。机构愿景是成为一个世界级的科技园，为新经济模式的发展作出贡献。通过大学和市场之间的知识共享，促进在艺术、科学和技术领域的商业项目的创建和开发。

（2）波尔图大学 UPTEC Mar 中心

UPTEC Mar 中心位于马托西纽什的一个跟海洋体育活动相关的场所，比如冲浪、帆船等。UPTEC Mar 旨在开展对海洋经济有特殊影响的科技项目。以邮轮码头建筑为基础，该中心与跨学科海洋和科技研究中心（Interdisciplinary Centre of Marine and Environmental Research，简称 CIIMAR）的密切联系，以及靠近克莱斯港的优越地理位置，加强了该中心的活力和生态系统。其下属机构主要有：

①蓝色生物经济合作实验室

UPTEC Mar 中心的蓝色生物经济合作实验室（Blue Bioeconomy CoLAB，简称 B2E CoLAB）作为波尔图大学科技园中心孵化的商业项目，以海洋为灵感，以市场为驱动，以知识为动力。主要目标是促进高技能工作岗位的创造。这些工作岗位可以积极促进新的和现有的生物基产品经济社会价值的提升，支持最具潜力的蓝色增长部门：自然资源、海洋生物技术和可持续水产养殖。通过促进雇佣高技能个人员工来开发基于知识的解决方案，以积极响应社会利益相关者在当前和未来的需求。这将有可能塑造由 4.0 自动化和数据交换技术引导的新蓝色生物经济。目前，海洋生物质的主要来源仍以野外收获为主，只有有限的一部分来自水产养殖。确保海洋生物质可持续供应的目标面临着挑战，特别是如果唯一的目标来源是野生种群，因为目前它们已经处于被过度开发的边缘。对捕捞野生海洋物种的战略管理，加上在受控条件下提供更加可持续生产的计划，对于维持海洋生态系统的健康和运转至关重要。用于食品或任何其他高端用途的海洋生物质供应的一致性、安全性和质量，必须以应对环境挑战和可持续性需求的方式进行平衡。培养生物精炼框架以确保海洋生物资源的充分利用，与循环经济原则高度一致。①

———————————

① 蓝色生物经济合作实验室官方网站. https://b2e.pt.

②大脑研究所

UPTEC Mar 中心的大脑研究所（BRI）是一家非营利机构，其使命是在神经科学领域开展科学研究，特别是在低估人类行为以促进个人幸福和表现方面。数字时代、工业 4.0、人工智能、大数据等新动力给人们的学习、工作和生活方式带来非常迅速的变化，给全人类带来巨大的压力，这就需要我们开发新技能，以便在一个全球化和日新月异的世界中发展。大脑研究所旨在促进神经科学领域的研究，以了解这些重大变化如何影响人类大脑。通过这种方式，可以帮助世界各地的个人和组织学习如何改变他们的行为与策略，以便使他们在生活和活动中变得更加快乐，并取得更好的表现。该与一支高素质的科学团队合作，专注于最新和最相关的神经科学研究，并与世界知名科学家合作。①

（3）UPTEC Asprela 多学科中心

UPTEC Asprela 是一个多学科中心，用于承载专注于技术和科学的商业创意。该中心由两座建筑组成，配备了实验区域和一个用于原型设计与产品开发的办公室，该中心的主要特点是充满活力以及邻近波尔图市最大的大学校园。UPTEC Asprela 得益于与教育和发展机构的密切联系，这主要体现在工程和健康领域。在这仅一平方公里的区域内，有超过 5 万人在工作、研究和学习，这里是欧洲知识和创新密度最高的地区之一。其孵化的商业项目有：

①Academicv

Academicv 是 UPTEC Asprela 中心孵化的商业项目，一个在线平台，以中立、简单和友好的方式"连接学生和教育机构"，学生与机构可以在这里互动和交流。学生可以轻松（免费）搜索拥有自己梦想课程的机构，提出问题并只需单击一下即可申请。②

②AMT 咨询

AMT 咨询是 UPTEC Asprela 中心孵化的商业项目。AMT 是一家信息技术咨询公司，专注于人力资本管理、财务和企业移动解决方案领域，与

---

① 大脑研究所官方网站. https://brainresearchinstitute.eu.

② Academicv 官方网站. https://academicv.com.

SAP 保持合作关系。AMT 致力于创造创新的解决方案。其经验和专业知识使其能够确定客户需求的共同点，从而创建具有高附加值的交叉解决方案。AMT 的增长战略基于创新产品的创造，在 UPTEC 的创新中心成立了 AMT 实验室，为创造力、创新和技术改进提供环境。在 AMT 实验室，AMT 计划与波尔图大学和 UPTEC 中心合作开发项目，并通过实习和招聘来留住大学的工程和设计人才。其主要活动领域有：移动、SAP R3、大数据和用户体验。AMT 已经开发的产品组合包括：AMT Smart Recruit—基于 SAP HCM 的直观且用户友好的招聘管理工具；AMT Smart Approvals—SAP 认证的移动应用程序，用于管理员工请假申请；ePerformance4SAP—基于 SAP 的绩效管理工具；HCM socialRecruiting4SAP—增强专注于社交网络招聘流程的解决方案。[1]

（4）UPTEC Baixa 中心

UPTEC Baixa 中心是那些希望在商业层面体验、探索和开发项目的创作者和文化专业人士的交汇中心。位于波尔图市中心的 UPTEC Baixa 受益于邻近该市的主要的文化和艺术建筑，以及波尔图大学的艺术人文学院和研究中心。通过其专业化和不断发展的国际网络，UPTEC Baixa 已成为葡萄牙文化和创意企业的主要中心之一。

UPTEC Baixa 中心孵化有如下商业项目：

①全球新闻（Global News）

全球新闻是一家数字媒体，来自波尔图市，涵盖整个葡萄牙北部。关注社会、日常生活、体育、文化、节日、音乐会中发生的事，是一个多面的媒体组织，在广播和电视节目上下了很多功夫。

②Canal180

Canal180 是第一个致力于文化和创意的电视频道，可在有线、互联网和移动设备上观看。这是一个独立的电视项目，旨在涵盖更广泛的文化活动，致力于促进和发展新一代多平台内容创作。Canal180 汇集了一些最具原创性和创新性的内容：音乐、纪录片、城市艺术。

---

① AMT 咨询官方网站. https://www.amt-consulting.com.

（5）波尔图大学创新创业孵化中心（Porto Design Factory）

位于波尔图大学城的孵化中心（Porto Design Factory，简称 PDF）是波尔图理工学院的一个延伸单位，汇聚来自 8 所学校的学生，共同参与不同的创新创意发展项目。这其中有不少成员来自各大公司，在不同领域具有工作经验。

据孵化中心的相关负责人介绍，相比于其他侧重项目孵化的机构，PDF 最大的特点是，它更着眼于创新创业型人才的培养，尤其是"T 型"人才的培养。他们希望通过"教育+创新+加速"三阶段培养模式，提高学员的知识能力和创新思维能力，鼓励学员敢于创新。

（6）大学生创业俱乐部

波尔图大学生创业俱乐部（CEd UP）的创始人是波尔图大学的学生。这是葡萄牙的一个开创性组织，主要目标是激励愿意参与创业的波尔图大学成员。还有 Start UP Buzz，这是一个由学生领导的实体，使命是激励学术界更有创业精神。另外，波尔图大学通过 iUP25k，即波尔图商业创意大赛（Uporto Business Ideas Contest），每年评选出学术界诞生的最佳项目，将其注入到 Startup Pirates 等项目中。这是一个为期一周的项目，旨在帮助创业者开发商业想法，或者商业启动计划，这也是一门创业课程，特别是针对那些想要利用学术界的技术开发业务的人。大学每年都会举办创新创业周会议、非正式对话、研讨会和其他活动，这些活动已经成为该市促进创新和创业领域的参考。

波尔图大学通过一些项目与世界各地的大学分享这一成果，如 Red Emprendia 是一个伊比利亚美洲大学网络，自 2011 年以来波尔图大学一直是该网络的合作伙伴，该网络旨在促进负责任的创新和创业，倡议与整个社会生活在一起，用榜样的力量来感染学生创业的激情。

（7）波尔图商学院（Porto Business School）

波尔图商学院与波尔图大学的建校历史悠久，由 36 家国家和跨国公司支持。据英国《金融时报》报道，该学院目前是葡萄牙排名第四的商学院。它位于马托西纽什（Senhora da Hora），是 2014 年落成的新设施。商学院提供各种各样的课程，如 MBA 以及广泛的研究生课程、高管培训项目，并组织活动、讲座、培训和公司招聘。

（三）中葡互动的青年创新创业平台

中国与葡萄牙一直保持着友好往来，"一带一路"建设的推进为中葡两国经济贸易领域深化合作搭建了重要平台。2011 年，葡萄牙遭受欧债危机的严重影响，三峡集团、国家电网、中建集团、北控水务等一批中国企业加大在葡萄牙的投资，给葡萄牙的经济发展和当地就业带来重大的影响。2016 年，葡萄牙总理科斯塔访华期间表达了在"一带一路"框架下进一步推动两国合作的意愿。葡萄牙总统德索萨也明确表示，葡方愿意成为"21世纪海上丝绸之路"的支持者，积极参与"一带一路"建设。中葡在经济贸易投资、能源、基础设施、金融、保险、海洋、旅游、文化、教育、科技、健康等领域的务实合作已全面展开。

为响应国家"一带一路"倡议，中葡两国高等院校之间开展了创新创业方面的交流。2020 年，东华大学联合 18 个国家 33 所纺织特色高校成立"一带一路"世界纺织大学联盟，是当前参与高校最多、对"一带一路"沿线国家覆盖率最高的世界纺织类高校联合组织。该项目为"一带一路"国家（地区）高新技术搭建技术转移信息平台，提供创新及孵化综合服务，促进产学研结合和技术创新。同年 8 月，"一带一路"中葡、中欧高层次人才科技创新与孵化国际会议、"一带一路"博士创新孵化科技论坛暨中葡、中西高层次人才创新创业大赛启动仪式在东华大学大学生创新创业孵化基地通过远程线上会议的形式顺利举行，促进了中葡"一带一路"高校科技创新孵化路径与经验的交流和分享。

为推动中葡青年创业商贸交流合作，2017 年澳门特区政府经济局宣布，正式推出"中葡青年创新创业交流计划"，鼓励澳门青年创业者到葡萄牙了解当地市场，与当地企业进行创业交流和对接，共同寻求合作发展空间。据人民日报海外网报道，该计划针对 21～44 岁的澳门青年创业者，内容主要包括免费进驻位于葡萄牙里斯本的初创孵化机构，参与和使用由葡萄牙初创孵化加速机构提供的培训及顾问咨询服务，参加当地的各项商业交流联系活动。包括 IUIA 创业代表在内的一批澳门青年创业者在澳门经济局的带领下赴葡萄牙，考察葡萄牙对初创企业的孵化及支援服务，并与当地初创孵化机构建立了紧密联系。澳门特别行政区政府表示，通过中葡青年创新创业交流中心，为青年创业者提供优质的基础设施及支援服务，为中国内地、葡语国家以及澳门青年携手创新创业提供平台。

此外，澳门青年创孵中心还与葡萄牙里斯本著名孵化器 Beta-I 签署了合作协议，让中葡两地青年创新创业团队获得创业空间、商业培训和交流活动等支持服务。

二、巴西

巴西联邦共和国，是拉丁美洲最大的国家。人口 2.15 亿，居世界第六。其国土位于南美洲东部，大部分位于赤道、南回归线之间，毗邻大西洋，面积 851.49 万平方公里，是世界第五大国家。近年来，巴西产生了 16 家独角兽企业，其中圣保罗在全球初创生态系统的排名达到 31 位。2020 年，巴西政府公布了一项国家创新政策，制定了在全国范围内鼓励和发展创新产品、工艺和服务的大型计划。

（一）巴西高等教育与研究机构

巴西高等教育起步较晚，为满足公众对高等教育的需求，政府采取公立和私立两种办学模式。公立高校注重选拔优质的生源，构建雄厚的师资队伍，并在政府资助下获得充足的办学资金，成为巴西高等教育发展水平的代表。私立高校因创办者性质不同，可分为营利性和非营利性两类。巴西私立高等教育机构中，近 2/3 为营利性高校，采取商业模式办学，教育质量较为薄弱。非营利性高校以社会力量捐资办学为主，教育质量得到社会认可。巴西的本科学位包括学士学位（Bacharelado）、执照学位（Licenciatura）和技术学位（Tecnologia）3 种。2017 年，巴西教育部高等教育普查结果显示，巴西现有高等教育机构 2608 所。

巴西基础研究相对薄弱，约 60% 的科技人员从事实用技术的研究开发。研究机构及研究人员主要集中在圣保罗（仅圣保罗大学就占 20%）和里约，主要研究领域包括：医疗卫生、环境科学、生物技术、信息、新材料、产品质量控制、能源及化工。巴西是南半球唯一掌握航天技术的国家，拥有卫星、航天器、火箭和发射场。

（二）巴西重点高校简介

1. 里约热内卢联邦大学（Federal University of Rio de Janeiro）

里约热内卢联邦大学（又称巴西大学，简称 UFRJ）是巴西里约热内卢州最大的公立联邦大学，也是巴西卓越的教学和研究中心之一。在科学、艺术和文化等不同专业领域有优秀的师资、研究人员。在 2015 年 QS 世界大学排名中被评为巴西最好的联邦大学排名第三，在拉丁美洲大学中排名第九。

该校设有健康科学、科技、数学与自然科学、法律与经济、哲学与人文科学、人文艺术中心等主要研究机构，此外与外部医学院、医院、病学研究所等机构长期紧密合作。在不同校区，还设有远程教育中心、里约科技园等机构，在氢能源、电力、交通和环境等领域设有多种项目。

2021 年 10 月 20 日，中国—巴西可再生能源与气候变化和碳中和青年科学家论坛成功举办。该论坛由中国科学技术交流中心、清华大学和巴西里约热内卢联邦大学联合主办。论坛采用线上线下融合模式，在清华大学设立主会场，中国科学技术交流中心、清华大学、北京启迪德清生物科技有限公司代表在线下会场参会，西湖大学、广西大学、巴西里约热内卢联邦大学、巴西塞阿拉联邦大学代表在线参会。来自中巴两国产学研界的 10 名青年科学家围绕电力行业脱碳、碳定价政策、中巴碳中和合作等议题进行深入交流研讨，为推进两国可再生能源领域研发利用，携手实现减碳目标建言献策。

2. 里奥格兰德联邦大学（Federal University of Rio Grande）

里奥格兰德联邦大学是巴西一所公立大学，由巴西联邦政府资助，位于巴西里奥格兰德的南里奥格兰德市。作为一个联邦公立大学，学生不需要支付学费就可以注册大学提供的课程。

该校拥有约 500 名教授，在沿海和海洋生态系统领域相关的课程中，如海洋学和生物科学，以表示对受环境不平衡影响或正在迁徙路线上的物种的支持。

2021 年 3 月，该校与河北师范大学及巴西圣玛丽亚联邦大学合作开启线上中文课程，课程分为中国文化课程、中文一级课程和中医概论等 5 个班次。学员来自圣玛丽亚联邦大学、佩洛塔斯联邦大学、里奥格兰德联邦大学、潘帕联邦大学、阿雷格里港健康科学大学、南里奥格兰德州立大学、弗朗西斯卡纳大学、密西西比大学等 10 余所巴西高校，共计 215 人。

3. 米纳斯吉拉斯联邦大学（Federal University of Minas Gerais）

米纳斯吉拉斯联邦大学（简称 UFMG）成立于 1927 年，作为巴西最好的高等教育机构之一，受到海内外质量标准的认可。该校致力于知识的生产和学生的批判性训练，90% 以上的教师有硕士和博士学位。该校设有精工实验室、科学研究中心和图书馆。UFMG 为了增加大学在科学和技术研究领域与公共和私营机构的互动，开发了 SomosUFMG 系统，该系统为绘制 UFMG 的能力图提供了便利。

人们通过 SomosUFMG 系统，可以识别研究人员及其专长和科学成果，以及关于单位、部门、知识产权资产、实验室安装的基础设施等信息，并根据用户感兴趣的领域，使用户以简单有序的方式发现自己的能力，有助于大学生对创新创业活动的职业方向的定位。

作为巴西最大的创新中心之一，该校是 2010 年申请专利最多的机构，截至 2019 年，共拥有 1042 项注册专利。该校拥有常规新闻出版物 *Boletim*，每周以印刷纸质和电子形式出版，30 多年来，一直在传播学术界关注的资讯。该校的教育广播和电视频道极受人们关注，在其基础教育和职业教育方面起到重要作用。

2021 年 11 月，米纳斯吉拉斯联邦大学和华中科技大学合作创建了巴西第七所孔子学院，双方将以此为契机，进一步加强交流与合作。

4. ABC 联邦大学（Universidade Federal do ABC）

ABC 联邦大学（简称 UFABC）位于圣保罗州的圣安德烈和圣贝尔纳多坎波，这两个城市都属于 ABC 地区。在教育部的综合课程指数（IGC）评价中，UFABC 被评为圣保罗最好的大学，是巴西唯一一所 100% 的教授拥有博士学位的联邦大学。

该校参与了众多世界范围内的重大研究项目，其中包括有史以来最大的科学项目，即运行有史以来欧洲核研究组织最大的粒子加速器（CERN）与大型强子对撞机（LHC）；还参与了巴西航天局星体任务（Missão

Aster)，有助于学生创新创业与科技相结合，促进经济立体发展。

UFABC 取消了系和院制度，所有教授分布到 3 个主要跨学科中心：数学、计算和认知中心，工程、建模和应用社会科学中心，自然科学与人文中心。根据该校 2010 年的决议，100 多家公司与学校签署协议允许学生进入企业实习，包括 IBM、雀巢、通用汽车、福特、西门子、本田等头部企业。

5. 圣卡塔林纳联邦大学（Federal University of Santa Catarina）

自 1960 年以来，圣卡塔林纳联邦大学（简称 UFSC）一直参与该州和全国的经济、社会、政治和文化发展。在此期间，它一直致力于将学生培养成为高技能的专业人士，从而为科学进步作出贡献，并奠定自己卓越的地位。UFSC 被评为巴西最好的高等教育中心之一。如今，除了对新设施、增加弗洛里亚诺波利斯（Florianópolis）校园的入学机会和课程范围进行投资之外，UFSC 已经可以通过乔尼维尔（Joinville）、库里蒂巴诺斯（Curitibanos）和阿拉兰古阿坎皮（Araranguá）校区看到其在该州的扩展成果，其重点是满足当地学生科技创新创业的需求。

圣卡塔林纳联邦大学与中国以下院校和机构有合作交流关系：哈尔滨师范大学、国家纳米技术工程研究中心 NERCN、北京化工大学、北京师范大学、汕头大学、香港树仁大学、西南科技大学。该校还参与欧盟高等教育项目 ERASMUS，与欧洲各成员大学进行学术交流。

（三）巴西创新创业支持机构与实践案例

巴西作为南美洲最大的经济体，拥有区内最优秀的初创生态系统，同时由于巨大的国内市场优势，当地的初创企业吸纳了区内大部分创业投资。截至 2020 年，巴西拥有 13,000 家初创企业，大部分初创企业成立年期较短，且规模较小。《全球创业观察》报告显示，在巴西，18~64 岁的成年人中，每 10 人就有 3 人拥有自己的公司，这一比例高于世界上大多数国家，而其中又有近半数属于初创业者。

巴西的第一个创业孵化器成立于 20 世纪 80 年代，尽管起步较晚，但发展迅速。根据巴西国家创业创新促进协会（Anprotec）的数据，截至2014 年，全国共有各类型创业孵化器 384 个，已成功孵化企业 2,500 多家，年收益总额 41 亿雷亚尔（约合 10.17 亿美元），提供就业岗位近 3 万个。

1. 拉美最大的创业公司孵化基地——Cubo

拉美最大的创业公司孵化基地 Cubo 于 2019 年在巴西圣保罗的商业区成立，基地内共有 120 家初创公司入驻。入驻公司可以获取 Cubo 数字平台上的资源，并与投资人、大公司和高校接触洽谈。基地设在一栋 12 层的办公楼内，可容纳 200 多家初创公司、1,000 多名员工。随着巴西创业生态系统的日趋成熟，更多孵化器、加速器和投资者正式进入巴西市场，使市场不断升温，新的创意也不断为创业公司增添动力。

2. 高校创新创业案例

（1）巴西利亚大学——激发人才创新活力，建立创业站和企业家周

巴西利亚大学设有传播学院、建筑学院、医学院、艺术学院、人文学院、政治和国际关系学院、市场监管研究中心等。

巴西利亚大学是全巴西最重要的文化交流中心之一，也是巴西利亚城的文化心脏，是一所"没有围墙的校园"。巴西利亚大学创业站自 2008 年以来一直存在，由 EMPREEND 组织运营。目标是在巴西利亚大学传播创业文化，推广企业家、教授和专家的讲座。讲座讨论了市场趋势、创新、商业机会和其他与创业创新相关的话题。

（2）巴西圣保罗大学——变革学习方式，培养创新型人才

圣保罗大学为巴西知名高校，其特色在于注重将创新精神融入教学、研究及社会服务等方面，培养具有"企业家"精神的创新型人才。学校通过建设创新机构，采取情境教学、远程授课、讨论会、实践教育活动等方式，引导师生及社会人员共同参与，激发办学活力。创新机构是圣保罗大学的技术创新核心，负责商讨创新政策、开展科学技术研究活动等，促进社会经济的可持续发展。每个创新机构中都有一个主要的创新中心，其成员除国家科研机构人员外，还包括本校教师。机构的研究工作涉及核心技术转化、商业合作、学生创业、可持续发展及技术传播等领域。

创新机构开展了许多活动。一方面，创新机构积极在各校区或地区开展推广及辅导答疑活动，引导学生勇于分享新想法，组织相应实践活动，

帮助学生将理论知识转化为实践。另一方面，鼓励研究人员与当地高校、公司之间构建协同创新合作关系，增加创新影响和收益。

创新教育活动是圣保罗大学以培养"企业家"精神为主题的教学活动。活动的主讲者由在工厂和企业一线工作的企业专家担任，主讲者将社会需求和企业发展中遇到的难题与圣保罗大学的师生进行探讨，帮助师生了解研究背景与发展趋势，有利于师生进行理论创新，突破技术难关。为丰富人员构成，创新教育活动积极动员实践基地公司的董事、圣保罗州的生产者、研发者及高校科研人员等共同参与研讨会、辩论会、商业会议等，以交流的形式深入了解社会经济现状，为商业发展提供创新性的建议与对策。技术创新项目采取情景教学与远程教学相结合的方式，开设创新课程及实践活动，激发参与者的创新创业精神。

3. 圣保罗大学创新机构（Agência USP de Inovação）

圣保罗大学创新机构（Agência USP de Inovação，简称 AUSPIN）于2005 年 2 月 18 日正式成立，是 USP 的技术创新中心，负责管理创新政策，以促进学生使用大学教授的科学、技术和文化知识，支持圣保罗州和该国的可持续社会经济发展。

圣保罗大学创新机构是巴西高校创新机构中广受好评的机构之一，其组织结构完整，注重知识产权保护和技术转化，管理多个企业孵化器及校际、国际合作项目，在技术创新和创业方面取得了显著成果。圣保罗大学重视学生创新创业发展，校区所在的 8 个城市均设有学生创新中心。学校鼓励学生运用大学所学知识，培养学生的创新思维和能力，落地创业想法。此外，学校还设有数据年鉴，设立专门项目通过审查专利获取、技术转化、初创企业等指标统计学生的创新创业成果。[①]

圣保罗大学创新机构保护圣保罗大学产生的知识产权，执行专利、商标、书籍、软件、音乐等创作版权的注册必要程序；支持圣保罗大学教师、学生和员工合作实施创业创新项目，更好地协调与商业部门的关系，并向整个社会传达 USP 研究人员开发的科学驱动创新的影响和益处；通过商业孵化器、技术园区和特定培训，激发大家的创业精神，为企业家提供

---

① 圣保罗大学官方网站. https://uspdigital.usp.br/anuario/AnuarioControle#.

技术和管理支持以及相关培训；机构还致力于技术转化，负责向社会提供技术。

机构使命：将圣保罗大学产生的科学、技术和文化知识用于圣保罗州和该国的社会经济发展。

机构愿景：使创新和创业成为圣保罗大学的一贯做法，通过孵化器、技术园区、商业加速器和合作项目，在 USP 和生产部门之间建立强大的界面。

机构价值观：高质、高效、承担社会责任、可持续性发展、追求卓越的创新创业精神。

机构工作焦点：促进创新（知识产权保护）、技术成果转化、CT&I 勘测、与私营及政府部门的合作、推动企业研究内化、竞争力拓展、创业支持，战略性创新项目的交流与传播，促进创新的国内国际合作。[①]

（1）技术创新

圣保罗大学创新机构与国内众多科研组织、创新企业进行合作，促进前沿技术研究发展及技术的应用与转化，并通过完整的知识产权保护体系建设和技术资源对接平台建设提升技术的传播效率，进而推动企业创新发展。

①技术研究与转化

圣保罗大学创新机构通过成立和联合技术研究中心，促进学校研究人员对于前沿科技领域的研究和相关科技成果的创新性转化，对推动技术创新，产生新的知识产权起到了促进作用。

根据圣保罗大学创新机构网站的公示[②]，与其达成合作关系的项目和机构有：一是研究、创新、传播中心。研究、创新和传播中心的使命是开展基础或应用研究，并通过技术转让促进创新。该项目由支持的"多领域研究的基金会"于 2000 年启动，2001—2013 年为 11 个研究中心提供了支持。2011 年，该校宣布了第二次征求建议书，催生了目前支持的 17 个研究中心。这些中心的研究主题包括食品和营养、玻璃和陶瓷、功能材料、

---

① 圣保罗大学创新机构. http://www.inovacao.usp.br.

② http://www.inovacao.usp.br/cepids.

神经科学和神经技术、炎症疾病、生物多样性和新药的发现、计算机工程等。二是巴西工业研究和创新协会。巴西工业研究和创新协会成立于2012年，与科学、技术、创新和通信部（MCTIC）签署了管理合同，由教育部指导。该协会支持技术研究机构，促进巴西工业的创新，重点研究领域包括信息与通信技术、生物技术、机械制造等。圣保罗大学中的3个机构与该协会建立伙伴关系，分别是"Luizde Queiroz"农业学院、圣卡洛斯物理研究所及圣保罗大学理工学院。它们分别从农业技术创新、物理学研究、工程学研究和环境治理等领域提供创新产品、技术和解决方案，鼓励教师和学生积极参与国内、国际科技活动，推动公司产品研发生产流程现代化，促进国家社会和经济的进步。三是国家科学技术研究所计划。该计划旨在促进具有国际竞争力的科学研究，并刺激与多应用领域的前沿科学技术研究的发展，与创业企业合作促进创新和创业精神。计划所研究内容涵盖多个学科范畴，项目课题包括灌溉工程、有机电子、干细胞治疗、生物乙醇等。

②技术传播

USP 创新机构提供了一个专利库，以促进圣保罗大学开发的技术传播，找到技术开发和技术转化的合作伙伴。

USP 连接计划（CONEXÃO USP）作为圣保罗大学和各社会组织的中介机构，旨在为合作伙伴（公司、非营利实体和政府）建立沟通与联系。

在这个项目中，合作伙伴通过在线填写表单等方式提出他们的需求，AUSPIN 将根据需求筛选大学中满足这些需求的研究项目的解决方案或建议的研究人员，与合作伙伴进行对接。

（2）创业支持

圣保罗大学创新支持机构注重校内人员尤其是学生的创新能力培养和创业实践能力的提升，从资金支持、校际与国际合作、企业孵化器建设等方面为学生创业提供帮助。

①创业奖学金

该项奖学金旨在资助对创业创新发展感兴趣，并参加相关公司和国外研究机构交流学习的本科生，为学生学习相关技术和营销方法、建立交流和伙伴关系网络提供了机会。

学生自主联系国外创新创业相关机构，获取其录取通知书，进行为期60~180天的交流学习，并主动提交奖学金申请材料，由校方对申请者进行筛选并给予奖学金的发放。[1]

②校际合作与国际合作

拉丁美洲和欧洲创新、创业合作项目（Latin American and European Cooperation on Innovation and Entrepreneurship）是伊拉斯谟计划（Erasmus+）旗下的国际合作项目，重点是大学与企业关系、创业教育和大学创新战略。2017—2020年，项目总预算为983,000欧元。该项目的参与者包括3所欧洲大学、7所拉丁美洲大学和一个技术园区，旨在促进教师及创新和创业领域相关的员工与大学管理人员之间的交流学习。[2]

Spin-off Lean Acceleration（SOLA）是一个国际项目，旨在加强大学加速分析和初创企业的能力。在欧盟Erasmus+计划的财政支持下，SOLA项目汇集了多所欧洲和拉丁美洲大学的经验与知识，旨在为孵化器和中心的员工设计、实施培训内容，以支持大学创业。

SOLA各个模块解决了大学生企业分析和初创企业发展的战略问题，如知识产权、国际化、企业家融资、质量认证，利用"精益画布"模板（Lean Canvas）进行战略规划等。[3]

Arena Santander是一个位于圣保罗大学城的活动空间，其目标是在学术界、企业家和所有其他有关各方中培养以创业和创新为重点的主题。USP创新机构与桑坦德大学合作，在这个现代和轻松的空间里进行讲座、研讨会和辩论会等免费活动。[4]

③企业孵化器

USP创新机构负责推荐圣保罗大学参与的技术和社会公司、技术园区及其他创新项目的孵化器，并有责任使该大学更接近创新和创业生态系统

---

[1] 创业奖学金申请入口网站. http://www.inovacao.usp.br/bolsaempreendedorismo.
[2] LISTO项目介绍. http://www.inovacao.usp.br/listo.
[3] SOLA项目介绍. http://www.inovacao.usp.br/spinsola.
[4] Arena Santander空间介绍. http://www.inovacao.usp.br/arenasantander.

中的其他参与者。旗下企业孵化器共有 4 个，成果各异。①

SUPERA 企业孵化器主要孵化健康、科技及农学领域企业，截至 2017 年，为社会提供了 203 个就业岗位。由当地政府提供部分资金支持，由行政部门提供孵化器所用场地，孵化器的订单收入成为孵化器发展的重要支持。

CIETEC 专注医药、健康、信息技术、生物技术及教育领域企业孵化，占地 2,000 平方米，土地由行政部门提供，孵化企业的订单收入中 2% 用于孵化器的发展。

ESALQTEC 孵化器着重孵化农学相关企业，截至 2016 年，有 67 家初创企业接受过其提供的服务。

INCUBADORA-ESCOLA 孵化器用地由行政部门提供，孵化企业多从事服务行业及信息技术行业，每个月有超过 600 人进入孵化器办公，有超过 100 人参与技术培训。

圣保罗大学官方数字年鉴统计了学校每年的创新创业指标，其中包括近年来 USP 人员知识产权保护、软件注册和专利申请的数量变动；技术转让合同数量变化；孵化器及初创企业数量等指标。② 学校每年专利申请数量均保持在较高水准，在创新机构和校方的支持下，知识产权保护工作成效显著。由圣保罗大学（AUSPIN）负责的 4 个孵化器中，Supera Parque（超级公园孵化器）在 2019 年荣获"全球最好的 20 个大学企业孵化器"的称号，成为巴西唯一一个上榜的孵化器。

与此同时，根据 USP 创新机构统计的 2019 年学校人员创新创业成果显示，在知识产权方面，收到 74 项专利授予，13 项知识产权受到国际保护；在创业方面，共诞生了 1,003 家企业，孵化企业总计收到订单 4.17 亿份，孵化成功 6 家独角兽企业。该机构还积极组织学生活动，促进创新交流，其官方网站在 2019 年增加了 5,500 个月活跃用户数，发布了 56 篇创业相关公告，并被大学官方广播报道 32 次，深入学生和教师群体，促进了

---

① 企业孵化器及科技公园简介. http://www.inovacao.usp.br/habitats.
② 圣保罗大学数据年鉴. https://uspdigital.usp.br/anuario/AnuarioControle#.

创业创新理念的传播。[①]

（四）中巴互动的创新创业活动

近年来，巴西驻中国各地的领事馆都与当地企业开展创新创业方面的深度合作。2021 年 10 月，中巴科技园区对接交流会通过线上线下相结合的方式在成都高新区召开。巴西科技创新部副部长保罗·阿尔维姆、巴西科技创新部创业创新司司长马科斯·平托、巴西驻华使馆参赞范天阳出席会议。交流会上，中巴双方围绕产业技术主题开展深入交流与对接，推动双方在园区、机构和企业等多个层面开展务实合作，为国际科技园区合作提供新的思路和途径。

2021 年，巴西驻上海总领馆经济科技领事葛宇帆来到杭州，就开展人才科技创新领域路演活动，与本地有代表性的创新创业园区进行对接交流。此次交流会搭建起杭州与巴西相关部门更多的合作桥梁，促进了中巴务实合作和人文交流。

2021 年，首届"巴葡科技企业（澳门）创新创业大赛"在澳门举行，吸引了来自 8 所葡萄牙及巴西的孵化机构、高等院校的共 20 个优秀项目参赛。据澳门青年创业孵化中心表示，比赛得奖项目相关人员有机会对接内地及澳门的投融资机构和孵化器，以及亲身走访大湾区。期望藉由赛事，澳门可作为其落户发展的桥头堡，为巴葡企业拓展内地市场牵线搭桥。

第三节　其他葡语国家社会机构及高校
创新创业研究报告

一、安哥拉

安哥拉共和国，简称安哥拉，位于南部非洲西海岸，是非洲第七大国家，也是总面积和人口仅次于巴西的第二大葡语国家。安哥拉三面与陆地接壤，西面是大西洋，拥有丰富的矿产和石油储备，自内战结束以来，其

[①] 圣保罗创新机构数据统计（2019）. http://www.inovacao.usp.br/numeros.

经济是世界上增长最快的国家之一。然而，经济增长极不平衡、国民普遍生活水平低是这个国家所面临的严峻的问题。截至 2021 年，安哥拉高等教育院校共有 93 所，其中 29 所为公立大学（3 所由网络授课的公立大学），64 所为私立大学，这些高等教育院校日益成为安哥拉学术创新机构的一部分。①

（一）安哥拉重点高校简介

安哥拉直到 1962 年（当时还在葡萄牙殖民时期）才开始实施高等教育，成立了安哥拉普通大学研究中心。随着研究中心的成立，罗安达（医学、科学和工程）、万博（农学和兽医学）和卢班戈（文学、地理和教育学）等城市纷纷开设了课程。1968 年，安哥拉普通大学研究中心改为罗安达大学。1969 年，罗安达大学医院落成。

1. 十一月十一日大学（University 11 de Novembro）

十一月十一日大学，以国家独立日命名，前身是 1996 年创建的安大纳乌大学卡宾达中心。在该校最新的规划中，未来将着重在 4 个教学和研究领域进行结构调整与扩展：卡宾达教学和研究区（健康科学优势）、姆班扎孔戈教学和研究区（主要是人文科学）、布科扎乌教学研究区（优势农林环境工程）、梅捷教学研究区（以工业工程为主）。

2. 安哥拉让·皮亚杰大学（Jean Piaget University of Angola）

安哥拉让·皮亚杰大学是一所位于安哥拉罗安达的大学，校园位于本格拉省，学校以瑞士哲学家让·皮亚杰的名字命名。该校设有健康科学学院，社会科学与人文学院，科学技术学院，人文、艺术、教育和师范学院。截至 2005 年，该校有 815 名注册学生，是该国 7 所国家承认的大学之一。

3. 安哥拉天主教大学（Catholic University of Angola）

安哥拉天主教大学是安哥拉首都罗安达的一所天主教大学，也是安哥拉 12 所公认的私立大学之一。1992 年 8 月 7 日，安哥拉政府允许安哥拉天主教会建立自己的大学。经主教会议批准，安哥拉天主教大学于 1999 年 2 月

---

① https://www.verangola.net/va/en/082021/Training/26585/Higher-education-with-close-to-145000-authorized-places-for-academic-year-202021.htm.

22 日开始正式招生。该校大约有 6,000 名注册学生。课程语言为葡萄牙语，提供英语作为第二语言，设有 4 个系：社会科学、经济、法律和工程。

4. 金帕维塔大学（Kimpa Vita University）

金帕维塔大学成立于 1983 年，是一所非营利性公立学校。学校位于威热，是一所小型的、允许男女同校的高等教育机构。UNIKIVI 提供的课程和项目可获得官方认可的高等教育学位，其中学士学位已开设多个专业领域课程。

5. 格雷戈里奥·塞梅多大学（Gregório Seme do University）

格雷戈里奥·塞梅多大学（简称 UGS）成立于 2003 年，是一所私立高等教育院校，位于罗安达的市区内。该校制定了基于入学考试的选择性录取政策，具有更严格的学生筛选制度，学生在读期间可申请学校提供的留学和交流项目。

6. 安哥拉独立大学（Independent University of Angola，Luanda）

安哥拉独立大学成立于 2004 年，是一所私立高等教育院校。该校设有研究中心 CEIC-UniA，通过发展和促进跨学科的科学知识，创新用于技术生产的科学，以推动国家的技术发展，支持国家经济的多元化。

7. 卢斯阿达大学（Lusíada University）

卢斯阿达大学教育合作组织（CEUL）成立了密涅瓦文化、教育和科学研究基金会，该基金会主要为文化和科学领域的教育活动提供资金和支持，包括品格教育、高等教育、科学研究和相关的所有活动。此外，维护卢斯阿达大学平稳运行的资金也来源于该基金会。

（二）安哥拉创新创业支持性政策

微型、小型、中型企业（葡萄牙语简称 MSMEs）一直是维持现代经济的主要工具之一，不论是发达国家还是发展中国家，中小微企业都在国家经济发展中起到不可或缺的作用，有助于缓解国家失业率的下降，对贫困国家地区而言，更是为减少贫困做出巨大贡献。作为经济发展较为落后的非洲发展中国家，安哥拉政府为促进本国经济发展做出了一系列举措，其中包括为促进中小微企业发展而出台第 30/11 号法律（Lei n.° 30/11 de 13 de Setembro）。

30/11 号法律，即微型、小型、中型企业法。该法适用于在安哥拉国土范围内成立和注册的微型、小型、中型企业，规定了有关中小微企业差别待遇的规则，以及获得激励与便利的条件。有助于促进个体创业及国家经济正规化，同时促进了就业率和市场竞争力的提升，有利于减少贫困。在 30/11 号法律颁布、修订过程中，安哥拉支持中小微企业国家研究院（INAPEM）作为主要参与者之一，与安哥拉政府一起，促进了国家商业领域中对中小微企业的支持与保护。

从法律内容来看，30/11 号法律包括中小微企业的划分、机构支持架构、中小微企业支持计划三项主要内容，并在中小微企业支持计划中详细划分了在不同方面对企业的支持举措，具体包括：财政和金融支持、职业培训行动等。

随着时间的推移与国家经济形势的变化，30/11 号法律在不断修订，同时也有更多有助于中小微企业发展的政策、法律与计划出台。目前安哥拉政府还出台了用于修正 30/11 号法律的 10/17 号法律，批准了一般性税法及其修正案，实施了信用支持项目，颁布了支持生产、出口多样化和进口替代的计划。以上法规的颁布实施，从各个方面为中小微企业的建立与运营提供支持与帮助，为中小微企业发展营造了更加友好的政策环境。

（三）安哥拉高校创新创业案例分析

1. 开设创新创业课程培训——阿戈什蒂纽·内图大学（Agostinho Neto University）

阿戈什蒂纽·内图大学在学校课程中设立了创业与创新课。该类培训班式的课程既涉及生物学、物理、地质学等自然科学，也囊括社会学、金融学、心理学等社会科学，哲学、人文学科的课程亦有开设。其中创业与创新课程面向在职业发展中希望获得额外培训以执行管理和协调职能的毕业生。而类似经济学、管理学、数学、会计等相关领域的毕业生，这种有望成为专业的管理型人才的群体，更是这门课程的重点培养对象。

该校高度重视教育和健康板块，大学将建立一所大学医院，以提高教学、研究质量，并为社区提供更好的服务。这所医院的建成将有助于产学研结合，为健康相关学科的学生提供更多的实践和就业机会。

2. 安哥拉支持中小微企业国家研究院①

安哥拉支持中小微企业国家研究院（O Instituto Nacionalde Apoioas Micro, Pequenase MédiasEmpresas，简称 INAPEM）是安哥拉的一个国家间接管理机构，在安哥拉经济和规划部门的监管之下开展活动，总部设在安哥拉首都罗安达。在全国范围内展开业务，一般负责安哥拉中小微企业的税收、融资领域政策和战略的执行。作为一个被赋予了行政和财务自主权的公权实体，INAPEM 在支持国家商业界相关政策的实施方面发挥了关键作用，在助力中小微企业的培育与发展的同时，也促进了安哥拉商界创新创业活动的发展。自 2012 年以来，随着安哥拉第 30/11 号法律的生效，IN-APEM 作为安哥拉政府实施本国投资计划的重要工具，为中小微企业提供了一系列支持与福利。

INAPEM 以"成为公共管理部门的基准组织，负责将中小微企业转变为经济增长和持续发展的引擎"为愿景，以"成为促进国内有竞争力的私营企业增长的催化剂，增加国家生产"为使命，在以下 4 个方面支持国内中小微企业的发展：一是促进企业在管理和行政责任方面的能力建设；二是保证公司的业务健全，从而调整其与商业银行的关系；三是帮助行政部门建立和设计融资计划及方案，以满足公司的实际需要；四是设计并实施可行的解决方案，将商业协会和民间组织联合起来，使国家商业活动正规化。在实现其目标的前提下，与其他促进中小微企业发展的实体进行互动。

就管理的价值观与指导原则而言，INAPEM 董事会期望通过实施专业化的管理理念实现机构的愿景与使命，这些管理理念具体表现在 7 个方面：一是采取公共机构的最佳管理办法，重视多方参与、团队工作、资源价值，增强对市场的认识、理解与研究，提高内部和外部沟通渠道的有效性和对自身行动的自信，并将自身的价值观渗透进私营企业部门和利益相关者之中；二是发展以卓越的绩效为导向的组织文化，通过运用一套基于经济和社会层面新管理理念的参考性做法，使研究所在寻求可持续发展的过程中取得成功；三是提供优质的公共服务；四是保证为提供服务而产生的

---

① 安哥拉支持中小微企业国家研究院网站. https://www.inapem.gov.ao/PortalINAPEM/#!/.

费用和采取的解决方案的经济效率；五是在涉及公共管理的情况下，遵守行政活动的一般原则；六是确保监管活动程序的效率、速度和透明度，以及为私营企业代理人的业绩资格鉴定提供相关资料；七是监测和监督私营企业经济主体的市场表现，促进程序、价值观和监管框架适应私营企业的发展和进步。

作为支持安哥拉中小微企业发展的机构，INAPEM 围绕企业设立、发展和运营的方方面面开展服务与支持性活动，其中包括企业认证、税收与制度福利、金融服务的获取、创新、孵化与创业、立法与公共计划、市场准入、能力建设和商业培训。创新与创业是每个国家经济发展的主要支撑，在危机时期更是能帮助一个国家度过经济难关；创新是创业的基础，是企业竞争力的关键因素，其重要地位不言而喻。因此，INAPEM 在该领域为中小微企业提供了较为多样的支持。

在有关创新、孵化与创业方面，INAPEM 对创业者提供投资，使其在研究本公司的产品或服务被消费者感知的可能性时，能够迅速调整自己的视角，并指导创业者对顾客、需求及运营方式 3 个元素进行确认，从而帮助其更好地开展公司业务。为避免新生创业企业的夭折，INAPEM 通过对企业进行一系列包括公司成立、公司管理、农村地区职业培训、基础会计等内容的商业培训，使公司找到适合自己的市场定位，渡过成立与发展初期的难关。此外，INAPEM 还帮助创业者准备可行性研究报告，并资助75%~100%的资金，用于企业创新项目的发展。

（四）创新创业活动

INAPEM 作为受到安哥拉政府间接管理的辅助中小微企业发展的机构，自成立至今一直为安哥拉本国的中小微企业提供支持，为国内的创业者提供商业培训，并与其他国家开展国际交流，为海内外企业家及创业企业搭建友好交流与合作的互通平台。目前，由 INAPEM 开展的支持创新创业活动主要包括对不同类型创业者的培训，承办安哥拉—土耳其企业家论坛，以及承接对青年人创业的支持项目——青年信贷支持计划（Programa Projovem）。

1. 教育与培训

作为一个企业支持性机构，为企业提供教育与培训服务、帮助创业人员获得专业的商业知识，是 INAPEM 的职责所在。INAPEM 开展的培训一般以务实、全面、受众广泛为特点，符合中小微企业创业者在创业过程中对专业知识的需求，有利于更多中小微企业的建立与稳步地发展。2021 年8 月，由 INAPEM 举办的旨在提高企业家税收教育知识的培训①在安哥拉维亚纳市举行，该培训将加强企业家在税收方面的认识，根据不同的税区，指导企业家了解国家税收制度、企业纳税义务和利益。作为一项全国性的活动，在 2021 年底实现了培训 1,000 名企业管理人员的目标。

除了内容多样性的培训项目之外，INAPEM 还对不同的创业群体开展不同的培训项目。INAPEM 注意到了女性创业者在中小微企业创办中所具有的潜力，为女性企业家及创业者制定专门的培训项目，从而激发女性创业者投身商界的兴趣与激情，提高其专业素养。2021 年 7 月，家庭社会行动和提高妇女地位部（MASFAMU）、经济和规划部通过国家支持微型和中小型企业研究所（INAPEM）共同发起第二届合作社创建培训②的倡议。该项课程在安哥拉卡森加市开展，以"合作就是胜利"为口号，旨在增强年轻妇女的能力，使她们更有能力开展能产生营收的商业活动，在帮助改善家庭经济情况的同时，为国家的发展作出贡献。

此外，INAPEM 也对青年创业者的情况格外关注，开展了一系列助力年轻企业家创业活动的培训。2021 年 5 月，INAPEM 在一个以"就业、创业、企业社会责任和发展的重要性"为主题的研讨会上，为安哥拉本戈省的 100 名年轻企业家提供培训，帮助其提升经商能力。INAPEM 提供的培训主要侧重于"开展商业活动的基本原则"，其中包括"如何创办公司""如何管理公司""财务和税收概念"，从实际的角度出发，为创业者和企业家提供专业的商业知识。

2. 对外交流——安哥拉—土耳其商业论坛

INAPEM 背靠安哥拉国家政府，通过政府间的友好往来，为国内创业

---

① https://www.inapem.gov.ao/PortalINAPEM/#!/sala-de-imprensa/noticias/9761/inapem-encerra-10-ciclo-de-capacitacao-de-gestores-de-empresas-e-cooperativas-em-materia-de-educacao-fiscal.

② https://www.inapem.gov.ao/PortalINAPEM/#!/sala-de-imprensa/noticias/9649/57-mulheres-capacitadas-pelo-inapem-no-2o-ciclo-de-formacao-de-criacao-de-cooperativas-no-municipio-do-cazenga.

者提供了与其他国家创业者交流、沟通及合作的平台，使安哥拉本土公司拥有了获得海外注资的机会。2021年7月，安哥拉—土耳其商业论坛在土耳其安卡拉市开幕。在论坛举办期间，安哥拉经济与规划部部长塞尔吉奥·桑托斯和土耳其工业与技术部部长穆斯塔法·瓦兰克签署了《加强安哥拉INAPEM与土耳其对应的企业支持机构KOSGEB合作关系的谅解备忘录》①，希望对在安哥拉投资的土耳其公司提供更大支持，与安哥拉公司建立友好的伙伴关系。

3. 青年信贷支持计划——Programa Projovem②

青年信贷支持计划是一个向青年企业家提供信贷的计划。年轻创业者通过证明其持有可行的商业项目，从而获得比一般市场所提供的更具优惠的信贷，帮助其顺利开展商业活动。该计划的目的是支持青年创业，促使小企业正规化，增加年轻人融入经济社会的机会。青年信贷支持计划并非是由INAPEM开办的项目，但是具有创业意愿的年轻人可以将自己的创业项目发送至INAPEM，并因此获得有关信贷优惠的Projovem计划资格，有助于自己开展创业活动。

二、莫桑比克

莫桑比克共和国，是一个位于非洲东南部的国家，东濒印度洋，北接坦桑尼亚，西与津巴布韦接壤，东部以莫桑比克海峡与科摩罗群岛、马约特岛和马达加斯加岛相隔。莫桑比克的首都和最大城市是马普托（Maputo）。

莫桑比克拥有丰富的自然资源。该国的经济主要以农业为基础，但近年来工业取得很好的发展，主要是食品和饮料、化学制造以及铝和石油生产。联合国教育、教学及文化组织（简称"联合国教科文组织"）数据显示，莫桑比克成人文盲率高达45%，其中女性的文盲率几乎是男子的两倍。莫桑比克总体科技教育水平不高，迄今全国的大学中尚无博士学位评定授予的院所。莫桑比克的高等教育面临诸多挑战，如学生注册率低、毕

---

① https://www.inapem.gov.ao/PortalINAPEM/#!/sala-de-imprensa/noticias/9677/presidente-da
-republica-enaltece-memorando-de-entendimento-entre-o-inapem-e-o-kosgeb-da-turquia.

② 青年信贷支持计划. https://www.bci.ao/pt/empresas/estado/cr%C3%A9dito-pr%C3%
B3jovem.

业率低、师资水平欠佳以及高等教育与国家发展需求之间存在断层（人文类专业与理工类专业的数量不平衡）等。

截至 2021 年，莫桑比克共有 53 所高等教育机构①，其私立高等教育机构大致分为 3 种类型：一是由商业公司开办的私立高等教育机构；二是由宗教团体（主要是天主教和伊斯兰教）开办的私立高等教育机构；三是由外国高等教育机构开办的私立高等教育机构。

莫桑比克的私立高等教育机构可以分为大学、高等学院、高等学校、理工学院和一般学院。这些类型的划分主要是依据两个标准：一是该机构课程设置的类型（研究型或是应用型）；二是该机构可以授予的学位类型。一般来说，大学和高等学院既可以提供研究型课程，又可以开设以技能培训为主的应用型课程，而高等学校、理工学院以及一般学院只提供专业技术类培训的应用型课程。从授予的学位类型上看，只有大学可以授予博士学位，其他四类高等教育机构只能授予学士学位以及硕士学位。

莫桑比克的职业教育负责为各经济社会部门培训熟练劳动力，以实现专业技术人才的民族化、本土化。莫桑比克的职业教育最早可以追溯到 1878 年葡萄牙殖民时期创建的工艺美术学校。

截至 2017 年，莫桑比克的职业院校有 171 所，包括公立院校 68 所、半公立院校 38 所、私立院校 65 所。公立院校分布在全国各地，半公立院校分布在农村、乡镇等远离城市的地区，私立院校集中在首都马普托市以及各省会城市。

莫桑比克《2018—2024 年职业教育战略计划》明确指出，莫桑比克职业教育主要面临着教育机会、教育质量及教育行政三方面的挑战。第一，就教育机会而言，莫桑比克全国职业技术院校存在着地域分布严重不均的问题。第二，职业教育质量较低。教学设备资金投入不足；从事职业教育的教师数量严重不足；教学材料及教学参考资料缺乏；职业技术学院与各生产部门的联系不紧密，毕业生难以获得一手的就业信息，学生就业存在一定困难。第三，教育行政管理存在问题。

---

① Cristóvão, L. & Massinga Jr., P. Higher education in Mozambique during covid-19. Journal of Progressive Research in Social Sciences, 2021, 11 (1), 1-6.

莫桑比克各高等教育机构的科研能力有限，创新意识不强，高等教育机构大多以教学为主要任务，科学研究在高等教育事业中并未占据重要地位。无论是人文还是理工科专业，教师工作大多集中于教学，教授内容仅限于课本知识，在教学过程中缺乏批判性思维及创新精神。在这种传统的教学模式下，教师是教育过程的核心，学生缺乏主动学习的精神。此外，莫桑比克互联网普及率较低，这在一定程度上影响了教师更新教学模式的速度，进一步限制了其提升科研能力。

放眼整个非洲地区，莫桑比克各高等教育机构参与国际科研工作的活跃程度普遍低于其他国家和地区，科研成果数量极其有限，在国际知名学术期刊上发表的论文数量也处于世界较低水平，各高等教育机构在研究能力方面还有较大的提升空间。

2020年，莫桑比克教育部发布了《2020—2029年教育战略计划》，提出"培养具备知识、技能、文化、正确价值观的公民，使其能够适应时代的发展并成为凝聚国际社会的力量"；同时强调职业教育和高等教育应持续保持高层次、全方位的发展；高等教育的当务之急是提升教师的教学和科研水平，提升国家人才培养的质量。

（一）莫桑比克重点高校简介

1. 蒙德拉内·爱德华多大学（Universidade Eduardo Mondlane）

蒙德拉内·爱德华多大学（简称UEM）是一所全国性的大学，是莫桑比克最古老的高等教育机构。它成立于1962年8月21日，起初只开设通识课。1968年，UEM升到大学级别。UEM制定了多项政策确保来自全国各地区的学生能够平等入学，并保护妇女入学的权力。2016年，被评为该国最好的大学，提供传播与艺术、体育科学、海洋科学、农业发展、创业与商业、酒店与旅游、农林工程、建筑、科学、法学、经济学、教育、哲学、医学等领域的课程。

2. 卢里奥大学（Universidade Lúrio）

卢里奥大学是一所公立高等教育机构，总部设在莫桑比克楠普拉。这是该国第一所总部位于首都马普托以外的公立大学。2007年8月21日，该校理事会举行了第一次会议，确定了其愿景、使命、结构和合适的首字母缩略词。拉丁语"Scientia, Cretum, Fides"（科学、发展、承诺）被选为学校座右铭，"UniLúrio"被选为首字母缩略词。

3. 莫桑比克师范大学（Universidade Pedagogica）

莫桑比克师范大学是一所公立高等教育机构，由莫桑比克政府管理。作为一所大学，它是全国第一所也是唯一一所完全致力于教师培训的公立大学。该大学的总部和主校区设在马普托。学校前身为高等师范学院（ISP），专门培训国家教育系统（SNE）各级教师和教育工作者。

4. 莫桑比克理工学院（Universidade Politécnica）

莫桑比克理工学院是一个致力于研究商业、社会科学、人文科学和技术3个领域的机构，并且持续推进教育、研究和为社区服务的结合。该理工学院的使命是促进莫桑比克教育、科学、技术和文化水平的提高，为学生提供高标准的优质教育，并对教师和研究人员进行教学，同时考虑理论和实践方法的结合。

5. 莫桑比克圣托马斯大学（Universidade São Tomás de Moçambique）

莫桑比克圣托马斯大学着重发展文化、科学、技术等领域的学科，尤其是道德和文明。该校一直秉持这样的观点：经济、政治、文化和其他领域中，由于缺乏科学技术和高等教育而难以解决社会的问题，是国家发展迟缓最重要的因素，学校致力于为此做出改变。

（二）莫桑比克创业就业机构

1. 全国青年企业家协会

全国青年企业家协会（Associação Nacionalde Jovens Empresários，简称ANJE）[1]成立于2010年2月，是一个由约600名18~35岁的青年企业家和初创企业家组成的非营利组织，其目的是通过商业培训和倡导，为年轻人提供有利的商业环境，促进青年创业。ANJE主张建立一个能够确保经济的包容性、可持续性、多样性和竞争力的社会经济体系。

全国青年企业家协会由一群年轻的莫桑比克人创建，其中一些人找不到就业机会，另一些人在已经接受了创业的道路后，意识到单独面对的障

---

[1] 全国青年企业家协会网站. https://anje.org.mz.

碍太多。他们的梦想是创建一个全国性的参考机制，为希望以竞争和可持续的方式启动或发展其公司的年轻人打开大门。目前，ANJE 有各国家和国际高级机构的成员与代表，在全国几乎所有省份都有代表团，是国家的重要参考。

愿景：在促进莫桑比克青年创业方面，成为其最大的参考机制。

使命：通过对规范和技术、道德和道义标准的严格定义，团结一致地促进经认可的青年企业家阶层意识到其义务和权利，为其成员提供必要的技能，并倡导建立一个包容性和可持续的创业生态系统。

2. 发展和创业机构

发展和创业机构（Agênciade Desenvolvimento e Empreendedorismo，简称 ADE)[1] 是具有商业形式的民间集团，在 2015 年 3 月 20 日的第 23 号共和国公报第三系列中注册，其总部设在莫桑比克首都马普托。

愿景：成为莫桑比克支持发展和创业的模范机构，通过基于新概念和创业能力评估的措施，对青年人进行培训和指导。

使命：通过创建创业孵化器与合作社，支持和促进青年（包括农村女性）的发展。

宏观目标：降低莫桑比克广大青年，特别是农村青年男女的贫困和失业率。通过创业和自营职业，激发当地青年的主动性，使其利用现有的资源和环境并从中受益。

具体目标：培养青年的创造能力，通过培训为年轻人提供学习技能的机会和创业的工具。主要是在各区内为青年群体创造自主维持生计的基本条件；向政府机构、议会、市政当局、联合国机构、国际和国内非政府组织、私营部门宣传政策，为青年提供补贴、简化信贷手续及社会住房。

3. 创业与技术理工学院[2]

创业与技术理工学院（Instituto Politécnicode Tecnologiae Empreendedorismo，简称 IPET）是一家位于马普托的公司，专门从事技术教学。该公

---

① VYMaps 网站发展和创业机构简介. https://vymaps.com/MZ/Agencia-De-Desenvolvimento-E-Empreendedorismo-Ade-1803583423228789.

② IPET 官网. http://www.ipet.ac.mz/莫桑比克政府官网新闻链接 https://portaldogoverno.gov.mz/por/Imprensa/Noticias/Competencia-e-profissionalismo-requisitos-para-sucesso-no-mercado-laboral.

司成立于 2009 年，其使命是培养和增强莫桑比克青年，特别是低收入者的能力，以开发他们的创业潜力。IPET 在其实施的 7 个省会城市提供 15 项课程。该机构在全国拥有约 2,500 名学生，由 100 多名员工和 218 名教师协助。自成立以来，IPET 已经举办了七届毕业典礼，为劳动力市场提供了超过 1,500 名毕业于不同课程的专业人员，其中一半以上目前正在工作。

4. 中小型企业促进会①

中小型企业促进会（Instituto Para Promoção de Pequenas e Médias Empresas，简称 IPEME）是莫桑比克的公共机构，其任务是鼓励青年人在莫桑比克建立、巩固和发展小型企业。IPEME 创建于 2008 年，与工业和贸易部挂钩，但拥有行政和财政自主权。为履行其使命，IPEME 在以下领域开展工作：

（1）商业信息：提供面向小企业的信息，以满足企业家、公司和公民的需求。

（2）商业咨询：为企业家和小企业经理提供直接和个性化的支持，支持企业增长战略的形成和发展。

（3）商业培训：提供针对小企业主的创业、商业、营销、获得投资等方面的课程。

（4）为企业融资提供便利：传播有关金融解决方案的信息，以适应小企业的现实和需求。

（5）创建新公司：在建构想法、制定商业计划、融资和公司起步等阶段提供支持。

（6）促进企业家精神：发展以创建新企业为导向的多样化技能。

5. 莫桑比克技术

该机构（Tecnicol Moçambique）成立于 2004 年，专门为就业市场培训青年人，是莫桑比克唯一获得 ISO 9001 国际质量标准认证的教育机构。机构目前在马普托有 3 个单位，正在 Moatize、Nacala-à-Velha 和 Inhassoro 地

---

① SEBRAE 官方网站 IPEME 简介. https://ois.sebrae.com.br/comunidades/ipeme-instituto-para-a-promocao-das-pequenas-e-medias-empresas-mocambique/30. 莫桑比克技术 Tecnicol Moçambique 官网 https://www.tecnicol.co.mz/index.html.

区实施培训项目。未来，机构的目标是将其服务扩展到全国各地，与大型项目和大公司签署更多的合同，特别关注石油和天然气行业，并在企业家培训方面进行更多投资。每年有超过 200 万名学生在机构的各种课程中接受培训。

莫桑比克技术在市场上有 13 年的经验，一直在为不同的客户提供基于 4 种模式的课程：持续 3 个月 90 小时的专业入门课程，持续 6 个月 180 小时的专业技术课程，为客户量身定做的企业课程，专业培训和创业的社会项目。

6. 国家就业和职业培训研究所①

国家就业和职业培训研究所（Instituto Nacional de Emprego e Formação Profissional，简称 INEFP）是负责促进各项措施实施的政府机构。通过培训，确保创造平衡的就业和职业培训机会，提高经济部门的生产力和竞争力，从而使莫桑比克能够在全球市场上竞争成功，实现提高劳动力就业能力的社会目标，提高人民的生活水平，并确保用于促进就业的公共资源的管理效率和效果。

愿景：制定就业办法，作为提高生产、生产力和减少贫困的关键经济变量。

任务：在国家就业政策范围内，推进旨在创造平衡就业机会的方案和措施，与体面就业标准相一致，并着眼于劳动力的充分就业。

性质：是一个具有法人资格和行政自主权的公共实体。它提供免费的劳动中介服务、职业信息，指导并促进职前实习。

（三）莫桑比克创业就业政策与支持倡议

1. 创业就业政策

（1）创业教育措施

在创业教育这一领域，旨在为加强创业文化作出贡献。特别是针对年轻人和妇女，促进他们从教育氛围过渡到社会现实。为了刺激创新和创造就业机会，在工作方面，国家/政府要做更多的努力。主要的行动路线：

---

① 国家就业和职业培训研究所官方网站. http://inep.gov.mz/node/94.

①在国家教育系统中加强关于创业的教育；

②促进中小微企业的创新和职业学习计划，培养年轻人，特别是妇女，为他们提供发展的机会，培养他们的创业精神和基本的企业管理技能，以及商业管理技能；

③提高服务提供者的能力，以支持中小微企业的发展。

（2）青年就业措施

在青年就业这一领域，目的是鼓励投资，以吸收大部分年轻的劳动力，加强对年轻人的职业培训，刺激根据投资需求的劳动力供应流动。主要行动路线：

①在培训方案的支持下，鼓励青年创业，并注重农村地区的青年，给他们提供获得信贷的机会，确保他们有创业条件；

②寻找机会并投资于国内外对年轻人的培训，促进使用新技术和新产品的部门的发展；

③制定专业的上岗培训、信息和职业指导方案，以帮助年轻人获得必要的相关信息，使其选择工作时做出知情决定，增加职前培训的机会；

④刺激工人在职业和地理上的流动，使他们进入有职位空缺的职业和地区，为年轻人建立企业孵化器。

2. 创业就业支持与倡议

（1）注重人力资源培养

莫桑比克将教育和职业及技术培训定为发展的优先事项。2016年9月9日，劳动、就业和社会保障部部长维托利亚·迪奥戈（Vitoria Diogo）指出，培训和技能是劳动力市场候选人必须证明的先决条件，以确保他们在日益全球化的世界中有足够的就业能力。价值观、道德原则以及工作和诚信文化是就业能力的主要成分，情绪平衡、身体和心理健康、自我激励和未来导向也是不能被搁置的组成部分。

每个组织都需要具有前瞻性的个人，他们寻求获得技能，激发对自己和雇主的挑战，努力使自己始终具有就业能力，并致力于实现组织的愿景、使命和价值观。莫桑比克倡导的教育应基于人力资本的能力标准和职业培训，确保公民获得高质量的职业教育，以促进鼓励创业、创新和就业能力，与该地区和世界其他地区的人平等竞争。一个有能力使信息在组织中流动的人对组织具有十分重要的作用，其能够迅速调整市场信号，管理和转变目标及战略，在竞争日益激烈的市场中获得优势。因此，人力资源培养是促进组织机构发展的重要一环。①

（2）为青年和其他人创造财富

发展和创业机构（ADE）与政府机构合作，主要在农业领域促进就业，创造财富。如马尼卡省的彭哈隆加农业合作社，以及马普托省纳马查已经建立的昌加拉内农业营地。ADE 的执行董事波利卡普·塔梅尔强调，ADE 将政府机构视为实现为青年和其他人创造财富举措的可靠合作伙伴。

三、佛得角

佛得角共和国，简称佛得角，是一个位于大西洋中部的群岛和岛屿国家，由 10 个火山岛组成，陆地面积约 4,033 平方公里，位于非洲大陆最西端。尽管缺乏自然资源，佛得角还是取得了显著的经济增长，生活条件有所改善，其他国家和国际组织也经常为其提供帮助。佛得角的经济以服务为导向，商业、交通和公共服务占国内生产总值的 70% 以上。虽然近 35% 的人口生活在农村地区，但农业和渔业仅占国内生产总值的 9% 左右。鱼类和贝类资源丰富，少量出口。佛得角在明德洛、普拉亚和萨尔岛上有冷藏和冷冻设施及工厂。

（一）佛得角重点高校简介

佛得角高等教育系统由 10 所大学组成，有 190 个学习项目。其中，9 所大学有 110 个学士学位项目，6 所大学有 52 个硕士学位项目，1 所大学有 28 个博士学位项目。

1. 佛得角大学（Universidade de Cabo Verde）

佛得角大学（简称 Uni-CV）成立于 2006 年，是一所非营利性公共高等教育机构，是佛得角唯一的公立大学。主校区位于普拉亚的帕尔马雷

---

① 莫桑比克政府官方网站. https://portaldogoverno.gov.mz/por/Imprensa/Noticias/Empregabilidade-exige-mais-competencia-dos-candidatos33. 莫桑比克政府官方网站新闻链接 https://portaldogoverno.gov.mz/por/Imprensa/Noticias/PM-inteira-se-sobre-iniciativas-da-ADE.

霍，但在明德卢、阿索马达和圣乔治杜斯奥尔加斯也有学院。该校有5,000 多名学生。由中国政府资助的 Uni-CV 新校区在 Palmarejo，可容纳4,890 名学生和 476 名教授，并配备图书馆、宿舍、自助餐厅和体育设施，拥有 61 个教室、5 个可容纳 150 个座位的礼堂、8 个计算机室、8 个阅览室和 34 个实验室。

佛得角大学是佛得角规模最大、最负盛名的大学，汇集了数千名学生和数百名教授，组成了一个丰富而充满活力的学术社区。佛得角大学是教学、科学和技术中心，也是创造、传播和推广文化的中心，旨在促进人类发展，作为国家可持续发展的战略因素。

2. 圣地亚哥大学（Universidade de Santiago）

圣地亚哥大学成立于 2008 年，是一所私立高等教育机构，位于圣地亚哥的中等城镇 Assomada。圣地亚哥大学（简称 US）是佛得角的一所私立大学。主校区位于圣地亚哥岛中部的 Assomada（Bolanha 分校）。有两个卫星校区，一个在 Praia（Prainha 分校），另一个在 Tarrafal。该校是佛得角现有的 8 所大学之一，成立于 2008 年 11 月 24 日。自 2008 年成立以来，一直由拥有社会学博士学位的现任校长 Gabriel António Monteiro Fernandes 负责管理。

截至 2018 年 8 月，圣地亚哥大学提供 19 个本科学位和 7 个研究生（硕士学位）学位。此外，它还提供多媒体开发、机电研究和太阳能发电系统、乡村旅游和生态学等职业学位。

3. 佛得角洲际大学（Universidade Intercontinental de Cabo Verde）

佛得角洲际大学（简称 UNICA）自 2008 年 11 月成立，学校建在普拉亚市。UNICA 的宗旨是促进健康、卫生技术和体育领域以及其他领域的教学、科学研究和知识传播，为改善国家健康状况和生活质量作出贡献，目的是培训技术人员和优秀员工，以面对国家正在经历的挑战。

佛得角洲际大学是一所私立高等教育机构，由佛得角教育和体育部正式认可，是一所非常小的（uniRank 招生人数：500~999 名学生）男女同校的佛得角高等教育机构。佛得角洲际大学（UNICA）提供的课程和计划可获得官方认可的高等教育学位，例如多个学习领域的学士学位。

4. 佛得角让·皮亚杰大学（Universidade Jean Piaget de Cabo Verde）

佛得角让·皮亚杰大学是佛得角的一所私立大学。该大学以著名的瑞士儿童心理学家和哲学家让·皮亚杰的名字命名。该大学成立于 2001 年 5 月 7 日，现有学生约 2,000 人，教职员工 380 人。主校区位于圣地亚哥岛的首都普拉亚（Palmarejo 校区），较小的第二个校区位于圣维森特岛的明德卢，于 2005 年开放。让·皮亚杰大学提供本科和研究生学位，以及继续教育课程。

佛得角让·皮亚杰大学下的皮亚杰研究所是由安东尼奥·德·奥利维拉·克鲁兹教授领导的委员会于 1979 年创建的。学校受完整的、创造性的和创新的人文主义的基本价值观的启发，希望通过研究、培训和教学、书目出版、宣扬文化和社会活力，为区域发展、打造地方和区域智能、创造就业机会、防止人口外流和荒漠化等方面作出贡献。

5. 佛得角葡语大学（Universidade Lusófona de Cabo Verde）

佛得角葡语大学（简称 ULCV）是一所私立高等教育机构，位于圣维森特的大城镇明德洛。由佛得角高等教育、科学与创新部正式认可，是一所男女同校的高等教育机构，提供的课程和计划可获得官方认可的高等教育学位，例如多个学习领域的学士学位。ULCV 还为学生提供多种学术和非学术设施和服务，包括图书馆以及行政服务。

佛得角葡语大学具有私人性质，是一个致力于文化、科学的创造、传承、批评和传播的机构，其目标是在科学、文化和技术的各个领域进行跨学科的教学、研究和提供服务，特别是为了葡萄牙语国家和人民的发展。佛得角葡语大学旨在成为知识建设以及个人和佛得角社会进步和发展的空间。

6. 佛得角明德洛大学（University of Mindelo）

佛得角明德洛大学成立于 2002 年，是一所私立高等教育机构，位于圣维森特的大城市明德洛。佛得角明德洛大学提供的课程和项目可获得官方认可的高等教育学位，如几个研究领域的学士学位。佛得角明德洛大学还为学生提供一些学术和非学术设施与服务，包括图书馆、行政服务等。

关于国际化战略方面，明德洛大学最近与国外高等教育机构签署了一些合作协议，例如与里斯本护理学院（ESEL）签订了"社区护理硕士课程组织和提供矫正和视觉科学执照学位"的协议，该课程已经在进行中；与巴西南圣卡塔林纳大学签订了针对 CAPES 项目的交换生协议，由圣卡塔林纳大学的巴西教授授课；与特拉斯·奥斯·蒙特斯大学和上杜罗大学（UTAD）签订了"为教师、研究人员和学生的流动、培训和研究项目的开展提供便利"的通用协议；与达喀尔谢赫·安塔·迪奥普大学和冈比亚大学签订了通用协议，为同一非洲区域 3 所大学之间的师生流动创造空间。

（二）佛得角创新创业孵化机构

1. 佛得角企业孵化中心

佛得角企业孵化中心（O Business Incubation Center，简称 BIC）是一个企业孵化器，旨在为具有高潜力规模的创新公司创造一个有利的环境，支持中小微企业的发展，在市场逻辑中刺激创业举措的发展，以此在佛得角科技创新公司。企业孵化中心是一个非营利性协会，于 2012 年 7 月 21日由商业发展和创新机构（现为 PróEmpresa）、佛得角青年企业家协会（AJEC）成立。机构项目有：

（1）创业计划

①企业孵化计划

企业孵化计划旨在与处于企业初创阶段的公司合作。该计划为期 24 个月，重点发展 5 个基本的商业轴心：企业家、管理、技术、市场、财务。在孵化阶段，孵化器与所有被孵化者一起制订了孵化计划。

②创意加速计划

创意加速计划旨在与处于理念和商业模式验证阶段的创业者合作。该计划相当紧张，通常持续 4 个半月，重点发展 5 个基本的商业轴心：企业家、管理、技术、市场、财务。

③商业培训

超过 60 个小时的研讨会、讲座和 GERME 培训，旨在传授商业知识，以确保商业的可持续性。

④软着陆计划

该计划旨在向居住在外国、希望在佛得角开展商业活动的公司或企业家提供支持。该计划是根据推广者的特点和需要制定的。

目的是为发起人提供在佛得角开展业务所需的一系列基本信息，确保发起人能够接触到与有关业务相关的实体和公司，并保证在此过程中提供行政和后勤支持。

（2）举办创新竞赛

①创业挑战（Startup Challenge）

这是第一届全国企业家大赛，以 GERME 方法为基础，通过 GIN 和 PIN 培训，旨在为佛得角年轻人提供创业和就业的机会。比赛的诞生基于这样一种信念：必须填补创业生态系统的空白，在不同行为者、民间社会、大学、投资者、企业家之间建立桥梁，并为 18~35 岁的年轻人提供机会，通过监督和竞争提高他们关于如何创建及如何最好地管理公司的知识。

②Unitel 创意营（Unitel Creative Camp）

UnitelT+（Unitel 是一家电信运营商）和 BIC（企业孵化中心）举行的创新竞赛，旨在促进创业和创新，以及发展高影响力的商业项目。①

2. 佛得角商业发展和创新机构（Pró Empresa）

佛得角商业发展和创新机构是一个体制特殊的公共机构，有国家个性化服务的性质，被赋予公共集体特性以及行政、财务和财产自主权。该机构在商业生态系统中采取行动，通过提供技术和财政援助，提升公司竞争力，培养员工创业精神，促进公司发展。该机构还致力于提出和确定改善商业环境的政策及解决方案，并始终与其他经济行为体密切合作。提升创业和就业能力是佛得角商业发展和创新机构行动范围内不可或缺的条件。想要通过就业能力的提升，实现专业供给和市场需求之间的转换，具有能够识别机会的创业能力是必不可少的，但最重要的是利用这些机会并创造经济价值的主动性和远见。

使命：佛得角商业发展和创新机构通过促进技术援助、融资和创新机制，促进佛得角中小微企业的发展，保证国民经济的竞争力。

愿景：佛得角商业发展和创新机构到 2030 年，在促进创新、创业和获得资金方面，成为佛得角中小微企业的战略伙伴，成为国民经济的一个重

---

① BIC 官方网站. https://www.bic.cv/index.php.

要驱动因素。

责任：提高创业能力，帮助企业家和潜在企业家接近并融入商业生态系统，同时也鼓励和促进具有高增长潜力的想法和项目的出现，为企业家或创业者提供培训方案，重点培养求职者的就业能力。

在创业和就业能力方面，佛得角商业发展和创新机构负责：推进特定方案，即创业、就业能力和促进创新；发挥国家不同部门与岛屿的商品服务生产的优势；制订行动计划，在全国范围内提高投资机会；与主管单位合作，协调参展商和国家参加展览、博览会、会议、座谈会或其他私人投资的相关活动；管理针对中小微企业的创业和就业人员，改进创新和商业发展的方案；推动和协调竞赛的实施以及其他促进创业的举措。

佛得角商业发展和创新机构项目包括青年创业计划和信贷支持计划。

（1）青年创业计划（Start Up Jovem）。该计划是佛得角一项全国范围内的计划，旨在通过支持初创企业促进创业，这里的初创企业指的是处于胚胎或仍处于组建阶段的新公司，该企业推进的是与创新商业理念发展有关的有前途的项目，无论是否有技术基础。

（2）信贷支持计划（Pró Crédito）。该计划是一个为中小微企业提供技术援助的新融资计划，其主要目标是改善获得信贷的条件，鼓励非正规生产单位向正规经济过渡，刺激金融技术的发展。该计划在结构上分为3个方面——改善融资渠道，支持中小微企业的正规化，考虑合作伙伴的参与。[1]

3. 佛得角青年企业家协会

佛得角青年企业家协会（a Associação de Jovens Empresários de Cabo verde，简称 AJEC）是一个非营利性协会，成立于 2009 年 2 月 10 日（2009 年 8 月 7 日在官方公报上公布），目标是"培养代表佛得角的年轻商业领袖"。AJEC 的出现是为了促进公司的社会责任，通过讨论和传播"公司社会责任"的理念，增加实体的代表性和其在商业领域的参与度。在成立仅两年的时间里，AJEC 为将青年创业列入国家主要议程作出了强有力的贡献，并组织（或参与组织）一些关于该主题的相关活动。尽管 AJEC 缺乏财政、后勤和人力资源，但依靠各种实体和机构的支持，AJEC 取得

---

[1] Pró Empresa 网站. https://www.proempresa.cv/index.php/inicio-2.

了重要的成就，已经成为决策者关于私营部门和青年政策与倡议方面最重要的参考实体，并经常被咨询与这些领域有关的事项。

任务：代表青年企业家，在行政和立法机构面前维护青年企业家的利益，提出建议，参与讨论，并让他们了解与小微企业主和初创企业家有关的政治和经济事件的进展。

愿景：支持青年企业家，通过课程、讲习班、技术访问、辩论和讲座，为青年企业家提供培训。

价值观：鼓励创业精神，让年轻的企业家有机会认识商业从业者，并与其他领导者交流经验。①

4. 佛得角就业与培训促进基金

佛得角就业与培训促进基金（O Fundode Promoção do Empregoe da Formação，简称 FPEF）致力于成为一个卓越的管理机构，为提高人的潜力作出决定性的贡献。保证所有佛得角人，特别是年轻人获得高质量的专业培训和更多融入就业市场的机会，从而促进其就业和个人价值的实现。该机构的价值观是：效率、诚信、创新、效力、透明度。

该基金的激励措施及项目主要有以下几种：

（1）资格培训

该培训包括人力资源的培训和发展（与政府目标相关的项目和倡议）；对年轻人和成年人进行专业培训，以促进其自营职业和创业。对获得资格需要提供激励，有利于那些旨在开发有效专业资格解决方案的项目和培训行动，提高青年人的就业能力，包括给予项目或培训活动总金额 80% 的资金（一般需偿还）。

（2）职业培训

该培训旨在向职业培训课程中注册和/或参加职业培训的年轻人（16~30 岁）提供无息偿还贷款。这项措施的受益者是参加职业培训课程或行动，且与基金目标有关的年轻人。

（3）创业

这项措施旨在激励年轻人创建微型或小型项目以及其他支持就业或自

---

① AJEC 官方网站. http://www.ajec.org.cv.

营职业，包括通过伙伴银行的信贷额度提供可偿还的融资及无需偿还的基金。这项措施的目的是为了鼓励自营职业，鼓励 18~35 岁受过专业培训的年轻人创建微型和小型项目，并提供最高为融资总额 80% 的担保，利率由 FPEF 支持。其主要目标是鼓励创建项目，支持项目包括：微型和小型项目以及就业支持举措，支持自营职业的微型和小型项目及倡议。

（4）技能培训

技能培训是一种资助培训行动的方式，采用无偿资助（无偿基金）的形式。其中培训实体与生产部门的公司共同制定项目，目的是培训人们的技能，以使年轻人进入劳动力市场。该措施有两个主要目标：一是提高就业能力，增加旅游和信息通信技术部门的青年就业；二是为培训活动提供资金，重点是发展公司或商业协会确定的旅游和信息通信技术部门的优先技能。①

（三）佛得角政府创业政策与推广项目

1. Start-up Jovem（青年创业）计划

佛得角政府通过一个名为"3E—创业、就业能力和就业"的公开活动，正式启动了"Start-up Jovem"（青年创业）计划。启动仪式由佛得角总理若泽·乌利塞斯·科雷亚·席尔瓦（José Ulisses Correiae Silva）主持，他从总体上介绍了旨在促进创业的计划，强调"这是一个为青年服务的好产品""我们正在创造条件，使从圣安唐到布拉瓦的通道民主化"。

该计划在全国范围内，针对 18~35 岁的年轻人，他们受过高等教育或专业培训，希望开发一个有前途的项目，并需要 50 万~500 万美元的资金。计划的参与方有：

（1）银行实体

为了保证这种融资，该计划通过其管理实体，与几个银行实体建立了协议，确保有吸引力的条件，如最高利率为 8%，国家补贴 50%，最高融资额可偿还 120 个月（10 年），只需要有 5%~15% 的初始股权，这些数字甚至可以重新谈判，完全由风险投资公司承担。

---

① FPEF 官方网站. https://www.fpef.cv.

（2）PróEmpresa

PróEmpresa 董事会主席 Marco Aguiar 具体说明了该计划将资助的合格领域，强调了信息和通信技术及研发，旅游、文化和创意产业，体育，可再生能源和能源效率，农业食品和可交易服务领域的小微产业等，但不排除任何其他显示出创业潜力的领域，主要是创造可持续就业和收入。

（3）佛得角青年企业家协会（AJEC）和女企业家协会（AMES）及多个孵化器

除了与该国的主要银行机构签订协议外，在本计划范围内，还与佛得角青年企业家协会和女企业家协会以及来自不同地区的几个孵化器建立了伙伴关系。该计划的申请将通过一个覆盖全国的数字平台进行，同时强调在项目实施和公司孵化过程中提供管理和后续培训，以确保如总理所指出的，"成功"实施该项目。[①]

2. 微型创业激励计划

佛得角部长理事会的政府会议批准了一项决议草案，该草案通过第32/2020 号决议对第 97/2017 号决议进行了第二次修正，考虑到新冠肺炎疫情对佛得角经济的影响，创建了微型创业激励计划。部长会议主席团部长费尔南多·利希奥·弗莱雷（Fernando Elísio Freire）在 2020 年 5 月 22日的新闻发布会上提到，佛得角经济非常开放，新冠肺炎疫情对旅游业和运输业的影响非常大，导致经济增长和旅游收入下降，对就业产生了巨大影响。在这种情况下，调动国家、就业和社会包容的方式之一是通过小额信贷促进体面就业和社会包容，使经济干预能力增强，主要是针对最弱势的人群。

因此，政府决定用 3 亿埃斯库多增加微型创业基金，并将担保额度提高到信贷的 80%（以前为 50%）。其目的是加强对小额信贷机构的融资，使其能够获得更多的信贷，并接触更多的人，促进更多的就业。目的是让人们有收入，以便他们能够开始一项具有生产包容性的经济活动，给他们创造就业机会并形成社会包容。

PróEmpresa 是微型创业计划的管理机构，它将继续与小额信贷机构专

---

① 佛得角政府官方网站. https://www.governo.cv.

业人员协会和在佛得角银行合法成立的小额信贷机构达成协议，形成伙伴关系，并将市议会、青年企业家协会和非政府组织作为主要合作伙伴，以便尽可能多地接触实体。

推动微型创业激励计划，再加上在社会保护、就业保护和收入保护方面的所有措施，政府在加强缓解新冠疫情危机对佛得角经济和国家就业的影响上做出了重要努力。①

3. 佛得角数字资助计划（Bolsa Cabo Verde Digital）

佛得角政府于 2020 年 3 月启动了佛得角数字资助计划，该计划由佛得角数字公司实施，由就业和培训促进基金（FPEF）共同出资，目的是为佛得角青年提供另一个重要机会，开发基于技术的解决方案，尤其是促进创新和创业的生态系统，创造经济价值和就业机会。

就业和培训促进基金公布了 25 个项目的名单，涉及 50 名企业家，参加基于技术的创业支持计划——佛得角数字资助计划（Bolsa Cabo Verde Digital，简称 BCVD）。

该计划为期 6 个月，除了预孵化和强大的培训内容外，还确保每月向每位企业家支付 3 万埃斯库多的补助金，为他们提供一些财务上的空间，以便他们能够专注于发展自己的想法。为了保证受益项目的连续性，该计划还向企业家提供其他商业发展支持工具，即技术援助、商业监测、原型开发的共同融资和孵化。

第二批项目比第一批项目更具有全国性，共有 182 个项目注册，涉及 285 名企业家。值得强调的是，申请者的地理覆盖率更高（90% 来自岛屿）；女性参与度也更高，占入选推广者的 45%。

四、东帝汶

东帝汶民主共和国，简称东帝汶（葡语：República Democráticade Timor-leste），是东南亚的一个岛国。它包括帝汶岛的东半部和西部北海岸的欧库西地区以及附近的阿陶罗岛和东端的雅库岛。西部与印度尼西亚的西帝汶相接，南部与澳大利亚隔帝汶海相望。

---

① 佛得角政府官方网站. https://www.governo.cv.

东帝汶政府非常重视创新创业活动，专门拨款 18 万美元支持青年联欢活动。2018 年 11 月 25 日至 12 月 1 日，第五次"全国永驻青春营"在阿伊纳罗（Ainaro）市举行。东帝汶、澳大利亚、印度尼西亚和阿根廷等国家的 1,000 多名年轻人参加了农业、旅游、艺术和创意等领域的活动。东帝汶政府还利用这个机会与年轻人一起促进对互联网的良好使用，特别是以积极的方式使用社交网络。截至 2020 年，东帝汶共有 11 所高等院校。①

（一）东帝汶重点高校简介

1. 东帝汶国立大学（National University of East Timor）

东帝汶国立大学成立于 2000 年，总部设在首都帝力市。由于国家独立，其历史可以通过教育学院追溯到葡萄牙殖民时期，当时出现了第一所为教师准备的公立高等学校。该校拥有 6 个校区、9 个学院和 7 个研究中心，就学生人数、大学教授和预算而言，是帝汶最大的大学。培养了众多的知识精英，也是国家教学、研究和推广的参考，是高等教育的三脚架。2017 年，该大学被世界大学 Webometrics 排名列为该国最好的大学。该校是一所多语种大学，是东帝汶两种官方语言之一德顿语最大的研究中心，但其课程主要以葡萄牙语授课。

2. 帝力理工学院（Dili Institute of Technology）

帝力理工学院（DIT）是一个以社区为基础的非营利性教育机构，提供高等教育和职业培训，旨在满足青年、退伍军人和退伍军人子女的培训需求。它致力于普通教育和培训，以协助国家在技术和商业领域的技能，建立一支能够满足东帝汶私营、公共和社区部门需求的劳动力队伍。

DIT 于 2002 年在新独立的东帝汶成立。它在帝力法院、教育部以及劳动和社区安置部注册。2008 年，DIT 被东帝汶政府认可为高等教育机构，总分达到 92.88%。与许多部门一样，该国的教育系统正面临着巨大的重建任务。除了基础设施的破坏之外，该系统还必须解决缺乏立法框架的问题，以及需要制定适当的、相关的课程、教学方法和一致的学术标准。

3. 和平大学（Universidade Da Paz）

和平大学（UNPAZ）是东帝汶帝力的一所私立本科大学。和平大学是

① 亚洲发展银行. https://www.adb.org/countries/timor-leste/strategy.

1999 年东帝汶从印度尼西亚独立后出现的众多大学之一。它是在与马斯奎里尼亚斯的帝力大学未解决的内部问题后成立的。在最初的几个月里，它在购买土地之前从临时场所运营，以在市中心西南建立一个新校园。到 2005 年，大部分主校区建筑都已建成，数百名学生参加由归国侨民和当地东帝汶人授课的课程。大多数学生团体都参加了东帝汶独立斗争，包括前法林蒂尔游击队，他们在 1999 年之前的冲突期间被剥夺了大学教育。

创始人和现任校长是东帝汶经济学家 Lucas da Costa，也是民主党的议员。该大学提供多个学科的学位，包括社会科学、公共卫生、工程和科学。该校有超过 150 名教师，其中许多是兼职教师，很少有博士学位，有 3,500 名学生。校园的扩展和发展得到了欧盟委员会的资助。

和平大学面临着其他帝汶大学所面临的共同挑战。该国的大学部门在 20 世纪 90 年代后期被暴力彻底摧毁，尚未完全重建，这意味着缺乏高等教育资源和训练有素的人员。和平大学的教学语言各不相同，主要是印度尼西亚语。它获得了一些国家和国际财政援助，但主要依靠学生费用。该校正在建立图书馆，部分依靠国际援助。几年来，互联网连接很差。

一份 2010 年关于东帝汶科学教育的报告指出，STEM 科目授课的人力和物力资源相当缺乏，而且在和平大学，虽然每个科学科目都有实验室设施，但设备不齐全。

4. 帝力大学（Universidade Dili）

帝力大学于 2002 年 5 月 20 日在东帝汶民主共和国首都帝力成立。其愿景是成为一所国内和国际参考的大学，以教学质量和卓越研究而闻名，为东帝汶社会和人类服务。帝力大学（UNDIL）的使命是：培养在科技、社会科学、艺术和人文领域具有广泛技能的毕业生；确保综合课程项目和促进发展学生融入劳动力市场和社会的活动；通过对文化的批判性分析和传播，为东帝汶的社会和经济发展传播基本价值观和原则，重视社会正义和民主公民；促进学生、毕业生和教师在国家和国际范围内的流动，特别是在葡语国家共同体（CPLP）内。价值观：透明度、创造力、创新、社会和道德责任、治学严谨、多样性、良好的治理、追求卓越。

5. 卡诺萨专业学院（Instituto Profissional de Canossa）

卡诺萨专业学院（IPDC）由东帝汶的卡诺萨修女会于 2003 年 9 月 10

日成立，其使命是为了国家的利益和上帝的荣耀，帮助培养有品格、有知识、有技能、对上帝有坚定和深刻信仰的人才。

在建校之初，卡诺萨专业学院只提供两个文凭课程。除了培养准备工作的人之外，卡诺萨专业学院的课程还为毕业生提供了继续接受更高层次教育的机会。

在其第一个五年的运作后，2007年，东帝汶政府通过教育部启动了对东帝汶所有高等教育机构的认证程序。经过两年的准备，最终在2009年9月24日，通过教育部第34/GM-ME/IX/2009号法令，卡诺萨专业学院获得了国际认证小组与国家认证局（ANAAA）合作进行的认证，认证等级为92.88%。有了这个新的地位，卡诺萨专业学院在其两期的毕业典礼上成功地培养了120名计算机和信息学技术专业以及办公室管理专业的毕业生。

随着卡诺萨专业学院的教学工作在坚实的基础上不断发展，加上社会对计算机领域专业知识的兴趣日益浓厚，十年后（2003—2013年），卡诺萨基金会应对了国际认证团队提出的挑战，将卡诺萨专业学院的教学水平提升到技术计算机和信息学（TCI）系的第一层。

6. 东帝汶东方大学（Oriental University of Timor East）

东帝汶东方大学成立于2002年，是一所私立高等教育机构，位于帝力。由国家学术评估和认证委员会（Agência Nacional para a Avaliação e Acreditação Académica）正式承认，东帝汶东方大学是一所中等规模的东帝汶男女同校高等教育机构。该校提供的课程和项目可获得官方认可的高等教育学位，如学士前学位（即证书、文凭、副学士学位或基础学位）、多个研究领域的学士学位。

7. 东帝汶商学院（East Timor Institute of Business）

东帝汶商学院（IOB）成立于2002年，是一所私立高等教育机构，位于帝力，专注于经济、商业和计算机技术领域。东帝汶商学院得到国家学术评估和认证委员会的正式认可，是一所小型男女同校的东帝汶高等教育机构。东帝汶商学院提供的课程和计划可获得官方认可的高等教育学位，例如多个学习领域的学士学位。

IOB与澳大利亚、印度尼西亚和其他东盟国家的公立和私立大学有着非常活跃的联系。东帝汶的大型国家公共和私营机构都有 IOB 毕业生在其队伍中担任重要和高级职位，如东帝汶中央银行、国家议会、部委、国务秘书处、非政府组织、金融机构、大学、高等学校、私营公司和合作社等。

IOB 是东帝汶最大的私立高等教育机构，也是唯一一所汇集经济和商业以及信息和通信技术（ICT）各个领域的所有资源的高等教育机构。该校拥有 150 多名教职员工，很多在澳大利亚、印度尼西亚和东帝汶接受过硕士和博士学位的学术培训。

（二）东帝汶政府创新创业政策

2018 年，东帝汶政府发布的《东帝汶第八届制宪政府计划》① 指出，"根据 2015 年人口普查，大约 51.24% 的人口年龄在 20 岁以下。这意味着，在未来 5~10 年内，数十万年轻人将进入劳动力市场。我们的愿景是，年轻人能够重视自己的工作，并在公平的就业环境中，以有尊严的方式创造自己的生活方式。"由此，东帝汶政府对扩大投资、促进创业、提升就业率给予较高关注，并明确提出以下计划，提升国家创业水平：

（1）改进国家创业政策，包括加强创业教育，通过开放信息渠道和专业技能培训等方式消除障碍并支持创业；

（2）创建一个创业支持中心，为新企业提供支持服务；

（3）根据政府定义的标准和优先事项，继续制订允许获得商业融资的"商业孵化器"计划；

（4）加强创业发展支持机构（IADE）的能力。

同时，在金融支持方面，东帝汶政府近期通过了降低初创企业融资门槛的法令法案。2021 年 11 月 24 日的部长会议批准了设立信贷额度"Facilidade Garantia Crédito Suave"（软贷款担保便利化）的法令草案，旨在激励企业家精神，促进对创新项目的投资，支持初创企业发展，从而优化国家商业和工业结构。

（三）青年创业创新支持组织和项目

为了促进石油经济之外的经济发展，东帝汶政府以及国际组织希望通

---

① 东帝汶第八届制宪政府计划. http://timor-leste.gov.tl/?p=19915&lang=en&lang=en.

过帮助当地居民，尤其是大学生生成商业企划、推进创业计划，以促进其他类型经济的繁荣，促进国民经济的可持续健康发展。其中包括创业发展支持自治机构 IADE、青年创业俱乐部以及由联合国开发计划署与当地政府进行合作的 Knua 青年创业创新支持项目。

1. 创业发展支持机构（Institutode Apoioao Desenvolvimento Empresarial）①

创业发展支持机构（简称 IADE）成立于 2004 年，是一个自治机构，由经济事务国务协调部长指导。该机构不提供直接的财政或资源援助，而是通过提供实用培训、咨询和业务支持服务来帮助企业培养内部增长能力。

IADE 在东帝汶 12 个地区设有办公室、培训室，拥有训练有素的工作人员，其中包括 100 多名全职工作人员，这些工作人员在东帝汶有较多工作经验。

机构宗旨：通过提供相关、有影响力的业务支持服务，促进东帝汶企业家成长。

机构服务和活动：

（1）市场调研和营销服务：IADE 进行调查和定性研究，以帮助客户了解和评估其营销及方案活动的有效性；评估企业营销计划，提供营销培训和建议；帮助组织展览、交易会和其他促销活动，以帮助客户推广其计划、产品和服务。

（2）商业培训服务：制订创业意识培训方案，向目标受益人介绍基本的商业概念；创立培训课程，帮助受益人生成商业想法，或将商业想法转化为可操作的商业计划；通过财务管理、商业谈判、企业管理培训帮助现有中小企业改善业务规划，提高营利能力。

（3）活动举办：商业企划大赛。在比赛中，参赛者可以提供任何领域的商业企划，由 IADE 工作人员负责帮助申请人评估和实施他们的商业想法，并在帝力（东帝汶首府）提供免费培训。比赛奖品包括高达 25,000美元的种子资本，以使获奖者能够启动他们的业务。往期成功案例包括一家移动餐厅计划，一项基于开发无花果植物产品（如无花果茶）的业务和

---

① 创新发展支持机构（IADE）官方网站. https://iade.gov.tl/?lang=en.

独特的生态小屋概念。

2. 创业俱乐部运动（Campanha Clubede Empreendedorismo-Timor Leste）

创业俱乐部运动（简称 CCETL）是由葡萄牙非营利性非政府组织 MOVE 于 2016 年在东帝汶创办的合作项目，根据项目主管 Ricardo Maia 介绍，这个项目给了青年人实现创业想法的机会，给予他们正确的引导，让他们在创业过程中更加实事求是、脚踏实地。在这个石油经济占主导地位的国家中，他们希望能够通过这个项目让私营部门的经济有所发展。①

该项目的独特之处在于其注重企业家能力的培养，以及重视完善初创企业咨询服务。该项目为有创业和创新想法的年轻人提供帮助，使他们接受相关技能培训，给出完整的创业企划；帮助初创企业的成立和发展。组织还将委派专人负责监督企业的运营，并及时给出指导意见。

该项目还与东帝汶国家大学（东帝汶洛罗萨分校）建立合作，旨在将俱乐部转变为东帝汶培养年轻企业家和创办新企业的摇篮。

根据 UNDP 官方网站统计，2017—2018 年，项目使东帝汶超过 10,000 人获得工作机会，6,000 名以上的青年人受益；帮助 25 位青年人初创企业，帮助 6 名青年企业家扩大业务，给予 8 位青年财政和基础设施支持；30 名青年现在受雇于开发署和其他机构。项目仍在继续，也在不断辐射更多的青年群体。创业俱乐部受到了大学生的欢迎，受益年轻人在 6 个月内不断进步，从对于创业知之甚少到成为具有企业家能力的青年。该项目还积极寻求社会帮助，在葡萄牙筹款平台上获得了 1,865 欧元的筹款，为俱乐部的进一步发展给予支持。

3. UNDP 联合国开发计划署——Knua 青年创业创新支持项目②

Knua 青年创业创新支持项目（Knua Juventude Fila‐Liman，简称 KJFL）是联合国开发计划署（UNDP），政策、职业培训和就业国务秘书处（SEPFOPE），青年和体育国务秘书处（SSYS），国家创业发展研究所（IADE），东帝汶国家商业银行（BNCTL）共同合作创立的项目，旨在将

---

① 创业俱乐部项目简介. https://ppl.pt/causas/move-timor-leste.

② Knua Juventude Fila-Liman 项目官方网站. https://www.tl.undp.org/content/timor_ leste/en/home/all-projects/knua--.html.

青年从"求职者"转变为"创造就业机会者"并加快国家非石油经济的发展。

Knua 项目于 2017 年 8 月 16 日推出，作为青年领导力、创新和创业一站式平台，专注于两大支柱：青年的声音和机会。平台在提供从想法生成、启动到扩大的综合支持服务的同时，还鼓励青年参与导师计划、重点小组和培训，以塑造积极的行为并培养公民意识。提供的具体服务包括企业孵化、企业注册、法律咨询、融资和金融知识普及、创新营、促进领导力发展、提供实习和就业机会、互联网接入和在线学习，以及提供将技能、服务和产品的需求与供应联系起来的电子市场平台。

项目目标：通过培养领导力和创业精神，帮助青年应对挑战，抓住机会，将待业的青年转变为变革者和创新者。

项目活动：

（1）电子平台建设：KJFL 推出电子市场 filaliman. tl，该平台由青年为青年设计，提供"一站式"服务，将合作伙伴已经开展的工作汇集在一起。旨在将卖家与潜在买家联系起来，并将求职者与潜在雇主联系起来，以改善中小企业市场准入状况，帮助年轻人获得就业机会。①

（2）商业挑战赛：KJFL 与境内外私营企业达成合作，创立商业挑战赛，鼓励大学生通过创业创新解决实际问题，并对优胜参赛者提供培训和资金支持。例如，Knua 项目与总部位于澳大利亚的 Bee Lafaek 公司合作，支持年轻人创造自己的就业机会，解决安全卫生用水问题。有 13 个团体注册了此次社会商业挑战赛，社会商业挑战计划将使至少 8 名东帝汶青年能够创造自己的就业机会，以负担得起的价格帮助他们的家庭和社区获得清洁的供水。②

（3）国家青年实验室：该实验室是东帝汶有才华的年轻人展示他们想法的平台。它希望能够为年轻的创业者们提供一个创业生态系统，鼓励他们实现企业可持续发展目标。申请加入该活动的青年将会竞争进入训练营

---

① Knua 电子市场网站. https://www.tl.undp.org/content/timor_ leste/en/home/newscentre/articles/2018/knua-juventude-fila-liman-launches-e-market.html.

② https://www. tl. undp. org/content/timor _ leste/en/home/newscentre/articles/2018/knua - juventude-fila-liman--kjfl--visits-bee-lafaek-project-site-.html.

的名额，并在训练营期间接受联合国开发计划署和创业专家的指导。①

（4）其他活动：KJFL 定期举行青年活动，帮助其受益人推广创业创新项目，鼓励更多的青年人参与到创业中。例如，与青年和体育国务秘书处、东帝汶红十字会（CVTL）以及科摩罗和贝科拉青年中心合作举办"国际青年日庆祝活动"；与青年和体育国务秘书处联合举办"商业创新营"活动。它们为年轻人提供了机会与平台，年轻人通过识别问题、设计解决方案、选择和评估商业想法以及创建商业计划框架来产生和践行新的商业想法。

五、圣多美和普林西比

圣多美和普林西比民主共和国，简称圣多美和普林西比，是几内亚湾的一个岛国，位于中非赤道西海岸外。它由圣多美和普林西比两个主要岛屿及周围的两个群岛组成，两个主要岛屿相距约 140 公里，分别距离加蓬西北海岸约 250 公里、225 公里（155 英里和 140 英里），是世界上最小、人口最少的葡语国家。主要经济活动是捕鱼，加工当地农产品，生产一些基本消费品的小型工业产业。共有 4 所高等院校及机构。

（一）圣多美和普林西比重点高校简介

1. 圣多美和普林西比大学（University of São Tomé and Príncipe）

圣多美和普林西比大学（葡萄牙语：Universidade de São Tomé e Príncipe，简称 USTP）是一所公立高等教育机构，是该国致力于教学、研究和大学推广的主要机构。它成立于 2014 年，由 3 所较老的高等教育机构合并而成，它们分别是：圣多美和普林西比高级理工学院（Instituto Superior Politécnico de São Tomé e Príncipe）、教授和教育工作者培训学校（Escola de Formação de Professores e Educadores）和健康科学研究所（Instituto de Ciências de Saúde）。

理工学院 ISP 于 1996 年通过第 88 号法令成立了综合技术学校，名称

---

① https://www.tl.undp.org/content/timor_leste/en/home/newscentre/pressreleases/2019/first-youth-co-lab-timor-leste-national-youth-forum-launched-in-.html.

为"圣多美和普林西比高级工业学院"（葡萄牙语：ISPSTP），它于1997/1998学年开始运作，在教育和文化部的主持下，圣多美和普林西比高级工业学院开始了为期3年的学士学位课程的活动，旨在培训葡萄牙语、法语、数学、生物学和历史领域的中学教师，后来又开设了其他学士学位课程。

医学院ICS的前身成立于2003年，并于2003年10月启用，2014年更名索德·维克多·萨·马查多高级研究所。2014年7月24日，圣多美和普林西比政府决定建立"圣多美和普林西比公立大学"（UPSTP），创建了该群岛的第一所公立大学。在仪式上，教育和文化部长豪尔赫·洛佩斯·邦姆·耶稣（Jorge Lopes Bom Jesus）任命大学教授Peregrino do Sacramento da Costa为新大学的校长。

（二）圣多美和普林西比创新创业孵化器

1. 圣多美初创公司（A Startup São Tomé）

圣多美初创公司（简称ASST）是圣多美与普林西比的第一个企业孵化器，旨在为建立具有高潜力和技术基础的创新公司创造一个有利的环境，支持中小微企业的发展，刺激创业举措，使圣多美和普林西比在经济领域进行创新创业。圣多美初创公司是Represe Unipessoal有限公司的一个分支，在圣多美市场有超过25年的经验，旨在为年轻人提供有关本国市场的指导与培训，创造基于技术的业务和创新，培养创造性的思维方式。[1]

圣多美初创公司主要培养和加速企业或社会创业，支持与肯定中小微企业。目的是发展数字和创新技能，在一个多学科的团队中整合大量的人才，通过培训和认证计划确保知识及专长的培养与创造，在整个组织中实施一致的方法。

2. 企业孵化中心（BIC INNOVATION）

企业孵化中心（简称BIC）下设创业、创新和国际化协会（Associação para o Empreendedorismo, Inovação e Internacionalização，简称AEII），是一个非营利机构，由欧盟认证，通过支持创建新公司（初创企业）和中小型企业的现代化与国际化来促进创业和创新。作为一个卓越的技能中心，

---

① 圣多美初创公司A Startup São Tomé官网. https：//www.startupsaotome.com/？pid＝about.

BIC INNOVATION 在企业管理方面拥有强大的专业知识和经验，为公众利益而工作，为创建创新公司和中小企业的现代化提供广泛的指导、支持和技术跟踪服务，成为经济和社会发展的真正工具。其目标是将创新理念转化为可行的、成功的和可持续的商业项目。

应圣多美和普林西比青年、体育和创业部下属的创业局的邀请，BIC INNOVATION 最近在圣多美和普林西比参加了"B2B 和 B2C—创业、创意经济、网络化和机会博览会"活动的专题周期会议，这有利于 BIC INNOVATION 与企业家、商人、有商业计划的年轻人和学生就创业和创建自己企业的问题进行互动。

在第一次会议上，何塞·马丁斯代表 BIC INNOVATION 公司就"旅游业——现状和未来前景"这一主题发表讲话，他指出了葡萄牙和圣多美案例之间的共同点，以及建立协同作用的可能。第二次会议更深入地探讨了"认证和创业的重要性"这一主题，并将其作为新现实和商业机会的催化剂。

（三）圣多美和普林西比创新创业支持机构

1. 公共机构

（1）青年和体育部

青年和体育部（Ministério da Juventudee do Desporto）负责圣多美和普林西比的创业项目。圣多美与普林西比一半以上的人口都在 25 岁以下，需要鼓励和支持这些年轻人创造自己的工作机会。圣多美和普林西比政府是其人民的最大雇主，政府意识到自身的局限性，并面临越来越多的年轻人需要工作和养活自己的问题，其打算通过创业支持来应对这一问题，作为政府向前迈出一步的举措。

青年和体育部提出了两个支持创业的方案：青年创业和社会创业。通过这些方案，在全国范围内向企业家输出知识，提供小额资金援助，在几个地方提供创业培训课程，同时支持小型渔业和农业社区，并培育了几个创新企业。除了这些活动外，还有由巴西政府和葡语国家共同体（CPLP）支持的发展手工业生产计划，该计划由巴西马扎尔研究所和青年研究所执行。圣多美和普林西比的企业孵化器也是这些方案的一部分。

国家社会保护政策和战略（圣多美和普林西比政府，2014 年）中的创业支持方案在 2017 年实施。方案捐款是不需要偿还的，用于能力培养、技术援助和种子资金，以帮助受益人建立自己的企业，并最终进入金融市场。每个受益人的资金约为 600 欧元，其中 400 欧元用于能力建设和其他服务，另有 200 欧元的种子资金。

（2）圣多美和普林西比专业培训中心

圣多美和普林西比专业培训中心（Centrode Formação Profissionalde São Tomé e Príncipe，简称 CFP）由就业与职业培训学院（Institutodo Empregoe Formação Profissional，简称 IEFP）通过葡萄牙在圣多美和普林西比的合作组织提供资金支持，创造自营职业方案（Apoioà Criação do Próprio Emprego，简称 ACPE），自 2002 年以来，一直在圣多美和普林西比培训中心发展小企业管理培训。这个 120 小时的课程针对的是 25~55 岁希望自己创业的人。尽管培训时间不长，但在管理领域的培训却相当完整，受训者还可以在实施已批准的项目上获得补贴。项目批准的前提是设立 1~3 个工作岗位并成功完成课程，同一项目将受益于 CFP 的 3 年技术跟踪支持。

（3）创业局

创业局是青年、体育和创业部的一个服务机构，负责界定、提出、开展和评估圣多美和普林西比在促进创业领域的行动。

圣多美和普林西比是一个以年轻人为主的国家，其特点是对外部资金的高度依赖和非正规经济在其社会中占据高比重。这是圣多美领导人想要扭转的局面，因此，为了寻求国家的发展，他们鼓励年轻人对新的挑战进行投资，希望年轻人具有企业家精神。

创业局主任 Alexsander Ferreira 强调，圣多美将会在"管理和技术能力的发展、培训、企业家生活的概念和便利，以及创造机会"上迈出勇敢的一步，"通过战略政策，在我们内外部合作伙伴中创造一个创业和商业文化"。"虽然困难重重，但只要有企业家精神，我们就一定会有韧性，超越目标。"[1]

---

[1] BIC INNOVATION 官方网站. https://bic-innovation.eu/bic-innovation-leva-tematica-do-empreendedorismo-a-sao-tome-e-principe/.

2. 私营机构与企业协会

（1）圣多美企业家论坛

圣多美企业家论坛（Fórum dos EmpreendedoresSão-Tomenses）在创业能力建设的范围内制定了一些举措，此外还与该领域的其他机构建立了议定书，旨在为小企业和其他企业的发展开展联合工作。其主席卡洛斯·博亚·莫尔特（Carlos Boa Morte）通过私人倡议建立了一个联合办公空间、孵化器和公司加速器，在那里为想要创业的年轻企业家提供支持，并取得了一定的成果。

（2）圣多美和普林西比商业协会

圣多美和普林西比商业协会（Associação Empresarialde São Tomé e Príncipe，简称 AESTP）始终不遗余力地支持创业和国际化，它在 2015 年 11 月创建 Startup STP（圣多美初创公司）时做出了这一承诺。协会成立后，孵化了 9 家致力于不同领域的公司，涉及领域从农业到移动应用市场。这个前景宏大的项目是与非政府组织 MOVE 合作开发的，后者监督和培训企业家团队，提供机构合作，为孵化的企业寻找金融支持者和其他支持。该项目旨在帮助圣多美企业家将业务专业化，建立伙伴关系，并进一步拓展国际化，始终为其合伙人寻求最佳机会。

3. 联合国项目

联合国（联合国驻圣多美和普林西比国家工作队）对圣多美和普林西比的可持续发展提出以下目标和规划：促进具有包容性和可持续性的经济增长，推动充分的生产性就业，使所有人有体面的工作。

其中，有关就业创业的规划如下：

（1）促进以发展为导向的政策，支持生产活动，创造体面的就业机会，激发年轻人的创业精神、创造力和创新能力，并鼓励中小微企业的正规化和增长，包括通过获得金融服务来实现；

（2）到 2030 年，实现所有人，包括残疾人的充分生产性就业以及体面工作，并实现同工同酬；

（3）到 2020 年，大幅减少未就业、未接受教育或培训的年轻人的比例；

（4）到 2030 年，制定和实施政策，促进可持续发展的旅游业，创造就业机会，促进当地文化的发展；

（5）到 2020 年，制定并实施一项全球青年就业战略，并实施国际劳工组织（ILO）的《全球就业契约》。[1]

4. 非政府组织：MOVE、TESE、ALISEI、MARAPA

MOVE、TESE、ALISEI、MARAPA 等非政府组织在帮助当地企业家方面都开展了直接工作。其多数人力都是由志愿者组成的，它们致力于小型企业的后续工作，这些企业大多是农村的，与自然资源的开发有关，如农业、渔业和废物处理。

这些组织培训企业家创建和管理自己的企业，向企业家展示可持续发展和增长的道路。虽然它们不提供财政支持，但必须被视为创业的支持机构，因为它们帮助创建和繁荣的企业数量已经十分可观。[2]

六、几内亚比绍

几内亚比绍共和国（葡萄牙语：Repúblicada Guiné-Bissau）是西非的一个国家，面积 36,125 平方公里，2018 年人口总数约为 187 万。该国北部与塞内加尔接壤，东南部与几内亚接壤。

（一）几内亚比绍重点高校简介

几内亚比绍的高等教育最初由罗马天主教传教士负责，遵循政府的政策，将欧洲文化带给土著人民。几内亚比绍共有 5 所大学。

1. 阿米尔卡·卡布拉尔大学（Universidade Amílcar Cabral）

阿米尔卡·卡布拉尔大学（简称 UAC）是一所公立高等教育机构，是几内亚比绍第一所也是唯一一所公立大学。该校创建于 2003 年，在长时间停用后于 2012 年重建。阿米尔卡·卡布拉尔大学目前只授予学士学位，随着时间的推移，有望设置更多更高的学位。此外，该大学提供短期课程，以提高特定学科的水平。

2. 博埃科林斯大学（Universidade Colinasde Boé）

博埃科林斯大学（简称 UCB）是几内亚比绍的一所私立高等教育机

---

① 联合国圣多美和普林西比网站. https://saotomeeprincipe.un.org/pt/sdgs/8.

② 圣多美和普林西比支持创业和国际化的政策和制度. http://beta.networkcontacto.com/visao-contacto/Lists/Posts/Post.aspx?ID=2027.

构。该校成立于 2003 年 9 月，在阿米尔卡·卡布拉尔大学之前成立。

3. 几内亚葡语大学（Universidade Lusófona）

几内亚葡语大学（简称 ULG）成立于 1999 年，是一所公立高等教育院校。ULG 主校区的所在地是几内亚比绍的首都比绍。尽管几内亚葡语大学是最年轻的院校之一，但在几内亚比绍大学排名中位列前五。

4. 让·皮亚杰大学（Universidade Jean Piaget）

位于安图拉的几内亚比绍让·皮亚杰大学（简称 UJP）是一所著名的葡萄牙语高等教育院校。UJP 拥有完善的设施，以及强大的教师队伍，旨在满足国内劳动力市场的需求，培养进入全球市场的专业储备人才。为了达成这一目标，UJP 提供充分的职业训练，为学生提供良好的技术培训，使其具有人才竞争力。

5. 几内亚比绍天主教大学（Universidade Católicada Guiné-Bissau）

几内亚比绍天主教大学（简称 UCGB）是几内亚比绍天主教会的一个机构，由主教第 04/2014 号法令宣布于 2014 年 2 月 25 日正式成立，包含教育学院和经济管理学院。

（二）几内亚比绍创新创业政策

几内亚比绍作为世界上经济落后、政治环境不稳定的国家之一，自身的创新创业政策尚不完善，主要经济发展的推力仍旧依靠第一产业，经济建设也离不开其他国际组织的帮助。目前帮助几内亚比绍进行经济恢复建设与创新创业发展的国际组织主要包括联合国工业与发展组织（UNIDO）、欧洲联盟（EU）、联合国开发计划署（PNUD）等。政府也通过与国际组织联手，共同设立经济发展项目，从而促进本国较为优势产业——农业的发展，并因此带动围绕农业开展的创业活动。这其中最典型的则是围绕本国芒果优势开展的几内亚比绍西非竞争力计划。

（三）几内亚比绍创新创业机构

当前，在国际组织的帮助之下，几内亚比绍的创新创业氛围渐起，政府逐渐向创业领域投资，社会各界也希望提高创业者的主动性，进而促使更多创业企业的创建。在此背景下，几内亚比绍国内许多促进创新创业类机构应运而生，并且此之间形成良好的联系与合作，在协同效应的作用下，共同促进几内亚比绍国内的创业生态培育与创业者支持。

然而，作为经济欠发达国家，几内亚比绍难以凭借自身能力维护创新创业机构的发展，因此，联合国工业发展署、欧盟等国际组织纷纷向几内亚比绍伸出援手，共同促进该国创业事业的发展。目前，几内亚比绍国内的创新创业机构主要有几内亚比绍创业者门户、国家青年创业协会和几内亚比绍公司发展与孵化中心。这些组织和机构与其他外部机构、国际组织一起，共同发挥作用，携手促进几内亚比绍国内创业环境的建设。

1. 几内亚比绍创业者门户①（Portal do Empreendedor）

几内亚比绍创业者门户是一个致力于为创业者和合作伙伴服务的门户网站，是一个传播几内亚比绍有关创业信息的平台。随着几内亚比绍国内创业氛围逐渐浓厚，在此背景下，顺应社会创新创业风向，为创新创业者搭建信息获取平台成为必要之举，几内亚比绍创业者门户也因此应运而生。该平台不仅为几内亚比绍的创业者提供国内的创业相关信息，同时也分享世界各地好的创业案例，使创业者可以了解他们所做出的选择和所获得支持的最新情况，也可以在平台内分享他们对自身业务和商业项目想法的关注和疑虑。该门户网站同时也允许合作伙伴向其意向合作的几内亚比绍国内企业家宣传其所支持的服务。

2. 国家青年创业协会（Agência Nacionaldo Empreendedorismo Juvenil）②

国家青年创业协会（简称 ANEJ）拥有行政和财产的自主权，在青年和体育国务秘书处的监督下，为全国青年提供就业公共服务。ANEJ 的任务是支持国家青年政策在不同经济象限的实施，确保与就业、创业、职业培训和认证、促进青年集体工作签约等相关政策的实施。

3. 几内亚比绍公司发展与孵化中心③（Centrode Incubação e Desenvolvimentoempresarial）

几内亚比绍公司发展与孵化中心（简称 CIDE-GB）是几内亚比绍国内的一个初创企业孵化器和商业加速器，由 5 名几内亚青年企业家于 2019 年

---

① 几内亚比绍创业者门户网站. https://portalempreendedor-gw.org.
② 国家青年创业协会. https://www.facebook.com/anejgb.
③ 几内亚比绍公司发展与孵化中心. https://www.facebook.com/CIDE-GB-109452757055602.

5月创建。该机构参加了一些非洲的有关鼓励创业和领导力的项目，旨在支持年轻人的商业理念，引导创业者获得创业投资。

（1）为创建成功的初创企业提供机构支持，使其获得技术知识，实现自身的整合，并促成创新机制，旨在实现几内亚比绍社会、知识、经济、科技方面的发展；

（2）与国家及外国政府合作，为机构援助的公司和初创企业的创新寻求政策支持和激励机制；

（3）为传播创业文化和创新机制作出贡献，将其作为致力于推动社会、经济和科技发展的工具；

（4）在几内亚比绍国内创造一个严肃的商业环境，让国内私营企业拥有健康的商业生态系统，打造可行的关系网络。

作为一个创业公司的孵化器机构，几内亚比绍公司发展与孵化中心为国内一些富有创业热情的企业家提供多阶段的孵化计划，旨在解决其所面临的迫切问题。该项目为处于各个创业阶段的创业公司提供孵化服务，并对以下类型的企业具有较大帮助：

（1）具有营利性或非营利性的社会企业；

（2）处于种子前或种子阶段的创业公司；

（3）拥有产品或服务，并且已经开始产生收入；

（4）合法企业，或正处于申请阶段，或者在几内亚各地已经拥有切实的创业想法；

（5）显示出明确的财务回报，拥有一定社会影响。

（四）几内亚比绍创新创业机构活动

1. 几内亚比绍企业家日[①]

2021年9月23日几内亚比绍企业家日举行，是由几内亚比绍政府设立的公共节日，由联合国工业与发展组织、欧盟以及几内亚比绍国家青年创业局共同组织参与，目的是通过举办的活动，分析创业生态系统及其所面临的挑战、分享创业最佳做法以及成功创业案例，培养青年的创业精

---

① 几内亚比绍企业家日活动安排. https://nanomon.org/noticias/lancamento－portal－do－empreendedor－e－plataforma－de－incubacao－digital.

神。2021 年，在庆祝企业家日的活动中，几内亚比绍企业家门户网站与 IDEA App 正式上线，并同时发布了几内亚比绍西非竞争力计划。活动中还向创业者和合作伙伴介绍了企业家门户的功能，同时展示了 IDEA App 预计孵化 60 个商业项目的计划，为几内亚比绍的创业者提供了良好的沟通机会。

2. 几内亚比绍 IDEA App 项目[①]

几内亚比绍 IDEA App 项目是一个为期 5 个月的在线强化孵化项目，旨在支持有商业想法并希望得到技术支持或指导和辅导的几内亚年轻企业家发展、壮大其业务，创造自营企业并提高财务稳定性。IDEA 采用了联合国工业与发展组织（UNIDO）的方法，即"创新、发展和全民创业"（Inovação，Desenvolvimento e Empreendedorismopara Todos），将促进青年创业作为项目的核心。该项目由几内亚比绍政府西非竞争力计划通过贸易和工业部推动进行，得到了联合国工业与发展组织的技术援助和欧盟的资金支持，旨在支持农业综合企业或相关部门的青年创新项目，主要是农业中的芒果业务，以及其他可以为国内提供就业机会，有利于国家经济循环的业务，如腰果业务及渔业。

IDEA 项目还为年轻创业者提供了较低的项目准入门槛，使每位愿意投身创业之中的年轻人都可以获得参加项目和培训的机会。作为一名有创新意向的青年人，在符合以下 4 个条件时，便可以申请加入 IDEA 项目，将自己的创业想法转化为实际：

（1）来自几内亚比绍任何地区的 18 岁以上的青年人；

（2）在农业经营领域或者相关领域具有商业想法，已经推出具有可行性的产品或者正处于业务的早期阶段；

（3）具有充足的动力，愿意持续 5 个月每周奉献 8 小时；

（4）有决心和雄心完成该计划以建立自己的企业。

3. 托尼·埃卢梅卢基金会（Tony Elumelu Foundation）创业项目比赛[②]

托尼·埃卢梅卢基金会（简称 TEF）是增强非洲青年企业家能力的领先慈善机构。每年 1 月 1 日，托尼·埃卢梅卢基金会都会向经营时间不足

---

① IDEA 网站. https://programs.bridgeforbillions.org/pt/idea-app-guine-bissau-entrepreneurs/?fbclid=IwAR3sRCd9BmZESw-Kq-L_ oce2g_ kLq6tuXzyAE3CY_ 90gxfryHh-onZGceWs.

② http://capgb.com/cide-muda-paradigma-a-nivel-do-concurso-de-tef-na-guine-bissau.

5 年的非洲企业家开放其申请门户，并根据申请人商业理念的创新性及影响力选出当年的受益者，帮助其创业项目的进行。2021 年，几内亚比绍公司发展与孵化中心（CIDE）承办了几内亚比绍地区的 TEF 创业项目比赛，托尼·埃卢梅卢基金会是其最主要的合作伙伴。受新冠肺炎疫情的影响，原定于 2020 年举办的创业项目比赛推迟至 2021 年。自参赛申请启动之后，CIDE 就开始接受年轻申请者并指导他们完成申请过程。申请者如果脱颖而出，除了获得 5,000 美元的资助及基金会的在线培训外，CIDE 还将陪同受益者管理资金，使其具备独立创建项目的能力。在 CIDE 的积极组织下，几内亚比绍成为 2021 年 TEF 申请数量最多的国家。

4. 创业比赛：公共服务领域的创业精神①

2021 年 5 月 24 日，联合国开发计划署（PNUD）在几内亚比绍的加速实验室与几内亚比绍青年电台携手发起了以“公共服务领域的创业精神”为主题的创业比赛。该竞赛的目的是让青年企业家和准企业家参与到公共部门的创意开发之中。在比赛开始的两周内，机构共计收到 71 份申请，其中 25% 的申请人是女性。2021 年 6 月 14 日，15 名申请人顺利入围，被邀请参加推介演讲，讲述自己的业务或想法，并与公共服务部门联系，推行他们的业务或想法所带来的创新方式，以及该想法如何在未来扩大规模。

经过由 DjassiAfrica、InnovaLab、Start-Ups Factory、几内亚比绍工业协会（AIGB）、全国青年创业协会（ANEJ）、BueloJobs 和 Djemember 组成的评审小组共同评估。

选拔出比赛的前三名，获奖者将接受加速实验室为期 3 个月的指导，并将他们的心路历程写成日记，作为比赛的一部分，随后在 9 月底的活动中分享参赛历程，以支持和促进几内亚比绍的创业发展。

七、赤道几内亚

赤道几内亚共和国，简称赤道几内亚（葡萄牙语：Repúblicada Guiné Equatorial），是一个位于非洲西海岸的国家，面积为 2.8 万平方公里。赤

---

① https://nanomon.org/noticias/empreendedorismo-na-area-de-servico-publico-saiba-quem-sao -os-vencedores?fbclid=IwAR1zF_ r8eWFHFQVzQFYSbk0bTvhksUxWLc5MyUxjy4GuUGUutcFo1jJH8do.

道几内亚由大陆领土和比奥科、安诺本等岛屿组成，安诺本岛是几内亚南部唯一的一个小火山岛。

（一）赤道几内亚重点高校简介

赤道几内亚的高等教育设施主要由西班牙国立远程教育大学提供协助。赤道几内亚政府称在过去的四十年里，超过 500,000 名学生获得了在大学学习、参加专业培训项目和参加国外技术培训项目的奖学金。为了能够参加大学课程，学生必须参加选择性测试。赤道几内亚共有 7 所高等教育机构，主要的高校是赤道几内亚国立大学和恩里克·恩沃·奥肯维国立学院。

1. 赤道几内亚国立大学（Universidade Nacional da Guiné Equatorial）

赤道几内亚国立大学（UNGE）成立于 1995 年，它是一所非营利性公立高等教育机构，是赤道几内亚共和国的主要大学。主校区位于马拉博，该机构还在巴塔设有分校。

UNGE 得到赤道几内亚教育和科学部的官方认可，是一所规模非常小的（uniRank 招生人数：1000～1999 名学生）男女同校的赤道几内亚高等教育机构。现任校长是 Filiberto Ntutumu Nguema Nchama。

UNGE 的大学传统可以追溯到西班牙殖民时期，当时该国第一所高等学校成立，其基础是西班牙对非洲大陆开始形成的各种非殖民化运动的关注。赤道几内亚国立大学（Universidad Nacional de Guiné Equatorial）是根据 1995 年 1 月 6 日的第 12/1995 号法律创建的，包括以下机构：马拉博大学教师培训学校；农业研究、渔业和林业学院；巴塔大学教师培训学校；大学健康与环境学院。

2016 年 2 月 22 日，赤道几内亚国立大学孔子学院基础汉语首个课程在赤道几内亚国家文化中心正式开课。基础汉语课程设两个教学班，每班 25 人。报读本期基础汉语课程的学员由中学生、大学生、行政人员、公司职员等对汉语和中华文化感兴趣的人组成。从第一堂课学员的表现来看，学员表达了对汉语学习的强烈愿望，并展示了较强的汉语学习能力。

2. 恩里克·恩沃·奥肯维国立学院（Colegio Nacional Enrique Nvó Okenve）

恩里克·恩沃·奥肯维国立学院是赤道几内亚的一所大学。该学院有两个校区，分别位于巴塔和马拉博市。

该校最初于 1959 年在西班牙殖民管理下以 Centro Laboral La Salle de Bata 的名义创建。1968 年独立后，学院更名为恩里克·恩沃·奥肯维国立学院。

（二）赤道几内亚创新中心——Dreams Hub

Dreams Hub 是赤道几内亚知名的创新中心，也是非洲实验室（AfriLabs，一个由 51 个非洲国家的 320 个创新中心组成的泛非洲网络组织）的成员。Dreams Hub 主要为具有高潜力，但来自经济资源有限的家庭的年轻人提供技术工具。该中心通过促进研究、开发和创新生态系统，以及通过项目孵化，从教育培训的早期阶段促进创业，刺激技术平台产生本国生产的技术产品和服务，以满足赤道几内亚公司的需求；从而打造新一代年轻企业家，创造更多的就业机会。

Dreams Hub 致力于大众数字教育，以促进文化运动，重视回归阅读和反思聆听的重要性作为管理不确定性的基础，富含诚信、团队合作、创新、激励、自信、激情、纪律以及生态价值观，以满足年轻人的愿望。大学培养人，创新中心连接人；其内部的合作是工程和商业整合的渠道，使人们能够适应移动的世界。

其主要项目如下：

（1）水晶蛋项目（Huevosde Cristal）。该项目是一个让 7~13 岁儿童免费接受信息和通信技术（ICT）的培训。其目标是促进文化运动，重申回归阅读和反思性倾听的重要性，具有丰富的诚信、团队合作、创新、动力、信任、激情、纪律以及生态的价值观，以满足年轻人的愿望。

（2）100 个梦想项目（One Hundred Dreams or 100 Dreams）。该项目以"孩子更有准备＝家庭更有能力"为座右铭，实施面向 7~13 岁儿童的免费技术计划。"100 个梦想"项目计划在位于马拉博市的中心启动，旨在训练和加强 7 岁以下儿童的能力，培养他们去信息技术和英语领域工作。这是该中心的大规模数字教育计划之一。对于 Dreams Hub 来说，这个想法是"水晶蛋"项目的延伸，这是该机构最核心的项目。该中心坚信这种类型的计划是让更多儿童接触技术的有效方式。

（3）美国空间项目（American Space）。美国驻马拉博大使馆和 Dreams Hub 中心之间的合作项目。双方都相信，通过该项目，他们将增强为人力资本发展提供服务的能力。美国空间为民众提供专门学习英语的空间，因此在涉及美国文化和社会问题以及创业等问题上，公民有沉浸式开展对话的区域。它作为信息、历史和时事的资源中心，将举办研讨会、展览和会议，重点关注广泛的公共利益话题。同样，教育资源将提供给所有年龄段对此感兴趣的人。美国空间提供的服务涵盖 5 个主要领域：英语教学、为美国高等教育感兴趣的年轻人提供教育指导、文化活动、校友计划（参加美国大学的交流计划）和提供有关美国的信息。[①]

（三）其他创新创业活动

在最新创新创业活动方面，赤道几内亚道达尔能源公司召开了新闻发布会，宣布启动第三届"年度之星（Startupper）"挑战赛。2021 年的口号是"思想需要能量来成长"。作为一种新形式，此次比赛增加了最佳女企业家的模块，目的是促进女性创业。启动仪式于 12 月 3 日在马拉博青年中心举行，道达尔能源公司将在非洲大陆的 32 个国家举办年度最佳创业者挑战赛。2021 年，Dreams Hub 被指定为公司在赤道几内亚的合作伙伴，以支持这一举措。第三届年度之星挑战赛重申了道达尔能源公司支持公司所在非洲国家的社会经济发展的愿望，通过支持最具创新性的企业家实现他们的项目，从而在当地为加强社会结构作出贡献。该挑战赛将支持和奖励来自赤道几内亚的 18~35 岁的男女青年企业家，这需要他们有一个具有积极影响的创业想法，要么是一个创业项目，要么是一个成立不到 3 年的初创企业，不限活动领域。

第四节　中国与葡语国家创新创业合作的
重要连接——澳门

一、澳门发挥中葡枢纽作用，推进青年科创

根据澳门青年创业孵化中心有关负责人介绍，2019 年 11 月，澳门青年科创代表团在葡萄牙里斯本举行的"全球网络峰会"亮相，为发挥澳门

---

① 赤道几内亚政府官方网站. https://www.guineaecuatorialpress.com.

中葡枢纽作用、推进青年科创发展迈出积极一步。澳门特区政府经济局局长戴建业在活动中表示，青年科技创新已成为澳门加强与葡语国家（地区）合作的重要领域，澳门也为此成立了"中国—葡语国家青年创新创业中心"。从 2017 年起，澳门特区政府帮助创业者走进葡萄牙开展实地考察，并在里斯本当地的创新中心开设体验项目，帮助他们和国际创业团队开展交流。

澳门青年创业孵化中心创业企业"点点澳门"创始人陆创兴说："希望可以借助在葡萄牙的拓展，为企业打造国际生态圈，接触到更多的投资方，同时将更多资源引入粤港澳大湾区。"澳门青年创业孵化中心成员、葡萄牙企业家马可·里佐利奥同意这种观点并认为，澳门有着得天独厚的优势，可以在葡语国家（地区）建立一个创业企业网络。

中国和葡语国家高校的交流日益加强，教育领域合作基础越发牢固。巴西高校联盟（ABMES）总裁率 17 所巴西院校及教育机构代表到访澳门城市大学，深入探讨科研学术建设等问题，并签署合作备忘录，为推动全球师资、学生、科研的发展而努力。佛得角共和国教育部、家庭与社会融合部部长率代表团到访澳门城市大学，共同探讨两地高等教育发展，寻找合作机遇，期待双方在联合学位课程、项目研发、学生交流及体验学习方面建立健全的合作关系，并开展深入的学术合作。澳门城市大学与葡萄牙埃武拉大学共同推出中葡语言智慧翻译研究项目，共同构建长期研发平台。澳门城市大学已与两所葡萄牙大学开展了暑期学生交流活动，并将与葡萄牙埃武拉大学首推景观设计暑期研修班。高校间合作的加强，推动了中国与葡语国家的学术和科技交流、合作与联动，为"一带一路"建设培养了亟需人才。

二、中葡平台全方位助力中葡关系发展

澳门与葡语国家一直保持着悠久且紧密的历史文化联系，与葡语国家的行政和法律相近，以中文与葡文两门语言为官方语言。澳门居民对内地和葡语国家的风俗及文化较了解，澳门企业对中国和葡语国家的市场也相当熟悉，这有利于发挥中国与葡语国家之间的服务平台作用。澳门向来致

力于推动中葡双语教育，培养中葡双语人才，很多澳门人民熟悉葡语国家和中国的文化、宗教及风俗习惯，与葡语国家有着良好的人脉关系，不少澳门中小企业利用上述优势与葡语国家发展合作，长期开展商贸往来。

澳门回归以来，遵照"一国两制""澳人治澳"、高度自治的方针，按照基本法依法施政。澳门特区经济保持快速增长，民生持续改善，社会安定祥和，族群团结和谐，国际知名度日益提升。

在中国中央政府、葡语国家及澳门特区政府的大力支持下，2016 年，中葡论坛五届部长级会议在澳门成功举办，并在澳门设立论坛常设秘书处，设立了中葡论坛（澳门）培训中心、"中葡合作发展基金"总部，成立了"中国与葡语国家企业家联合会"和"中葡青年创新创业交流中心"，推进中葡商贸合作服务平台下"三个中心"（葡语国家食品集散中心、中葡经贸合作会展中心和中葡中小企业商贸服务中心）的搭建，推动"中国与葡语国家商贸合作服务平台综合体"建立等，进一步凸显了澳门作为中国与葡语国家商贸合作服务平台的地位和作用。

按国家"十三五"规划和《粤港澳大湾区发展规划纲要》等发展方向，澳门特区政府积极推动建设世界旅游休闲中心，加快发展中国与葡语国家商贸合作服务平台，积极参与区域和国际合作，加强与葡语国家合作等。澳门特区政府成立了"中国与葡语国家商贸合作服务平台发展委员会"，由海关、澳门贸易投资促进局、中国与葡语国家经贸合作论坛常设秘书处辅助办公室、澳门市政署、澳门经济局、澳门旅游局及澳门文化局等多个部门组成，旨在提升跨部门协同合作，制定有效政策和措施，全力推动中葡商贸合作服务平台建设，使其升上新层次。

澳门特别行政区政府一贯鼓励和帮助中小企业与葡语国家合作，充分利用澳门的中葡双语人才等优势提供服务，包括：法律顾问和咨询、中介及翻译服务，涉及农业、渔业、自然资源、语言教学、表演、银行、保险、工程、电力、药物、肉类加工、物流、诊所、通信、建筑、资讯、餐饮、技术及电视广播等领域。同时，企业可通过葡萄牙走向欧洲市场，通过巴西走向南美市场，还可通过安哥拉、佛得角、几内亚比绍、莫桑比克及圣多美和普林西比开发非洲市场，通过东帝汶开发东盟市场。澳门致力于协助企业寻找中国内地及葡语国家合作伙伴；为在澳葡语系社群和团体、商会、土生葡人社团、中小企业以及葡语国家和中国内地企业提供讯息与咨询，协助开展经贸文化活动。澳门保持与中国内地及葡语国家的密切联系，强化自身的独特优势，不断巩固其作为中国与葡语国家商贸合作平台的地位，充分发挥桥梁作用。

三、澳门与葡语国家开启多领域创新创业合作新篇章

澳葡联合委员会第五次会议结束后，时任澳门特区行政长官崔世安与葡萄牙外交部长席尔瓦共同表示，双方期望澳葡未来继续加强经贸、文化、语言和教育等领域的合作。崔世安表示，澳葡双方在会议上重点回顾了过往在教育、语言、文化，以及中葡商贸平台建设等重点合作领域的工作，也展望和讨论了未来的合作发展，并落实了几点共识，将来还会深化在创新创业、文化、体育等领域的交流合作。澳门将会协助引介葡萄牙创业者前往粤港澳大湾区城市交流，支持葡萄牙业界把握大湾区的发展，携手参与"一带一路"建设，并以青年创新创业合作为重点，发挥"中葡青年创新创业交流中心"的平台作用。同时，澳门未来会设立更多葡语相关课程和学术科研单位。席尔瓦表示，双方在会议上谈及多个合作项目，并将共同推进维护消费者权益的工作。葡语大学代表将与澳门高校进行交流，就学位互认、增加奖学金类型等进行磋商。中葡两国都着眼于经济与国家的可持续发展，在相互信任的基础上，两国人民、企业以及政府间会有更良好的对话与理解，进一步促进各方面的交流。

第四章 创新创业共同体理论体系与现实路径

建设全球创新创业共同体是一个志存高远的伟大事业，不可能是一蹴而就、十全十美的，特别是新冠肺炎疫情肆虐，严重破坏了经济，影响社会、地缘政治等多个领域。但是如果将人性本质、进化生物学、经济合作和社会系统等多个要素融通整合，我们就能探索出一个更加富有成效的新范式和新路径。托马斯·库恩在其经典著作《科学革命的结构》中，表达了思想和科学的进步正是由新范式代替旧范式所构成的，当旧的范式变得日益不能解释的或新发现的事实时，能用更加令人满意的方法来说明那些事实的范式就取代了它。

黑石基金创始人苏世民先生在《我的经验与教训》一书中，谈及他的经验与教训："无论是创造性地在耶鲁大学校园里建立一个学生和文化中心，还是在麻省理工学院捐赠资金创立一所新的学院致力于人工智能研究，抑或是向牛津大学捐款用以重新定义21世纪人文学科的研究，我现在从事的项目都聚焦于运用资源改变现有范式，并切实对人类社会产生影响。"

与生物的进化类似，全球创新创业共同体也是一个进化系统，它在外界环境变化与内部调整的相互作用中随着时间的推移不断演变进化。在创新创业共同体中，大学人才是核心，创新主体是企业，而企业创新只有被市场选择和认可，才能实现企业进化。

萨缪尔·亨廷顿在《文明的冲突与世界秩序的重建》一书中指出：由于现代化的激励，全球政治正沿着文化的界线重构。以意识形态和超级大国关系确定的结盟让位于以文化和文明确定的结盟，重新划分的政治界线越来越与种族、宗教、文明等文化的界线趋于一致，文化共同体正在取代冷战阵营。在涉及经济一体化时，文化与区域主义的关系更是一目了然。从最低层次到最高层次，公认的国家之间经济联盟的 4 个层次是：自由贸易区、关税同盟、共同市场、经济联盟。

传统的社会交易成本是由于地理距离产生的社会壁垒、信任缺乏、语言和文化差异、低效的社会网络等原因造成的，创新创业共同体的构建，将创造性地对各种要素重组，建立热带雨林文化，包括：天赋的多样性、跨越社会壁垒的信任、高于短期理性的动力、促进快速多样合作的社会准则和个人体验等。

尽管国家是国际事务中的主要活动者，但是它们却也正在某种程度上失去主权、职能和权力，各国政府在相当大的程度上已失去了控制资金从他们的国家流入和流出的能力，而且越来越难以控制思想、技术、商品和人员的流动。简而言之，国家边界已日益变得容易被渗透，世界已经进入"超级互联"状态。世界经济论坛施瓦布教授指出：如果用一个词概括 21 世纪的本质，无疑就是"相互依存"，这是全球化和技术进步的结果。新冠肺炎疫情引发世界大重构，人类再次繁荣发展的前提是国家内部和各国之间加强协调与合作。合作是一种"最高级的人类认知能力"，它可以帮助我们走上独特非凡的进化发展之路。我们有必要通过共同行动去构建全球创新创业共同体，加快人类走向再次繁荣的步伐。

耶鲁大学教授、冷战史学家和大战略研究家约翰·刘易斯·加迪斯也明智地观察到，"寻找穿过所不熟悉的领域的道路，一般需要某种地图。像认识本身一样，制图学是使得我们了解自己在哪儿和可能走向哪儿的必要的简化。"每一个模式或地图都是一个抽象的蓝图，而且对于一些目的比对另一些目的更有用。我们需要一份这样的指南，它既描绘出了现实，又把现实简化到能够很好地服务于我们的目的。

第一节　创新创业共同体的理论基础

全球创新创业共同体必须要经历从跨国贸易到跨国生产，再到跨国创新的演进过程。这个过程涉及理论很多，这里主要从新国际贸易理论、新经济地理理论、新增长理论、创新系统理论等方面进行阐述。

一、新国际贸易理论

新贸易理论的主要特征在于将生产要素赋予了新的含义，扩大了生产要素的范围。生产要素不仅是比较优势理论所说的劳动，也不仅是生产要素禀赋理论所说的劳动、资本和土地，技术、人力资本、研究与开发、信息和管理等，这些都是生产要素，新要素对于说明贸易分工基础和贸易格局具有重要作用。

"人力资本说"指出：一国通过对劳动力进行投资，如正规的学校教育、卫生保健、在职培训等，可以使劳动者的素质得到极大提高，从而对该国的对外贸易格局产生重大影响。

"研究和开发说"指出：经济的发展和竞争就是技术的发展和竞争，先进技术成了人类社会的普遍需求，争取技术优势成为各国经济竞争的主要方面。在国际贸易中，技术对各国生产要素禀赋的比率产生影响，从而形成各国生产的相对优势竞争，对贸易格局的变动产生作用。

二、新经济地理理论

克鲁格曼（Krugman，1991）在《政治经济学杂志》上发表的《递增收益与经济地理》是新经济地理研究开始的标志性文件。"新经济地理理论"将运输成本纳入理论分析框架之中，因为运输成本的减少会引发聚集经济、外部性、规模经济等，把这些要素融入到企业区位选择、区域经济增长及其收敛与发散性问题中，就会得出不同于传统区域经济理论的观点。

广义地说，新经济地理理论主要有两个研究方向：一是力图以新的理论对区位论的传统问题进行研究；二是以新的理论为基础，以全新的、空间的观点分析国际贸易。

克鲁格曼通过模型分析得出结论：当贸易成本高时，两个产业同时存在于两个经济中；当贸易成本低时，产业聚集的现象是可能的，并且是必需的，甚至走上专业化道路。克鲁格曼的一般均衡模型的基本框架是两区域模型。该模型表明，由于运输成本下降、规模经济和要素流动的交互作用，加强了企业的市场导向型区位选择，在某一区域形成前后联系，产生集聚效应；在市场潜力的作用下，出现一种自我持续的制造业集中现象，经济规模越大，集中越明显。

不同的社会、文化和制度等因素在各地经济活动中起着重要作用，但很难被纳入数学模型进行精确的分析。正像克鲁格曼所说的，如何给社会、知识和文化分析一个坚实的微观基础，是这个一般理论研究方向的关键步骤。

三、新增长理论

新增长理论，又称内生增长理论，是产生于 20 世纪 80 年代中期的一个西方宏观经济理论分支。西方学者通常以 1986 年保罗·罗默的《递增收益与长期增长》及 1988 年卢卡斯的《论经济发展机制》作为新增长理论产生的标志。

新增长理论虽然被称为一个理论，但它却不像新古典增长理论那样有一个为多数经济学家共同接受的基本理论模型，而是一些持有相同或类似观点的经济学家所提出的诸多增长模型的一个松散集合体。这些模型之间既存在一些明显的差别，同时又包含一些有别于其他增长理论并体现新增长理论特色的共同要素：

（1）新增长理论家认为，经济可以实现持续均衡增长，经济增长是经济系统中内生因素作用的结果，而不是外部力量推动的结果。

（2）大多数新增长理论家认为，内生的技术进步是经济增长的决定因素，技术进步是追求利润最大化的厂商进行意愿投资的结果。

（3）大多数新增长理论家认为，技术/知识、人力资本具有溢出效应，而此效应是经济实现持续增长所不可缺少的条件。

（4）国际贸易和知识的国际流动对一国经济增长存在着重要影响。

（5）不存在政府干预的情况下，经济均衡增长通常表现为一种社会次优，经济的均衡增长率通常低于社会最优增长率。

（6）大多数新增长理论家认为，经济政策一如税收政策、贸易政策、产业政策，很可能影响经济的长期增长率。一般情况下，政府向研究开发活动提供补贴有助于促进经济增长。

（7）新增长理论在分析方法上的特点是，普遍采用动态一般均衡分析法构建增长模型。

迄今为止，新增长理论已形成了一个初步但相对完整的体系，具有很高的理论价值。首先，新增长理论着重探讨了后工业知识社会中最重要的要素——知识，并着重分析了技术创新、人力资本积累、知识溢出对经济增长的影响，构成了"知识经济"的理论基础，既填补了西方经济理论中的空白，又有助于人们认识到知识、技术在现代经济中至关重要的作用。其次，新增长理论能够较好地解释一些经济增长事实，比如当生产要素可以在各国自由流动时，资本和人才可能会从发展中国家流向发达国家，而不是相反。此外，新增长理论具有比较丰富的政策内涵，比如从理论层次上说明了政府对经济进行干预的必要性，对各国政府制定增长政策具有一定的参考价值。

总之，新增长理论揭示了当代经济的运行机制及其特质，拓展了经济增长理论研究的领域，对世界各国积极谋求新一轮经济增长提供了有益的借鉴和启示。国家应重视知识、技术和人力资本积累，培养经济长期增长的源动力；调整制度机制，促进技术创新；继续扩大对外开放，提升现有知识存量；调整和完善政府政策，尽快摆脱经济发展后进局面。

四、创新系统理论

熊彼特于1912年在《经济发展理论》一书中首次提出"创新理论"。索罗（S. C. Solo）较早对技术创新进行了比较全面的研究，1951年，他在《资本化过程中的创新：对熊彼特理论的评论》一文中首次提出技术创新成立的两个前提条件，即新知识的来源及以后阶段的实现发展。这一被称为"两步论"的研究被认作技术创新概念界定上的一个里程碑。1962年，伊诺思（J. L. Enos）在其《石油加工业中的发明与创新》一文中首次直接对技术创新下定义，即技术创新是几种行为综合的结果。这些行为包括发明的选择、资本投入保证、组织建立、制定计划、招工用人和开拓市场等。

　　关于区域创新系统的研究，1826 年德国经济学家冯·杜能（J. H. Von Thunen）在《孤立国》一书中提出农业区位论；19 世纪初，韦伯提出以最低限度成本确定工厂区位；1940 年，德国经济学家 A. Losch 创立了完整的、系统的、严格的以市场为中心的工业区位论。第二次世界大战后，空间经济学发展的基本特征就是由微观经济分析扩展到结构经济分析和宏观经济分析，创立了以结构分析为中心、主张经济综合体布局原则的区域学派，该学派的代表人物是苏联经济地理学家 H. H.科洛索夫斯基和美国经济学家、区域科学创始人易萨德（Walter Isard）。Joanneum Intereg（1995）给出了一个正规的区域创新模型，在这个模型中，他说明了关键节点特性、信息流动及知识的传播等是一个创新支撑构架中起重要作用的关键要素，它表明在支撑系统中的各个不同要素的合作与参与具有重要作用。很显然，这不仅仅是企业领域内的区域创新系统，重要创新活动的实现完全超出以上范围。张敦富等（2000）认为，区域创新系统应包括创新结构、创新资源、中介服务系统、管理系统 4 个相互关联、相互协调的主要组成部分；周亚庆、张方华（2001）认为应包括教育子系统、科技子系统、资金体系、政府子系统和文化子系统；潘德均（2001）认为主要包括知识创新系统、技术创新系统、创新技术扩散系统 3 个主体系统，创新人才培育系统、政策与管理系统、社会支撑服务系统 3 个支撑体系；黄鲁成（1999）则认为，应由创新主体子系统、创新基础子系统、创新资源子系统和创新环境子系统构成。陆立军详细论述了区域创新系统，提出区域创新系统由"区域中的各种主体、主体之间的联系（网络）、区域制度环境" 3 个部分构成。区域中的各种主体除了企业之外，还有个人、金融机构、大学、研究机构、政府，以及其他各种民间的或官方的组织等。主体之间的联系构成一张网络，这是区域创新最重要的组成部分。从这个意义上来说，区域的能力就是网络的能力，区域中单个的企业，尤其是量大面广的中小企业，其创新能力往往不高，这些企业单个的实力也许并不强，但聚集在一起并构成网络之后，创新能力就会大大提升，原因就在于网络大大提高了技术、知识的扩散速度，企业从网络中获得各种资源，获得了创新需要的技术、知识，弥补了自身创新能力的不足，而且产生协调效应。

关于企业创新系统，哈佛商学院教授 Dr. Rosabeth Moss Kanter （1995）提出了企业创新的"3C"系统：即观念、能力与联系（Concepts、Competence and Connections）。"3C"涵盖了企业创新的主要方面，比如思维能力（Thinking，持续创新的能力、对其产品或服务进行很好地描述以取得良好的市场形象，如 PhileasFogg 快餐公司）、制造能力（Making，满足较高加工质量标准的能力、提供合格的产品等）以及交易能力（Trading，在恰当的时间、与恰当的人建立有效的联系与网络）。Kanter 认为"3C"构成了优秀企业的基础，通过以下方式形成企业的良性循环：能干的合作者使每个人都有机会接触到最好、最新的观念；网络成员推动了学习，使大家在能力方面互通有无，共同提高；强有力的联系为重要人物结识更多的人打开了方便之门。

Chris Freeman （1982，1997）从历史角度出发，用实证的方法分析了工业创新中的成功与失败，指出企业通过创新系统实现战略目标的 3 个重要结论：一是随着科学研究的进步，不断涌现出新的发现，揭示出新的技术可能性，以这种或那种方式审查发展的前沿的企业就是能够首先实现这些可能性的企业，强有力的内部研究开发更能使企业把这种知识转变成竞争优势；二是一个密切关注自己顾客需求的企业，就能认识这些新观念带来的潜在市场，或者找出顾客不满意的根源，这就引起设计出新的或改进的产品和工艺；三是评判企业的成功素质和管理的好坏，应看他们是否有能力将信息与新思想这两个渠道连接起来，实现技术可能性与市场可能性的结合。

企业创新系统的实施有赖于 4 种关键角色：一是技术创新者，即在技术上对创新的开发和（或）设计做出重大贡献的个人，他们通常是创新机构的成员，有时也是新产品或新工艺的发明者，如 INTEL 公司的摩尔；二是企业创新者，在管理机构内实际上负责项目总进展的个人，他有时可能是技术领导或研究领导，也可能与技术创新者是同一个人，也可以是销售领导或总工程师；三是总经理，通常是 CEO；四是产品主管，或是在关键阶段自始至终积极热心促进创新进展，对创新做出决定性贡献的任何个人，有时他可能与技术创新者或总经理是同一个人。

第二节　创新创业共同体的 CIT 演进理论

创新创业共同体的发展必然要经历原始积累、多元发展、稳定发展、创新突破 4 个阶段，凸显竞争优势的主要为资源、环境、品牌和文化 4 个竞争因子，而创新模式主要有点式创新、线式创新、面式创新和网络式创新 4 种，竞争因子（Competence）、创新模式（Innovation）和发展阶段（Time）构成了共同体的"CIT 三维互动模型"，在不同维度下，随着创新系统的开放度日益提升，各种功能要素的演进不断"由硬变软"，维度张力渐进增强，共同体竞争力不断提高。

创新创业共同体的竞争因子包括资源因子、环境因子、品牌因子、文化因子等。资源因子主要指区位、基础设施、自然资源等硬性因子，其创新水平以颠覆式创新为主，较难发挥主观创造性。环境因子是一个多层次、多因素的庞大系统，可分为外部环境（宏观环境）和内部环境（微观环境）。外部环境主要从国家角度考虑，包括经济环境、政治法律、技术、社会文化和自然环境等。内部环境包括组织、财税、文化、营销、服务等。品牌因子从某种意义上说，与国家经济发展密切相关。一个国家经济崛起的过程就是本国名牌大学、闻名企业、品牌产业发展壮大的过程。文化因子是共同体的终极因子，文化能使共同体凝聚起来，行动一致，达到战略目标，具有动力效应、坐标效应、理念效应。

一、创新创业共同体的创新演进模式

共同体的创新必然经历点式创新（Dot-Innovation）、线式创新（Line-Innovation）、面式创新（Plane-Innovation）和网络式创新（Network-Innovation）。前三者是投入驱动型、外延型、数量型、被动型、他组织型，第四者网络式创新是自主驱动型、内涵式、质量型、主动型、自组织型。随着创新系统的开放度日益提升，功能要素突出表现为封闭度的"由大变小"，点式、线式、面式、网络式 4 种创新模式形成的开放维度张力渐进增强，共同体竞争力指数不断提高。

（一）点式创新

共同体建设初期，以环境条件向创新要素转化为主，共同体的创新产出，很大一部分用于自我发展投入，以及系统内部机构间关系的建立。因此，该阶段的系统功能主要表现为对系统本身发展的巩固与强化作用，对于环境的影响尚不明显。该阶段创新活动以点式创新为主，空间特征较多地体现为分散性、无序性、随机性，要素的空间聚集力和组合力较差（见图 4.1）。其主要原因在于创新是多要素、多机构之间的规模化交流与组合，需要大范围内要素的空间集中，在集中的地域空间内生成或构建创新机构及机构间关系。

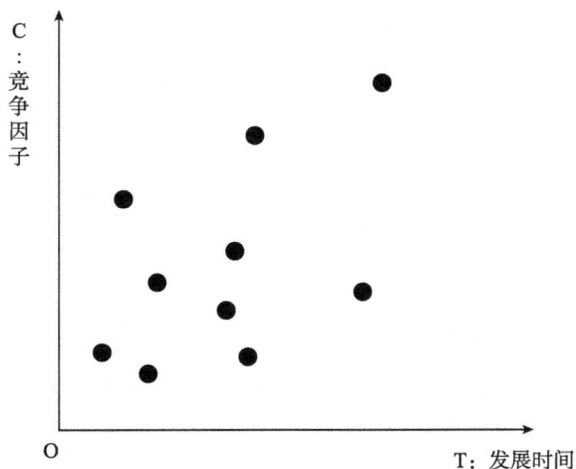

图 4.1　点式创新模式竞争因子与发展时间的关系

（二）线式创新

空间结构中的线是指某些经济活动在地理空间上所呈现出的线状分布形态。按照经济活动的性质，线不仅包括了由铁路、公路、水运、航空等组成的交通线，各种通信设施组成的通信线，各种能源设施所组成的能源供给线，各种水利设施组成的给排水线，还包括了由一定数量的城镇作线状分布所形成的线。后者是区域空间结构中一种综合性的重要的线，由于其在区域经济发展中的重要特殊意义，而被称为轴线。线可以根据其组成要素的数量、密度、质量及重要性分成不同的等级。在同类、不同等级的线之间往往具有互补的特点。它们相互连接，相互补充，共同完成某一种经济活动。线对于区域经济要素流动与合理配置有着重要的影响。共同体的线性创新模式竞争因子与发展时间的关系如图 4.2 所示。

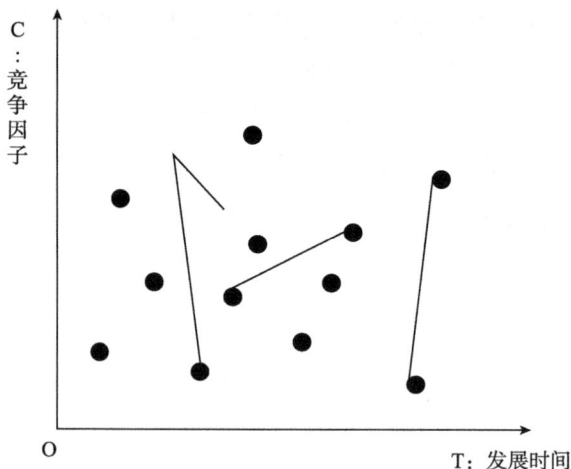

图 4.2　线式创新模式竞争因子与发展时间的关系

（三）面式创新

区域空间结构中的面是由区域内某些经济活动在地理空间上所表现出的面状分布状态，最常见的有产业空间分布所呈现的域面，还有各种市场所形成的域面、城市经济辐射力所形成的域面。此外，其他经济活动在一定地理空间范围内作较密集的连续分布，也可以看作是域面。共同体的面式创新模式竞争因子与发展时间的关系如图 4.3 所示。

（四）网络式创新

区域空间结构中的网络是由相关的点和线相互连接而形成的构架。网络是连接空间结构中点与线的载体，它们能产生出单个点或线所不能完成的功能。网络可以由单一性质的点与线组成，也可以由不同性质的点与线组成。总之，网络能够传递经济活动所需的各种要素，为其合理配置创造条件。区域经济发展中的各种商品流、资金流、信息流、人流等都是要素

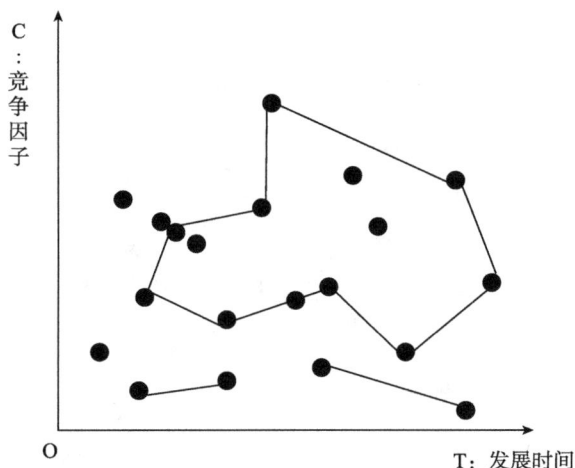

图 4.3 面式创新模式竞争因子与发展时间的关系

在网络上流动的表达。

新经济时代，我们所处的环境是网络环境。北欧国家成为用系统方法处理技术与创新政策的先驱，它们强调通过那样的机制建立群集与网络以加强知识交流（Pentikainen，2000；OCED，1999）。加拿大学者 Josty P. L. 强调了现代技术创新的系统化、网络化特征；福斯（Fosg，1999）认为区域能力真正来源于"企业网络"，"能力来源于企业中网络的相互作用"；英国学者 Joe Tidd 提出网络的结构、性质和内容都会给企业带来额外的机会与制约；Cook（1998）认为区域中的企业虽然处在市场中，但是他们的关系不仅仅是市场中的简单交换，他们通过竞争/合作、交流/交易、嵌入/信任来作为一个网络而共同存在；Lawson（1999）认为区域的能力根植于企业间网络的能力及人与人之间联系的特写方式；Schmitz（2000）对南美和拉丁美洲的 4 个产业区的调查也发现，网络化程度越高，企业的绩效越好；库克（Cook，1994）认为在欧洲的某些地区，地区性的贸易网络和完善的制度支持机制，在促进创新活动区域化的创新模式中有着重要的作用，库克进一步指出，德国巴登洲有一些经验是可以学习和应用的，其中一个就是实施"网络创新"。共同体的网络式创新模式竞争因子与发展时间的关系如图 4.4 所示。

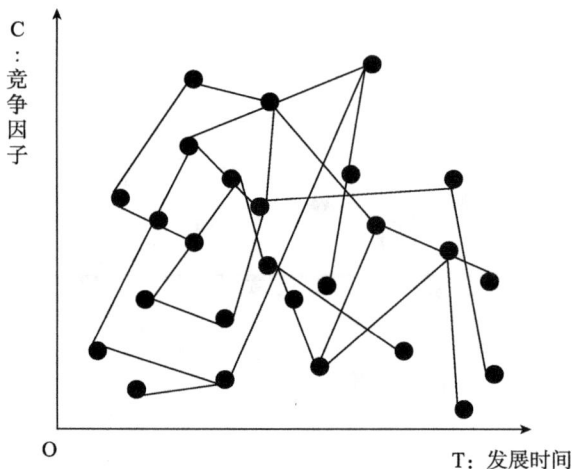

图4.4　网格式创新模式竞争因子与发展时间的关系

在全球创新创业共同体发展过程中，最有效的组织形式是"网络型组织形式"，一种新的更加彻底的组织设计就是网络结构。在这一结构中，由于内部的业务职能是虚拟的，许多活动是外包的，所以又被称为"无结构"。以这种方式形成的机构常称为虚拟组织，这是因为该种组织包括了许多项目组或合作方，它们之间由不断变化着的非层级的类似蜘蛛网的网络交互连接，从一般创新到突破型创新，创新网络的特性也不同。要注意从分离的封闭网络转向关联的开放网络，有意识地从自然网络转变到设计网络。

二、创新创业共同体的发展时段演进

在共同体发展时段的T维度下，随着创新系统的开放度日益提升，功能要素突出表现为各类竞争因子的"由硬变软"，原始积累、多元发展、稳定发展和跨越突破4个阶段的维度张力逐渐增强，共同体的生命力与竞争力指数不断提高。

在原始积累阶段，共同体内各个国家和城市的建设侧重于基础设施等硬性因子，而体制、机制、文化等软性因子所占比重较小；在多元发展阶段，各国和城市已具有了一定的硬资源基础和建设经验，战略方向逐步发散，呈多目标战略攻坚状态，软性因子比重逐步增加，而硬性因子比重下

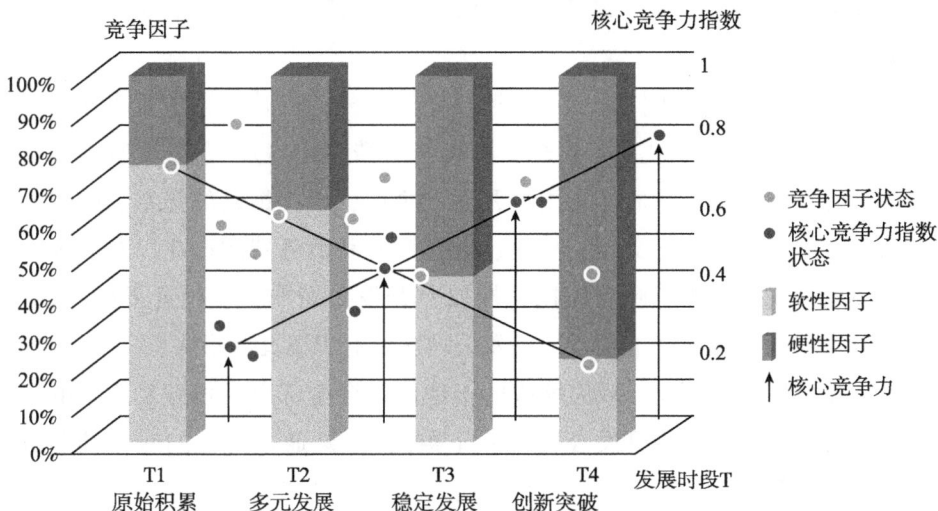

图 4.5　共同体发展时段示意图

降；在稳定发展阶段，各国和城市的资源整合完毕，环境建设日益完善，战略方向趋于"集中优势兵力"打造品牌，软性因子的作用首次超过硬性因子；在创新突破阶段，各国及其城市进入战略转折关键时期，文化因子等软性因子发挥了巨大作用。

本部分以中国的创新创业载体——高新区为视角，解析创新创业共同体的发展演进过程。

（一）原始积累阶段

高新区是中国改革开放后的市场产物，中国的高新区主要是在政府主导下建设的，其建设之初直接或间接依靠了政府的力量。以中国的国家级高新区和经济技术开发区为例，在原始积累阶段，其表现出不同的积累模式，我们选取了国家高新区和国家经济技术开发区中的典型代表，以园区上市公司为对象，研究分析其原始积累模式。

高新区在建设伊始，原始资本几乎只有土地（对很多高新区来说甚至是唯一的原始资本），各高新区对土地的开发主要采用负债开发、滚动开发、划片开发等模式，启动资金有的靠财政拨款，大多数高新区都是这种方式；有的靠国家开发贷款或银行贷款，如 14 个国家经济技术开发区在建设初期国家曾给予21亿元的开发贷款；有的是靠政府引导多方出资组成合资公司，如上海高新区。

根据损益主体的不同，也可以把开发模式分为以政府为损益主体的开发模式和以企业为损益主体的开发模式（刘浩，2003）。在以政府为损益主体的开发模式中，政府作为土地开发的主体，承担最终的损益。政府的收入为土地出让收入，支出为征地、拆迁配套和财务费用。在以企业为损益主体的开发模式中，政府委托（授权）开发公司作为土地开发的主体，并由开发公司承担最终的损益。开发公司主要有以下几种形式：

一是政府全资公司。政府所收的土地出让金全部以支付开发成本的方式转入开发公司，如果开发公司"入不敷出"，则通过财政的专项补贴解决。上海的高新区一般采用政府全资的开发公司开发模式，开发公司承担园区的开发和运营，政府为园区提供一些专项的财政支持，如重点招商项目的土地补贴、产业扶持基金等。西安高新区在创建初期也采用了以高科集团公司进行土地一级开发的模式，高科集团公司向银行融资并开发土地，以政府的名义出让土地，管理委员会（代表政府）除必要的财政支出外，将土地出让金和节余的财政收入都投入高科集团公司，用于土地的滚动开发。

二是合资公司。例如，苏州工业园区开发有限公司是由新加坡政府牵头的外方财团和中方财团合资组建的，公司主要负责苏州工业园区的开发。高标准的规划使公司在基础设施上的投入非常大，而周边的园区有政府财力的介入和较灵活的政策，使得苏州工业园区的土地招商遇到了很大的挑战。后来调整为中方控股，地方政府也提供了一定的财力支持，使该园区的开发经营步入良性循环。

三是私营公司。如大连软件园由大连软件园开发有限公司负责开发，该公司由私营企业组建。

（二）多元发展阶段

在多元发展阶段，园区的基础设施建设基本完成，土地开发率和建成率一般达到80%以上，土地等硬性因子的比重下降。这时的高新区战略方向转向各种软环境建设，呈多目标战略攻坚状态：内部和外部软环境等软性因子比重上升，系统与环境之间的空间联系加强，众多环境条件转变为系统要素，参与到创新系统的发展之中；系统创新产品对于系统环境的输出不断加强，改变环境的社会经济状态，改变园区以外创新系统的创新供给、需求与竞争状态。

高新区的多元化战略主要包括两类：一是面向硬因子的战略，除了土地、房产等资源要素的价值链延长外，目前很多高新区的开发公司将发展方向集中在软件、网络、物流等方面，与原有的土地、房产业务很难存在价值链上的战略协同，因此对于大多数高新区来说很难提升自身的竞争优势；二是软战略，主要是各种软环境的营造。

一般而言，多元化战略的实施需要考虑园区原有业务与新业务间的"战略协同关系"：一个或更多的业务单元与园区新进入的其他业务间是否有战略匹配关系；每个业务单元与公司的长期战略方向配合是否良好。此外，多元化战略有来自原有经营产业的风险。园区资源总是有限的，多元化经营的投入往往意味着原有经营的产业要受到削弱。这种削弱不仅是资金方面的，还有管理层注意力的分散，它所带来的后果往往是严重的。然而，原有产业却是多元化经营的基础，新产业在初期需要原产业的支持，若原产业被迅速削弱，园区的多元化经营将面临危机。

（三）稳定发展阶段

在经过多元化发展后，园区进入稳定发展阶段，水平化的发展创造了更多跨产业的扩散效应，系统环境对于区域创新系统的运行的影响能力减小，环境与系统间的创新要素输入和创新产品输出达到一种相对稳定的状态。

在稳定发展阶段，园区的资源整合完毕，环境建设日益完善，战略方向趋于"集中优势兵力"打造品牌，软性因子作用超过硬性因子。

深圳高新区在规划时，功能定位是创建一个大规模、高效益的高新技术产业区、运行机制试验区、科技成果转化区、经济技术合作区和高层人才培养教育区。经过几十年的发展，目标基本完成，已经形成了优良的投资环境和资本环境，引进了大量高技术人才，拥有自主知识产权的产品比例和企业比例都超过了90%。

（四）创新突破阶段

当高新区处于创新突破阶段时，锐不可当的竞争力出现了（Porter，2002），各种产业和产业环节中的竞争开始深化与扩大，文化要素也在特定产业与产业环节中凸显重要作用。

高新区如果保持创新动力，充分发展文化的竞争优势，那么应该可以顺利通过 4 个阶段，实现突破；相反，如果没有形成文化竞争优势，则园区会逐渐步入低谷，经济逐步衰退，经济活力开始下降（Porter，2002）。由于客户忠诚度和市场占有率不会马上消失，经济衰退情形开始时并不明显。然而，当高生产力的产业和产业环节失去既有优势时，将如滚雪球般解构既有的产业集群，这个解构过程是，不再创新的产业变成上游供应产业的负面客户，也不再是下游客户创新进步的媒介。这种情形一旦发生，一度撑开的经济就开始窄化，基础产业和下游产业首先失去竞争优势，接着零组件、机械工业也丧失了竞争优势。

三、创新创业共同体"钻石模型"与"品牌双螺旋模型"

创新创业共同体要素包括大学、企业、产业、城市、国家，这些元素共同组成共同体"钻石模型"（见图 4.6）。

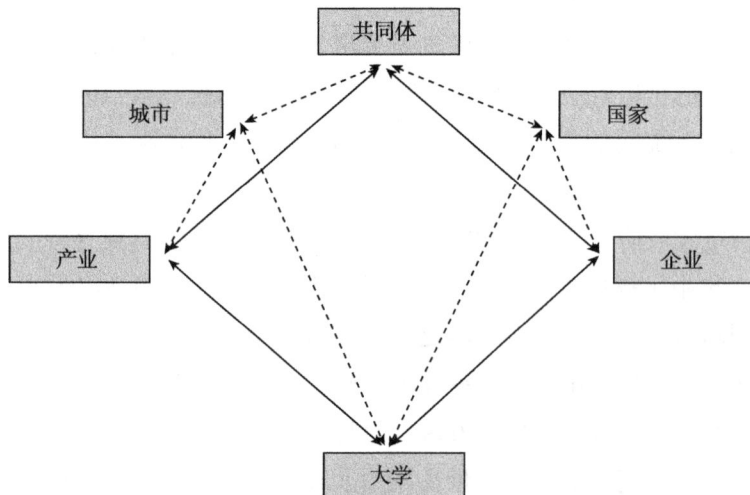

图 4.6　创新创业共同体"钻石模型"

以国家高新区为例，国家高新区已经成为中国国家创新体系的重要组成部分，是钻石模型的核心支撑。2019 年，高新区内共有各类大学 1,052 所，占中国高校数量的三分之一。国家高新区的经济规模持续扩大，成为经济增长的重要力量。2019 年，国家高新区园区生产总值（GDP）加总达到 12.14 万亿元，GDP 总额相当于全国 GDP（99.08 万亿元）的 12.3%。国际创新合作不断深入。2019 年，国家高新区企业设立的境外技术研发机构有 1,842 家，较"十二五"末增长了 134.4%；拥有外资研发机构 3,646 家，较"十二五"末增长了 71.0%。外资研发机构成为有效配置国际创新资源的重要平台，企业通过加强国际知识产权布局，进一步开拓国际市场，提升创新的国际竞争力。2019 年，国家高新区企业当年申请 PCT 国际专利 2.7 万件，占全国 PCT 专利申请受理量（6.1 万件）的 44.3%；申请欧美日专利 2.6 万件、授权欧美日专利 2.2 万件，分别是"十二五"末的 2.9 倍、5.5 倍；拥有境外注册商标 10.8 万项，是"十二五"末的 2.2 倍。

（一）创新创业共同体的品牌双螺旋演进理论

创新创业共同体的双螺旋演进理论是：共同体呈现出双螺旋发展的势态，必然经历"大学品牌→品牌大学→企业品牌→品牌企业→产业品牌（园区品牌）→品牌产业（品牌园区）→城市品牌→品牌城市→国家品牌→品牌国家→共同体品牌→品牌共同体"的演进过程。如图 4.7 所示，横轴是品牌主体，纵轴是品牌价值量。从大学品牌、企业品牌、产业品牌、园区品牌、城市品牌、国家品牌到共同体品牌，着重的是硬创新；从品牌大学、品牌企业、品牌产业、品牌园区、品牌城市、品牌国家到品牌共同体，着重的是软创新。

创新创业共同体要逐步增强"爬梯子的体力"，充实品牌能力方格，按照品牌演进过程，从没有任何附加价值的"产品"，演进为高客户参与度、情感价值度的"概念品牌"，再经过"跨境四位一体"阶段的共同体与品牌的一体化融合，进而塑造共同体的"品牌文化"，最终形成对共同体的"品牌信仰"。站在品牌梯子上，可以展望品牌共同体理想的未来环境、品牌目标（该品牌如何使世界变得更好）和品牌价值观，这 3 个部分是相互联系并自我支持的。

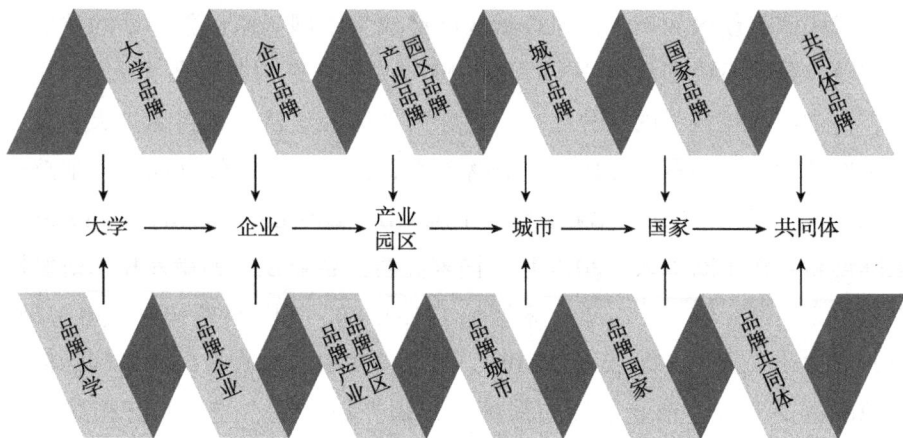

图 4.7　创新创业共同体品牌双螺旋模型

首先，品牌的梯度层次表明了品牌成分的数目与特征，明确揭示了品牌的排序。其次，遵循"量变"定律。先有大学聚焦研发创新、建立各种国家重点实验室和研究院，形成大学品牌，多个大学品牌经过积累形成品牌大学，这是一级量变；企业的知名产品，形成企业品牌，然后实现二级量变，多个名牌产品创造出品牌企业；在品牌企业的集聚效应下，可形成初级阶段的产业集群，如轴辐射型产业集群；经过三级量变，就出现了产业品牌；同样，经过由众多城市品牌的四级量变，就形成了品牌城市；多个国家品牌经过五级量变形成品牌国家；多个共同体品牌经过六级量变形成品牌共同体。

（二）葡语国家的品牌双螺旋演进实证

葡语国家的创新创业共同体大多处于初级阶段，因为发展阶段不同，演进的表现形态也不尽相同。

1. 葡萄牙

（1）品牌企业

传统企业如制鞋企业，查尔斯（CHARLES）、佛莱瓦（FOREVA）是葡萄牙知名的本土品牌。

葡萄牙维克多格德斯公司（Victor Guedes）是葡萄牙第一、世界第四大橄榄油生产企业，橄榄油在业界获奖 300 余次。其旗下 GALLO 品牌橄榄油销往包括中国在内的 40 多个国家。

阿莫林（Amorim）是全球第一大软木制品生产企业。目前，葡萄牙全国约有 600 家软木生产加工厂，多数为中小企业，从业人员近 8,000 人。

葡萄牙生物制药在欧洲有一定的地位，较为知名的生物制药企业有 Bial 公司、Biotecnol 公司、Alfama 公司等。

葡萄牙电力公司（EDP）是世界第四大风电企业，在中南部城市埃武拉（Evora）试运行智能电网（lnovcity 项目），约有 3 万用户。葡方希望将此项目技术推广至中国中小型城市。

Martifer Solar 是葡萄牙最大的光伏企业，目前在全球拥有 500 个光伏发电项目。

葡萄牙索德西亚集团（Sodecia）是著名汽车零部件生产企业，是大众集团双离合变速箱叉拨器的唯一供应商，在中国大连投资设立叉拨器工厂，主要为大众汽车在大连的公司配套生产汽车传动系统零部件。

葡萄牙萨尔瓦多·卡伊坦诺集团与中国华晨集团合作创立了中国金杯卡伊坦诺公司，于 2013 年 9 月开始在华组装机场摆渡车辆。

（2）品牌产业

葡萄牙的品牌产业包括葡萄酒、橄榄油、软木、制鞋、制药、模具、可再生能源等。近年来，信息科技产业发展迅速，占到 GDP 的 10%。金融科技产业也逐步兴起，融资超过 4 亿多美元。

葡萄牙是欧洲第五大葡萄酒生产国、世界第十一大葡萄酒生产国，葡萄酒产值占农业总产值的 25%，从业人口 20 万。2019 年，葡萄牙对华出口葡萄酒 1,995 万欧元，占总出口额的 2.43%，占中国进口葡萄酒市场份额的 1.02%，中葡两国在葡萄种植、酿酒技术及酒庄经营等方面有较大合作空间。

葡萄牙是世界第七大、欧洲第四大橄榄油生产国，以及世界第四大、欧洲第三大出口国（仅次于西班牙和意大利）。葡萄牙对中国出口橄榄油始于 2005 年。2019 年，葡萄牙对中国橄榄油出口额 35.01 万欧元，同比下降 30.31%，中国是葡萄牙橄榄油第 25 大出口目的地，出口额不到葡橄榄油出口总量的千分之一。

葡萄牙是世界最大的软木生产和出口国，素有"软木王国"之称。软木种植面积约 73.6 万公顷，占葡萄牙森林面积的 23%，占世界软木种植面积的 34%，居世界第一。年产软木 10 万吨左右，约占全球总产量的一半；葡萄牙软木及制品年出口额约占全球贸易量的 60%。

软木制成品传统上主要用于葡萄酒瓶塞，年产量约 4 亿个，销售额占葡萄牙软木加工制品总额的 2/3。葡萄牙对中国出口软木发展迅速。2019 年，中国是葡萄牙软木产品出口第 10 大目的地，出口额为 2,129.78 万欧元，同比下降 27.05%，占其软木总出口额 2.00%。

葡萄牙是世界领先的模具生产国之一。葡萄牙生产的模具 90% 的量用于出口，出口额居欧洲第三位（仅次于德国和意大利）、世界第八位，出口到世界 84 个国家和地区。葡萄牙主要生产各类汽车注塑模具，全球主要汽车企业如奔驰、宝马、大众、福特等，均为葡萄牙模具企业客户；其次是包装模具，全球知名的旅行箱企业如新秀丽的塑料箱包，均使用葡萄牙模具制造而成；此外，家电模具、电子和通信模具也有一定占比。据葡萄牙模具协会数据，截至 2019 年底，葡萄牙共有模具制造企业 536 家，且均为中小型企业。

汽车及零部件制造是葡萄牙国民经济的重要支柱产业。2019 年葡萄牙汽车产量超过 30 万辆；零部件制造企业 220 家，本土企业超过一半。中葡两国汽车领域合作前景广阔。

（3）产业园区（产业集聚区）

葡萄牙的葡萄酒共有 14 个大产区，前三名是杜罗河谷、里斯本和阿联特如，分别占全国产量的 21%、19% 和 18%。

软木种植主要集中在葡萄牙中部阿连特茹地区，约占全国软木种植面积的 72%，里斯本和特茹河谷地区种植面积约占 21%。葡萄牙软木加工主要集中在两处：一是北部阿威罗（Aveiro）地区，从业人数约占 60%；二是里斯本附近的塞图巴尔（Setubal）地区。

葡萄牙是欧洲传统制鞋大国，制鞋业企业主要分布在北部波尔图及周边地区。

葡萄牙模具制造拥有明显产业聚集特征，60% 的企业位于中部的马立涅·格兰特，20%位于北部靠近波尔图的奥利维拉·德泽麦斯，资金、技术、人才均十分集中。中国模具企业可以探索在葡萄牙设立高端复杂模具研发基地。

葡萄牙海岸线长近1,800公里，风力资源十分丰富，拥有欧洲第二大风力发电场，位于葡北部 Alto Minho 地区。

2019年，中国建筑葡萄牙有限公司与葡萄牙最大建筑公司之一的 Teixeira Duarte 公司（TD）合作开发葡萄牙里斯本大区奥埃拉什（Oeiras）产业园项目，项目总投资约3.5亿欧元。该项目是中资企业在葡萄牙投资的首个产业园开发项目。

2. 巴西

（1）品牌企业

2019年，巴西8家企业进入全球财富500强企业名单，包括石油、金融、农业、矿业等领域企业。其中，巴西国家石油公司（PETROBRAS）排名第74。淡水河谷公司（VALE）排名第336，是世界最大的铁矿石生产和出口商，第二大矿业集团。JBS 公司排名第219，是全球最大的食品生产企业之一，员工超过21万人。巴西航空工业公司为世界第三大民用飞机制造企业，是巴西主要出口创汇企业之一，在生产120座以下支线飞机方面居世界领先地位。

（2）支柱产业

2019年，巴西农业、工业和服务业占 GDP 的比重分别为5.2%、20.9%和73.9%（IBGE）。

巴西被誉为未来的"世界粮仓"，土地资源丰富，气候条件优越。其中，大豆产量居全球第一位，出口量居全球第一位；玉米产量居全球第三位，出口量居全球第二位。另外，巴西的多种热带作物包括咖啡、柑橘、甘蔗、木薯、香蕉、剑麻的年产量位居世界第一，可可、酒精、烟草年产量位居世界第二。其中，咖啡年产量约占世界总产量的35%，柑橘年产量约占世界总产量的50%，出口量位居世界第一的产品是蔗糖、咖啡、橙汁、烟草和酒精。

巴西工业体系较完备，工业基础较雄厚，工业实力居拉美各国首位。

主要工业部门有钢铁、汽车、造船、石油、水泥、化工、冶金、电力、建筑、纺织、制鞋、造纸、食品等。民用支线飞机制造业和生物燃料产业在世界居于领先水平。

巴西是使用可再生能源较多的国家。巴西电力供应中 83% 来自于可再生能源，其中水电占 63.8%，风电占 9.3%，生物质发电占 8.9%，太阳能发电占 1.4%。2020 年，水力发电占到电力供应的 66%。

（3）产业园区（产业集聚区）

目前巴西共有 4 种类型的特殊经济区域：马瑙斯自由贸易区（ZFM）、西亚马逊地区（AMOC）、自贸园区（ALCs）和出口加工区（ZPE）。

3. 安哥拉

（1）支柱产业

石油和钻石开采是安哥拉国民经济的支柱产业。石油出口额占总出口的 95% 以上，出口财政收入占总财政收入的近 60%。2018 年，石油天然气产值约占安哥拉国内生产总值的近 40%。2019 年，安哥拉已探明石油可采储量预计为 130 亿桶，是非洲第二大产油国。2019 年，原油日产量为 136.1 万桶，天然气储量达 7 万亿立方米。

钻石是安哥拉第二大矿产资源，总储量约 10 亿克拉，其中 50% 属于宝石级钻石。安哥拉是世界主要钻石生产国之一，2019 年，钻石产量为 944.3 万克拉，创造收入 12.99 亿美元，是除石油之外最主要的出口产品。

其他主要工业包括农产品加工、饮料生产、水泥以及其他建材生产、塑料制品、金属加工、矿产资源开采、制鞋业等。

安哥拉土地肥沃，河流密布，被誉为"南部非洲粮仓"，其剑麻和咖啡出口量分别位居世界第三位和第四位。

（2）产业园区（产业集聚区）

罗安达—本戈工业园（ZEE）位于安哥拉首都罗安达市郊和本戈省交界处，是安哥拉设立的第一个特殊经济区，隶属于国家经济和规划部，距罗安达港 38.5 公里。园区规划占地面积 8,362 公顷，包括 7 个工业预留区、6 个农业预留区和 8 个矿产预留区，规划有两座电站、一个污水厂、物流中心、通信电力照明系统、道路网、给排水管网、绿化空间等。

4. 莫桑比克

（1）品牌企业

卡奥拉·巴萨水电站（HCB）是莫桑比克最大的国有企业之一，政府于 2006 年从葡萄牙手中收回。水电站位于莫桑比克赞比西河，装机容量 207.5 万千瓦，是南部非洲最大的水电站，产出电力 50% 出口至南非，4% 输往津巴布韦，其余供国内使用。

莫桑比克港口铁路公司（CFM）是莫桑比克最大的国有企业之一，负责建设、运营和管理国内所有的港口与铁路基础设施。

淡水河谷莫桑比克公司（VALE）于 2011 年初到莫桑比克太特省莫桑比克阿蒂泽地区投资建设煤矿，并投资建设了莫桑比克阿蒂泽至纳卡拉港 900 公里长的铁路，现有员工 3,000 多人。

莫桑比克铝业（MOZAL）是莫桑比克规模最大的工业企业，由澳大利亚必和必拓集团（BHP Billiton）投资建设。2000 年 9 月建成投产，年产铝锭 60 万吨，营业额 10 亿美元，占莫桑比克全国出口额的 30% 左右。

萨索尔石油公司（Sasol）是最早进入莫桑比克进行油气开发的外国公司，主要在莫桑比克中部盆地勘探开采油气资源，通过管道输往南非，在莫桑比克南部的边境投资建设了装机容量 40 万千瓦的天然气电站。

（2）支柱产业

莫桑比克是农业国，70% 的人口从事农业生产和加工，2017 年，农业产值占 GDP 比重为 32.5%。

支柱工业主要是加工工业，有铝加工以及小规模的制糖、制茶、粮食及腰果加工、卷烟、榨油、纺织、木材、水泥、炼油、机车车辆制造、电池及轮胎业等。

莫桑比克拥有非洲第二大天然气田，占非洲天然气总储量的 16.3%。

（3）产业园区（产业集聚区）

莫桑比克中部贝拉市的"Manga-Mungassa 经济特区"由莫桑比克议会批准，由中国企业投资开发，占地面积约 10 平方公里，项目一期投资 2.6 亿美元，目前仍在建设中。

目前，莫桑比克已经建立了一批自由工业区（出口加工区）。如贝卢拉内（Belulane）工业园。贝卢拉内工业园是莫桑比克最大的工业园区，位于首都马普托以西 16 公里，距南非边境 75 公里，占地面积 700 公顷，主要产业是加工制造业，莫桑比克最大的工业企业——MOZAL 铝厂就位于该园区内。此外还有水泥、电缆等多家建材生产企业。该园区目前由当地私人企业运营，园区内分为出口加工区和普通工业区，进入出口加工区的企业要求 70% 的产品用于出口，可依法享受比较优惠的税收政策。目前该园区企业数量近 60 家，年产值近 20 亿美元，带动就业 3,000 多人。

莫桑比克政府通过学习有关国家特别是中国的发展经验，除以上 Belulane 工业园外，还批准了 4 个特别经济区，由投资和出口促进局（APIEX）负责管理。分别是：

①纳卡拉（Nacala）经济特区。位于楠普拉省，毗邻莫桑比克第三大港口纳卡拉港。

②克鲁瑟·伽马力（Crussee Jamali）经济特区。位于楠普拉省，重点发展产业是旅游业。

③莫桑比克库巴（Mocuba）经济特区。位于赞比西省，重点发展农业和农产品加工。

④曼加—蒙加萨（Manga-Mungassa）经济特区。于 2012 年设立，位于经济中心城市贝拉市郊，由中国安徽外经（集团）有限公司下属的鼎盛国际投资有限公司负责建设、管理和运营，一期规划面积 217 公顷，可扩展至 1,000 公顷，规划投资 5 亿美元，建设成为集加工制造、保税、物流为一体的经贸合作区。截至 2019 年 6 月，鼎盛国际投资有限公司已在曼加—蒙加萨经济特区累计投资约 2.8 亿美元，建设道路、供水供电系统、仓库、行政大楼、物流超市等基础设施。目前已有 5 家企业在该园区内运营。

2016 年 6 月，莫桑比克内阁会议批准在太特省的勒沃布厄地区（REVOBUE）设立自由工业区，旨在吸引结构性投资，增强本国出口，多元化本国出口产品，促进技术进步，创造更多就业岗位。新的自由区位于太特省希乌塔地区和莫桑比克阿迪兹地区之间，自由区中的标志性项目为钢铁厂，预计投资金额将高达 10 亿美元。

（4）品牌城市

品牌产业集中在马普托、贝拉和楠普拉等大城市。

第三节　创新创业共同体的现实路径——从跨境贸易、跨境投资到跨境创新

创新创业共同体的路径必然会经历跨境贸易、跨境投资、跨境创新 3个阶段。

目前，中国已经成为葡语国家第一大贸易国和第一大出口国。中国在葡语国家投资的各类企业超过 400 家。这为中国与葡语国家的跨境创新创业共同体打下了很好的基础。

在跨境投资方面，这里重点介绍中葡基金与 PPP 投资模式。2013 年 6月，中葡基金正式成立，总规模 10 亿美元，是中国与葡语国家深化经贸合作的重要平台。中葡基金对 36 个非洲国家 88 个项目决策投资超过 40 亿美元，带动中国企业对非洲国家投资约 170 亿美元，为当地创造了更多就业机会。中葡基金有多个成功合作案例，例如，南非家电产业园项目，投资合作伙伴为海信集团。PPP 已经成为公共交通领域基础设施建设的重要投融资模式。PPP 模式被广泛应用于交通、供水、污水处理、能源、教育等领域。中国商务部统计数据显示，2016—2019 年共建"一带一路"国家中的 66 个国家，利用 PPP 模式完成基础设施建设项目占总投资额的 1/3。2019 年，PPP 模式参与全球基础设施建设项目数量有 409 个，总投资额达967 亿美元。2010—2019 年，以 PPP 模式参与基础设施建设的葡语国家中，巴西 PPP 项目投资额呈现不断增长的趋势，其次是莫桑比克、安哥拉和佛得角，其余国家的基础设施项目投资暂无私营部门参与。目前，中国与葡语国家合作开展的 PPP 项目共有 6 个，均为中国和巴西合作项目。近年来，外资参与莫桑比克基础设施合作的主要模式是 EPC 总承包，在莫桑比克开展 PPP 的外资企业主要来自南非，中资企业在当地尚无已落地的PPP 项目。莫桑比克常规融资渠道包括世界银行和非洲发展银行贷款，以及其他国家或国际组织援助资金等。中国与葡语国家 PPP 项目合作需要因

地制宜，不能追求统一的模式。在跨境创新方面，中国与葡语国家已经有不少成功合作案例。2009年，巴西里约热内卢联邦大学和清华大学合作成立了中国—巴西气候变化与能源技术创新研究中心，该中心通过气候变化与新能源领域的技术及学术合作，为中巴两国政府在能源和环境领域的政策与合作提供支持。巴西瓦加斯基金会（FGV）成立的中巴研究中心继续发挥法学专业优势，为中巴企业界合作提供法律政策解读，一方面跟踪巴西法律法规变化，研判其对中国企业投资巴西带来的挑战；另一方面研究金砖国家的法律体系，并重点关注中国的法制建设。中葡海洋生物科学联合研究中心由上海海洋大学和葡萄牙阿尔加维大学联合建立，该中心以中国与葡萄牙建立蓝色伙伴关系为契机，促进中葡两国科研人员在水产养殖、海洋生物科学等领域的交流合作，助力科技成果转化和海洋技术创新，并于2019年9月在上海举办第三届中葡海洋生物科学国际联合实验室学术年会。中国与葡语国家之间开展了很多跨境农业技术合作，包括援助莫桑比克、安哥拉建立农业技术示范中心，援助几内亚比绍农业技术合作项目。袁隆平农业高科技公司牵头在湖南长沙成立了国内首个"中国—葡语国家农业产业孵化基地"，开展了与东帝汶的杂交水稻农业技术合作。

一、葡萄牙

美国传统基金会和《华尔街日报》发布的《2020经济自由度指数》显示，葡萄牙在全球180个经济体的经济自由度排名中，位列第56。

葡萄牙是第一个同中国正式建立"蓝色伙伴关系"的欧盟国家，是第一个本地重要金融机构发行银联卡的欧洲国家，也是第一个发行人民币债券的欧元区国家。中国在葡萄牙移民约2.5万人，主要分布在里斯本和波尔图地区，除了传统的批发零售、餐饮、旅游等行业外，也涉足移民、房地产、足球等领域，特别是葡萄牙2012年实施"黄金签证"政策以来，中国投资移民占投资移民总数的比例超过50%，投资额超过25亿欧元。

（一）葡萄牙跨境贸易

2019年，葡萄牙的前五大贸易伙伴国为西班牙、德国、法国、意大利、荷兰，与上述五国的贸易额分别为393.52亿、178.54亿、156.45亿、

67.99 亿、62.90 亿欧元。

从出口产品种类来看，车辆及其零附件是葡萄牙最重要的出口产品，占其货物出口额的 14.78%。从货物贸易进口种类来看，车辆及其零附件进口额占其货物进口额的 12.28%，位居第一位。

中国是葡萄牙在亚洲的第一大贸易伙伴。据中国海关统计，2019 年，中葡货物贸易总额 66.9 亿美元，同比增长 11.5%。其中，中国对葡萄牙出口 43.7 亿美元，同比增长 16.5%；自葡萄牙进口 23.2 亿美元，同比增长 3.3%。中国为葡萄牙第 14 大出口目的地、第 6 大进口来源国。

（二）葡萄牙跨境投资

据联合国贸发会议发布的《2020 年世界投资报告》显示，2019 年，葡萄牙吸收外资流量为 82.34 亿美元；截至 2019 年底，葡萄牙吸收外资存量为 1,616.4 亿美元。根据葡萄牙中央银行的统计，巴西在葡萄牙投资存量为 33.40 亿欧元，排名第七；中国在葡投资存量 26.22 亿欧元，排名第九。

三星公司、西门子公司、思科公司、阿迪达斯公司、沃达丰公司、博世公司、大众公司等著名跨国公司均在葡萄牙建立了负责研发或生产销的子公司。2014 年，IBM 公司在葡萄牙建立了编程计算和咨询公司；2017 年，奔驰汽车在葡萄牙创建数字中心，瑞士泛亚班拿集团在里斯本成立软件开发中心；2018 年，谷歌公司在葡萄牙成立合作伙伴中心，大众集团在葡萄牙成立软件开发中心。

在"一带一路"合作背景下，中国企业积极参与葡萄牙投资。2019 年 5 月 31 日，中粮国际波尔图卓越中心（全球共享服务中心）在葡萄牙马托西纽什市举行揭牌仪式并正式开业，2021 年，为葡萄牙当地共创造 400 个新的工作岗位，涉及 IT、采购、人力资源和财务等领域；中国长江三峡集团收购葡电力公司 23.3% 股权，中国国家电网公司收购葡电网公司 25% 股权，二者均成为被收购方单一最大股东；中国石化集团收购葡石油和天然气公司旗下巴西分公司 30% 股份；香港北控水务集团收购法国威立雅水务公司旗下葡萄牙水务公司 100% 股权；复星集团收购葡储蓄总行附属保险公司 80% 股份、葡电网 3.9% 股份和圣灵集团医疗服务子公司 EES 96% 股份；海通国际控股公司收购葡新银行旗下圣灵投资银行。

葡萄牙电力公司近年来与中国三峡集团共同开发巴西的水电市场，并在英国、德国、意大利等国合作开发风电市场。中葡企业在摩洛哥、莫桑比克和安哥拉等非洲国家已经开展了基础设施、能源、交通、农业、卫生等各个领域的合作。

（三）葡萄牙跨境创新

2018 年 12 月，中葡双方签署了 17 项谅解备忘录和议定书，其中包括发展中葡 2030 年科技合作伙伴关系的谅解备忘录、科技交流协议、蓝色经济协议和空间协议，包括在葡萄牙设立星海联合研究实验室作为中葡双方共同参与的科技研发机构。

二、巴西

2019 年，巴西的投资、消费和出口占 GDP 的比例分别为 15.4%、63.8%和 3.1%。

（一）巴西跨境贸易

巴西畜牧业以养牛、养鸡、养猪为主，巴西牛肉、鸡肉和猪肉产量及出口量居世界前列。

自 2009 年起，中国连续 11 年稳居巴西第一大贸易伙伴。2019 年，中国为巴西第一大出口市场和第一大进口来源地。巴西是中国在拉美地区最大的贸易伙伴。目前巴西与中国尚未签署自贸协定。

巴西对中国出口产品主要为大豆、石油、铁矿石，自中国进口产品主要为船舶、机械、电子设备等。

中国是巴西农产品第一大进口国。中国仍是巴西牛肉的最大买家。

（二）巴西跨境投资

巴西是中国在拉美地区最大的投资目标国，近 10 年来，200 余家中国企业落户巴西，中国对巴西投资年均增长 30%，成为巴西最大的外资来源国。2003 年至 2019 年 3 月，中国在巴西的投资额累计达到 713 亿美元，超过美国的 583 亿美元，成为巴西最大投资来源国。

格力空调于 1998 年开始进入巴西市场，已成为当地市场占有率第二的空调品牌。格力电器（巴西）有限公司是珠海格力电器股份有限公司在巴西玛瑙斯自由贸易区内投资 2,000 万美元建设的空调生产基地，于 2001 年 6 月竣工并投产，是在巴西投资设厂的第一家中国家电企业。

2019 年，对巴西开展投资项目的中国企业有中国广核新能源、杭州华普永明光电股份有限公司、华为。从 2003 年至 2019 年第三季度，中国在巴西的投资存量为 805.47 亿美元，约占外资总存量的 31%，仅次于美国的 829.82 亿美元（32%），继续保持巴西第二大投资来源国地位。另外，投资领域分布也有一些新变化，交通、电信、金融、电力成为中国投资增长较快的领域，尤其电力行业，已占中国在巴西投资额的 45%。

（三）巴西跨境创新

2017 年 5 月 30 日，中巴基金启动，用于支持基础设施、农业、技术创新等领域的合作。

巴西华为电讯有限公司成立于 1999 年，是巴西唯一的 LTE 全网络解决方案供应商，在巴西有超过 7 万个移动网络站点设备供应商，设备占据了巴西 50% 移动网络及 40% 核心网络，铺设了超过 10 万公里的光纤，服务当地 2/3 人口。它拥有设于圣保罗的研发中心、培训中心和 Sorocaba 和 Manaus 的供应中心。此外还在 8 个城市设有办公室。

中巴两国联合研制的资源卫星 4A（CBERS-4A）在 2019 年 12 月发射成功，这是自中国与巴西在 1988 年达成卫星合作项目以来，中国为巴西发射的第六颗应用遥感资源卫星，被誉为"南南高科技合作的典范"。

三、安哥拉

（一）安哥拉跨境贸易

安哥拉土地肥沃，河流密布，被誉为"南部非洲粮仓"，其剑麻和咖啡出口量分别居世界第三位和第四位。

安哥拉是典型的石油经济国家，经济发展主要依赖石油出口，进口产品主要是机电设备和建材等国家重建所需的物资，以及食品、车辆及其零配件等，市场辐射方位局限在 SADC 和 CEEAC 国家。

2019 年，安哥拉是中国在非洲仅次于南非的第二大贸易伙伴、中国在全球的第四大石油供应国。中国是安哥拉第一大贸易伙伴国、第一大出口目的地国、第一大进口来源国。

安哥拉对外签署贸易投资协定情况：与美国签署了贸易和投资框架协议，与德国、意大利、俄罗斯、佛得角、阿联酋签署了双边贸易投资协定，与葡萄牙、南非、西班牙、英国等签署了经贸合作协定。

（二）安哥拉跨境投资

安哥拉于 2018 年出台了《安哥拉私人投资法》，提出引进先进技术和资金，可以投资教育领域（普通教育和职业技术教育）。

2018 年 12 月 7 日，国际货币基金组织批准向安哥拉提供 37 亿美元的中期贷款，旨在恢复安财政可持续性，改善治理水平，促进经济多样化，实现以私营经济为首的经济可持续增长。截至 2019 年 12 月 5 日，安哥拉先后收到 3 笔拨款，共 14.8 亿美元。

2019 年 11 月，安哥拉政府在伦敦金融市场发行了两种共 30 亿美元的欧元债券，第一种为 10 年期，票面利率为 8.0%，发行 17.5 亿美元；第二种为 30 年期，票面利率为 9.125%，发行 12.5 亿美元。安哥拉财政部声明，债券需求达到了 84.4 亿美元，说明投资者对安哥拉正在实施的体制和经济改革充满信心。

2019 年，安哥拉从世界银行获得多笔拨款，截至当年 7 月，已累计获得 25.2 亿美元，这些资金主要用于社会保障、经济改革和改善安哥帮民众的用水用电情况。世界银行和法国开发署还提供了 2.3 亿美元资助安哥拉的商业性农业产业链项目；联合国拨款 2.84 亿美元，支持安哥拉"可持续发展合作 2020—2022"计划下的经济及社会项目；德意志银行也为安哥拉私营部门提供了 10 亿欧元的信贷额度。

2019 年 8 月，安哥拉政府推出"私有化计划"，将在 2022 年前，把 195 家国有企业的全部或部分股份出售，其中 175 家企业将通过公开招标出售，11 家企业通过公开拍卖出售，9 家企业通过首次公开发行出售。

截至 2019 年末，中国对安哥拉直接投资存量 28.91 亿美元。在安哥拉经营的中资企业有 100 余家，主要集中在建筑、商贸、地产和制造业等领域。开展投资合作的主要企业有中信建设、中石化、青岛佑兴、广德国际、浙江永达、海山国际、苏杰国际等。其中，中石化与英国 BP 等石油公司合作，共同开发安哥拉油气资源。

中国企业投资开办了安哥拉国内的第一所铁路职业技能培训学校，为安哥拉当地培养各类技术人员 5,000 多名。

（三）安哥拉跨境创新

中国援助安哥拉的国际关系学院项目和农业技术示范中心项目先后于 2019 年初完成交接。国际关系学院项目位于罗安达省卡玛玛市，于 2016 年 12 月开工建设，2018 年 12 月竣工，为安哥拉培训外交领域专业人才提供了一流的教学设施和教学环境。农业技术示范中心项目位于首都罗安达省，占地 54 公顷，包括种植示范区、养殖示范区、生产加工区和办公生活区 4 个区域。2019 年 4 月，中安两国签署了《安哥拉职业技能培训中心项目实施协议》，中方将无偿援助在安哥拉万博省万博市建立职业技能培训中心，该中心建成后将极大满足万博省及其周边省份的青年职业培训需求，帮助安哥拉培养更多未来国家建设发展所需的专业人才。

四、莫桑比克

中莫两国建交 40 多年来，中国向莫桑比克提供了项目、技术、物资等援助，主要涉及教育、医疗卫生、农业和公共基础设施等领域。2018 年，中国政府援助莫桑比克马普托市医生宿舍楼等成套项目均完成移交。赛赛机场、500 个村落"村村通"卫星电视、100 辆公交车、中莫文化中心、爱德华多·蒙德拉内大学孔子学院和传媒学院项目、打井项目和索法拉职业技术学校项目等援建工作均取得较大进展。

（一）莫桑比克跨境贸易

2019 年，莫桑比克进出口贸易总额为 121 亿美元，其中出口商品 47 亿美元，主要为矿物燃料和普通金属；进口商品 74 亿美元，主要为机电设备、矿物燃料及农产品。

根据中国 GTF 系统显示，2019 年中国与莫桑比克进出口总额为 26.68 亿美元，同比增长 6.43%；中国向莫桑比克出口 19.57 亿美元，同比增长

4.63%；中国从莫桑比克进口 7.12 亿美元，同比增长 11.71%。

（二）莫桑比克跨境投资

莫桑比克早在 1984 年就颁布了《莫桑比克投资法》，投资法适用于私人、国家和外商投资的企事业；1987 年和 1993 年两次补充修订投资法，适用于国家、私人投资、财税鼓励政策。同时，莫桑比克颁布了《投资法条例》和《投资收益法》，规定最低投资额为 5 万美元，允许外商开办独资企业、在国际市场上采购原材料、销售本企业产品。

据联合国贸发会议发布的《2020 年世界投资报告》显示，2019 年，莫桑比克吸收外资流量为 22.12 亿美元；截至 2019 年底，莫桑比克吸收外资存量为 428.93 亿美元。

截至 2019 年末，中国对莫桑比克直接投资存量 11.47 亿美元。在莫桑比克开展投资合作的中国企业近 100 家，投资的主要领域为农业、能源、矿产、房地产开发、酒店、汽车装配、零售业等。

2017 年，中国成为莫桑比克最大的外国投资来源国，累计直接投资存量达 8.7 亿美元。2019 年，莫桑比克吸引外商直接投资项目 335 个，投资总额为 6.82 亿美元。其中，中国企业在莫桑比克新增投资 1.23 亿美元，中国在所有新增外资来源国家和地区中位列第二。

2019 年，作为中莫两国产能合作的 13 大重点项目之一，由中非发展基金投资、中铁二十局带资管理的莫桑比克万宝农业园迎来大丰收，这是中国在非洲最大的水稻种植项目，被莫桑比克政府视为对外农业合作的典范。

五、佛得角

（一）佛得角跨境贸易

根据世界贸易组织（WTO）数据，2018 年，佛得角成品贸易进出口总额为 8.92 亿美元。佛得角 80% 以上的日常生活用品及全部机械设备和建筑材料、燃料等均需依靠进口；主要出口产品为船用燃料、服装、鞋类、金枪鱼罐头、冻鱼、龙虾、食盐、火山灰等；主要贸易伙伴是西班牙、葡萄牙、荷兰、土耳其和阿尔及利亚等国。吸引外资存量金额达到

19.89 亿美元。作为国家经济支柱产业，佛得角旅游业保持稳定发展。

（二）佛得角跨境投资

佛得角重视旅游基础设施建设，旅游业吸引外资占全部外资的 85%，是佛得角经济增长和就业的主要来源。重点鼓励领域包括基础设施建设，一是旅馆、高速公路建设、公路干线改造、港口建设和通信网络更新换代等；二是能创造新就业机会的旅游设施、工业项目和新兴行业等，包括投资设立新企业以及对现有企业收购、兼并和重组，对国有企业进行私有化。

2018—2019 年，佛得角 GDP 增长率达到 5.08%，为葡语国家第一。政府继续推进佛得角航空公司私有化，并开始力推国家电力公司私有化。政府进一步加强在交通、通信、能源等领域的基础设施建设，重视职业培训和高等教育发展，推进"全民住房"等民生项目。圣文森特岛海洋经济特区规划于 2019 年 5 月顺利完成。

截至 2018 年底，中国对佛得角的直接投资存量为 1,463 万美元。中国澳门励骏集团旅游综合体项目进展顺利，同时中国向佛得角中央银行提出在佛得角新建中国大西洋银行的申请，如果该银行获批牌照，将是中国在佛得角设立的第一家金融机构。

（三）佛得角跨境创新

2019 年 9 月，佛得角已初步完成 4G 覆盖，为民众提供了更好的网络服务，并开始 5G 试点建设。华为公司将与佛得角在发展 5G 技术、人力资源开发、国家数据中心、电子政务等领域开展合作。

佛得角政府计划到 2025 年将其可再生能源占比提高至 30%，到 2030 年，提升至 50%。

佛得角政府还十分重视职业培训和高等教育的发展。2018 年 9 月，佛得角就业培训基金已支出 150 万欧元用于职业培训及相关活动。高等教育一直是佛得角政府施政的重点领域，中国援佛得角大学新校区项目就是佛得角独立党执政期间为提高国家高等教育质量、提升国家竞争力而推动的重点项目。不过，佛得角的高等教育仍有许多需要改进的地方：一是政府奖学金预算较低，不利于高等教育的民主与普及性；二是政府应加大通过信息技术推动教育普及方面的投资；三是政府应考虑在各岛普及高等教育，使所有青年都能就近学习。

六、几内亚比绍

（一）几内亚比绍跨境贸易

根据世界贸易组织（WTO）统计数据，2018 年，几内亚比绍商品贸易进出口总额为 6.74 亿美元。几内亚比绍主要进口商品是粮食、燃料、润滑油、运输设备和建材等；主要出口产品为腰果、冻虾、冻鱼等，其中腰果出口占出口总额的 80% 以上；主要贸易伙伴为印度、尼日利亚、葡萄牙、塞内加尔等国。2018 年，中国与几内亚比绍进出口贸易总额为 3745 万美元，较上年增长 10%。

（二）几内亚比绍跨境投资

几内亚比绍吸引外资存量金额达到 1.99 亿美元。根据世界银行的数据，2017 年，几内亚比绍接受官方发展援助和官方援助共计 1.13 亿美元，来自经合组织（OECD）成员国的双边援助净流入为 5,254 万美元，较上年分别下降 42.6% 和 66.1%。中国对几内亚比绍投资存量达到 6,521 万美元。

几内亚比绍近年采取措施，集中精力加强私营领域在国民经济中的比重，促进投资和企业发展。国家颁布《投资法》，并修订为《新投资法》，涵盖范围更广、更具吸引力。政府成立投资促进局，为外国投资者提供服务。为鼓励外资投向农业，几内亚比绍政府提供各种优惠政策。按照该国有关法律，土地可以买卖，也可以租赁，但须经政府部长会议批准；外国企业如购买可用于耕作的土地，最低购买面积不得低于 100 公顷；外国企业若租赁可耕地，租期分 50 年和 90 年两种。

（三）几内亚比绍跨境创新

中国援几内亚比绍"万村通"数字卫星电视项目于 2018 年 12 月正式揭牌。该项目为几内亚比绍奥约省村民打开了解世界的窗口，带来全球发展的信息，大大丰富了村民的精神文化生活。在农业发展援助方面，中国一直真诚地帮助几内亚比绍发展自主农业，提高本国粮食安全生产，向当地农民传授中国发展农业的先进技术和丰富经验，扎实推动几内亚比绍农业快速转型和发展。

七、东帝汶

工程承包是中国与东帝汶经济合作的重要形式。

东帝汶政府把经济发展的重点放在基础设施重建和改善农业、开发油气资源方面，并加大在这些方面的投入，致力于推动经济的可持续发展。议会制定了《私有投资法》，规范管理各类在东帝汶的投资行为。东帝汶于2017年出台私人投资新法，一方面，有助于与《东盟全面投资协定》相衔接；另一方面，投资条件更优厚，以吸引本地和海外投资。东帝汶的外商投资以民营企业和个体为主，国有大中型企业亦有参与，主要投资领域为餐饮、旅店、百货、建材、服务业等。

八、圣多美和普林西比

圣多美和普林西比人口约30万，国内生产总值约5亿美元，国民经济依赖可可出口，财政收入依赖外部援助。

圣多美和普林西比采取降低关税、改善投资环境和建立自由贸易区等措施吸引外资，重点投资港口、电力等基础设施，积极发展旅游等新兴产业，经济保持一定增长。政府希望外国渔业企业前来投资，帮助加强其渔业配套设施建设，包括实验室、港口等。

第四节　共同体的区域组织与国际组织模式借鉴

中国与葡语国家共建创新创业共同体，要充分依托"一带一路"的基础与成果。截至2019年底，葡语国家与中国共签署"一带一路"合作框架文件9份，其中政府间谅解备忘录5份，其他"一带一路"相关协议4份，另有葡萄牙、巴西、东帝汶先后加入了亚洲基础设施投资银行（以下简称"亚投行"）。几内亚比绍、圣多美和普林西比尚未签署"一带一路"合作框架文件，但这两个国家领导人均在多个场合表达了与中国加强"一带一路"合作的意愿。

创新创业共同体需要多边、多元、多层次的合作。要充分借鉴葡语国家有关区域组织和国际组织的经验，同时发挥 G20 峰会、APEC 峰会、金砖国家领导人会议、"一带一路"国际合作高峰论坛、中非合作论坛、中国—葡语国家经贸合作论坛、中国进出口商品交易会、中国进口博览会等全球性、区域性国际论坛、博览会、洽谈会的平台作用，促进国家之间、城市之间、产业园区之间、企业之间、大学之间等多层次、多维度的友好往来和交流协作。

一、葡萄牙参与区域组织与国际组织情况

葡萄牙主张在平等互利的基础上同世界各国普遍发展友好合作关系。跨大西洋关系、欧盟、葡语国家共同体、葡侨、参与全球化、多边外交是葡对外政策六大主要方向。坚定支持欧洲一体化进程，主张维护欧元区稳定；在反恐、欧洲难民潮等问题上尊重欧盟立场；重视发展跨大西洋关系；同葡语国家交往活跃，积极推动葡语国家共同体扩大规模；大力开展经济外交，扩大同亚洲、非洲、拉美等新兴市场国家合作，是亚洲基础设施投资银行创始成员国。葡萄牙目前加入的全球性国际组织有联合国、世界贸易组织、世界海关组织，加入的区域性国际组织有欧洲联盟（简称"欧盟"）、欧洲安全与合作组织（简称"欧安组织"）、北大西洋公约组织（简称"北约"），加入的其他国际组织有经济合作与发展组织（简称"经合组织"）、葡萄牙语国家共同体（简称"葡语国家共同体或葡共体"）。

葡萄牙于 1955 年 12 月 14 日加入联合国，并已全部加入联合国下属 15 个国际组织。

葡萄牙积极参与世界贸易组织关于电子商务、中小微企业、投资促进发展、国内服务监管、贸易和环境可持续性等多项倡议。世界贸易组织（WTO）是负责监督成员经济体之间的各种贸易协议得到执行的一个国际组织，前身是 1948 年起实施的关税及贸易总协定的秘书处。世贸总部位于瑞士日内瓦。

葡萄牙于 1961 年 3 月成为世界银行的成员。葡萄牙和世界银行与其他成员国政府合作，为项目提供资金，制定政策，并实施项目，以消除极端贫困，促进共享繁荣。

欧盟是葡萄牙对外关系的基础。葡萄牙于 1986 年加入欧洲共同体，1999 年成为欧元创始国，2021 年成为欧盟轮值主席国。欧盟是欧洲多国共同建立的政治及经济联盟，现拥有 27 个成员国，正式官方语言有 24 种。政治上所有成员国均为议会民主国家；经济上为世界上第三大经济实体，德国、法国为欧盟两大核心成员国；军事上除瑞典、芬兰、爱尔兰、奥地利、马耳他与塞浦路斯六国以外（其中前五国在国际上为永久中立国），其余 21 个欧盟成员国均为北大西洋公约组织的成员国。宗旨是主张欧洲多元一体，促进欧洲和平，追求公民富裕生活，实现社会经济可持续发展，确保欧洲基本价值观，加强国际合作。

欧洲安全与合作组织（Organization for Security and Cooperation in Europe，简称 OSCE），简称"欧安组织"，其前身是 1975 年成立的欧洲安全与合作会议，1995 年 1 月 1 日，改名为欧安组织。欧洲安全与合作组织是世界上最大的区域安全组织，涵盖所有欧洲国家、俄罗斯联邦、中亚国家、蒙古国、美国和加拿大，共有 57 个成员，另外还有来自亚洲和地中海的 13 个"合作伙伴"。欧安组织的总部设在维也纳。

葡萄牙是欧洲经济合作组织（OEEC）的创始国之一，这个政府间机构成立于 1948 年 4 月 16 日。经济合作与发展组织（Organization for Economic Cooperation and Development，简称 OECD），是由 38 个市场经济国家组成的政府间国际经济组织，旨在共同应对全球化带来的经济、社会和政府治理等方面的挑战，并把握全球化带来的机遇。其成立于 1961 年，成员国总数 38 个，总部设在巴黎。

二、巴西参与区域组织与国际组织情况

巴西作为国际政治、经济和文化舞台上的重要力量，参与了众多国际组织和区域组织，成为发展中国家的重要代表和推动区域经济一体化的重要组织者。其参与的组织包括联合国及其分支机构、美洲国家组织、亚马

逊合作条约组织、拉丁美洲一体化协会、南方共同市场、南美国家联盟、世界贸易组织、葡萄牙语国家共同体、20 国集团、金砖五国，以及印度—巴西—南非对话论坛、拉丁美洲—东亚合作论坛、南美洲—阿拉伯国家峰会等国际会议。

南方共同市场（Mercado Comumdo Sul，简称"南共市"）由阿根廷、巴西、乌拉圭和巴拉圭四国于 1991 年共同宣布创建，是世界上第一个完全由发展中国家组成的一体化组织，也是拉美最有活力的区域经济一体化组织之一，更是世界贸易的重要组成部分。

巴西、俄罗斯、印度和中国（金砖四国）之间的非正式协作于 2006 年开始，2011 年，南非成为该集团的一部分，五国之间以峰会的形式开展活动。2019 年，巴西以"经济增长促进创新未来"为座右铭，担任金砖国家轮值主席。五国在科学、技术和创新、数字经济、卫生、打击跨国犯罪的合作以及私营部门与新开发银行之间等领域的举措被列为优先事项。巴西轮值主席全年组织了 100 多次会议，包括 16 次部长级会议。五位国家元首和政府首脑出席了 2019 年 11 月 13—14 日举行的巴西利亚峰会。

三、安哥拉参与区域组织与国际组织情况

安哥拉是葡语国家共同体（CPLP）成员，除了在非洲联盟（AU）内部发挥着重要的作用外，还是南部非洲发展共同体（SADC）、中非国家经济共同体（CEEAC）、几内亚湾区域组织的成员。但是，有迹象表明，安哥拉在这些区域组织中的融合程度较低。根据非洲开发银行（AFDB）、非洲联盟委员会和非洲经济委员会统计的非洲一体化指数，安哥拉和区域合作伙伴的关系较为疏远。

安哥拉是世界贸易组织成员。其参与的国际组织还有：联合国粮食及农业组织、77 国集团、国际原子能机构、国际复兴开发银行、国际民航组织、国际放射性核素计量委员会、国际开发协会、国际农业发展基金、国际金融组织、国际红十字及红新月运动、国际劳工组织、国际航海组织、国际刑警组织、国际奥委会、国际移民组织、各国议会联盟、国际通信卫星组织、国际电信同盟、国际贸易联盟、多边投资担保机构、不结盟运

动、美洲国家组织、联合国贸易发展会议、联合国工业发展组织、世界旅游组织、万国邮政联盟、世界海关组织、世界劳务组织、世界知识产权组织、世界气象组织等。

安哥拉前外长乔治斯·希科蒂（Georges Chikoti）成功当选非洲、加勒比和太平洋地区国家集团（ACP）秘书长，安将在 2022 年主办第十届非洲、加勒比和太平洋地区国家集团首脑峰会。

安哥拉于 1989 年 9 月 19 日加入国际货币基金组织（IMF），目前在 IMF 已经获得 7.401 亿美元特别提款权。在 IMF 的帮助下，安哥拉的经济呈现复苏形势，并逐步进行经济计划的制定。近期国际货币基金组织在安哥拉的工作情况及资金支持情况：2021 年 6 月 9 日，国际货币基金组织执行董事会完成对安哥拉延长基金安排的第五次审查，并批准支付 7.72 亿美元，继续帮助安哥拉减轻新冠肺炎疫情的冲击，继续进行有利的财政调整。2021 年 12 月 22 日，国际货币基金组织执行董事会完成对安哥拉延长基金安排的第六次审查并结束 2021 年第四条磋商。基金组织执行董事会的决定允许立即向安哥拉支付约 7.48 亿美元，用以帮助安哥拉实现非石油行业的经济复苏，同时促进私人投资和贸易开放，发展人力资本和基础设施，为农业、电信和金融等重点经济部门的更快发展创造条件。

安哥拉于 2007 年 1 月加入欧佩克。石油输出国组织（Organization of the Petroleum Exporting Countries，简称欧佩克）是一个由 13 个国家组成的政府间国际组织，成立于 1960 年 9 月 14 日。成员国包括：阿尔及利亚、安哥拉、赤道几内亚、加蓬、伊朗、伊拉克、科威特、利比亚、尼日利亚、刚果共和国、沙特阿拉伯、阿联酋和委内瑞拉。截至 2019 年，欧佩克的石油产量占全球产量的 38%、全球探明石油储量的 71.8%，对全球原油价格产生重大影响。2021 年，安哥拉接任阿尔及利亚成为欧佩克轮值主席国。

欧佩克的使命：协调统一成员国的石油政策与价格，确保石油市场的稳定，以确保为石油消费国提供有效、经济而稳定的石油供应，为产油国提供适度的尊重和稳定的收入，为石油业投资人提供公平的回报。

从石油资源来看，安哥拉始终浮动保持在非洲前三大石油生产国的地位，石油部门也是该国经济增长的主要推动部门。石油生产及其配套活动占该国国内生产总值的 50% 左右，出口额的 89% 左右。目前，安哥拉的石油产量呈下降趋势，安哥拉总统若昂·洛伦索（João Lourenço）在国情咨文中表示，正在努力通过迅速实施石油和天然气领域批准的新立法来扭转石油行业的下滑趋势。

四、莫桑比克参与区域组织与国际组织情况

莫桑比克奉行"广交友，不树敌"的独立、不结盟外交政策，主张在相互尊重主权和领土完整、平等、互不干涉内政和互利的原则基础上，与其他国家发展友好合作关系。莫桑比克重视睦邻友好和地区经济合作；主张通过谈判解决国家之间的争端；支持在非洲联盟内部建立预防和解决冲突的机制，支持全面裁军的原则；主张南南合作，要求建立国际政治、经济新秩序；强调外交工作的宗旨是为国家发展和安全服务，重视经济外交。莫桑比克是联合国、世界贸易组织、世界海关组织、南部非洲发展共同体、不结盟运动、英联邦、伊斯兰会议组织、环印度洋地区合作联盟、葡语国家共同体和非洲联盟成员国。

环印度洋联盟（IORA），最初被称为环印度洋设想或环印度洋地区合作联盟，是印度洋沿岸 18 个国家所组成的国际组织，属于政府间国际组织。它最初于 1997 年 3 月在毛里求斯成立。该联盟发布关于贸易和投资状况的信息，以帮助环印度洋地区的企业界更好地了解本地区内的贸易和投资障碍。这些信息的交换是为了拓展区域内贸易。[①] 组织目标为：促进该地区和成员国经济持续增长与平衡发展；把为发展和利益共享提供极大的机会的经济合作地区集中起来；促进经济自由化，去除自由障碍和贸易壁垒，增强环印度洋地区的商品、服务、投资和技术流动。

不结盟运动是一个拥有 120 个成员国和 17 个观察员国的松散国际组织。它成立于冷战时期，其成员国奉行独立自主的外交政策，不与美国和苏联两个超级大国中的任何一个结盟。联合国中有三分之二的会员是该组织的成员国，全球约 55% 的人口生活在不结盟运动国家。不结盟运动奉行独立、自主和非集团的宗旨及原则，支持各国人民维护民族独立、捍卫国

---

① 中国外交部网站. https://www.fmprc.gov.cn.

家主权以及发展民族经济和民族文化的斗争，坚持反对帝国主义、新老殖民主义、种族主义和一切形式的外来统治与霸权主义，呼吁发展中国家加强团结，主张国际关系民主化和建立国际政治经济新秩序。

不结盟运动不设总部，无常设机构，无成文章程。通常每3年举行一次首脑会议和部长级会议。协调局由1973年第四次首脑会议决定成立，主要协调各国在联合国内的立场，一般来说，每月在纽约召开一次会议，也可以根据需要随时召开会议。不结盟运动各种会议均采取协商一致原则。遇有不同意见，各成员国可用书面形式向主席国正式提出保留，以示不受有关决议或文件的约束。

英联邦（Commonwealth of Nations）是一个国际组织，由53个独立主权国家（包括属地）组成，成员大多为前英国殖民地或者保护国，现任英联邦元首伊丽莎白二世女王身兼包括英国在内的16个英联邦王国的国家元首，此16国构成了一个现代版的共主邦联。

伊斯兰会议组织是伊斯兰国家政府级的区域性政治组织，简称伊斯兰会议。秘书处设于沙特阿拉伯的吉达。最高权力机构为伊斯兰国家首脑会议。每个会员国都确信，他们共同的信仰构成了伊斯兰人民互相接触和团结的强有力因素。

伊斯兰会议组织的宗旨是：为促进各成员国之间的团结，加强他们在经济、社会、文化、科学等方面的合作；努力消除种族隔离和种族歧视，反对一切形式的殖民主义；支持巴勒斯坦人民恢复其民族权利和重返家园的斗争；支持所有穆斯林人民保障其尊严、独立和民族权利的斗争。

组织结构包括：①首脑会议。国家元首和政府首脑会议，最高权力机构，也称伊斯兰国家首脑会议，不定期举行。②外长会议。每年分别在一个成员国举行一次。③常设秘书处。设在吉达。另还设有伊斯兰开发银行、伊斯兰团结基金会、伊斯兰通讯社和世界伊斯兰教育中心、耶路撒冷委员会、伊斯兰和平委员会、伊斯兰经贸、科技合作等常设委员会、伊斯兰法庭和伊斯兰发展基金会等机构。

五、佛得角参与区域组织与国际组织情况

在联合国驻佛得角办事处和其他发展伙伴的大力支持下，佛得角当局

提出了《2017—2021 年可持续发展战略计划》（PEDS）。此计划是参与性进程的结果，为佛得角的可持续发展奠定了基础，为所有人建设一个更美好的未来。该计划与 2030 年议程原则和可持续发展目标方向一致。

新的佛得角联合国发展援助框架（联发援框架）有效期为 2018—2022 年，旨在实现 2030 年可持续发展议程愿景。

佛得角于 1996 年 7 月 17 日加入葡语国家共同体，为创始国之一。强调葡语国家间"共同文化属性"，主张成员国间加强政治、外交、经济和社会方面的合作。（共同公民身份是共同体内一个有争议的话题。2017 年峰会上，葡萄牙和佛得角向巴西提议加强成员国之间的迁徙自由。但该提案被认为与申根区的政策有冲突，因为葡萄牙是欧盟及申根区的成员国。但也有人认为，共同体可以通过简化居住权申请手续、互认学历、专业技能以及社保来建设共同公民身份。2021 年峰会上，共同体就促进成员国间公民迁徙自由，计划推出四类出入境方案：短居、暂居、长居签证及永久居留权。）

佛得角是非洲联盟的成员国。非洲联盟是一个由 55 个非洲国家组成的区域性国际组织，集政治、经济和军事于一体来整合全非洲的政治实体。非洲联盟于未来有计划统一使用货币、联合防御力量，以及成立跨国家的机关，包括一个管理非洲联盟的内阁政府。此联盟的主要目的是帮助发展及稳固非洲的民主、人权及建立永续发展的经济，除此之外，亦希望减少非洲内部的武装战乱及创造一个有效的共同市场，最终目标是建立"非洲合众国"。

佛得角也加入了非洲农业发展综合计划。非洲农业发展综合计划（CAADP）[①] 是《2063 年议程》下的框架之一，旨在通过以农业为主导的发展促进经济增长，促进增加对农业部门的国家预算拨款，帮助非洲国家消除饥饿和减少贫困。

西非国家经济共同体（简称"西共体"）是西非的一个区域性经济合作组织，1975 年 5 月 28 日，16 个国家在尼日利亚拉各斯共同签订《西非

---

① 非盟官方网站. https://au.int/en；非盟发展署网站. https://www.nepad.org/countries/cape-verde.

国家经济共同体条约》后，成立该组织，总部设在尼日利亚首都阿布贾。西共体的宗旨为促进西非地区国家的经济一体化，推动成员国经济、社会和文化上的发展与合作。

佛得角于 1976 年加入西共体，积极参加西共体首脑会议。该会议由成员国国家元首和政府首脑组成，原则上每年至少召开一次例会；部长理事会由各成员国外交部长和另一位部长组成，每年至少举行两次会议，负责监督西共体机构运转情况；审查并通过委员会和专门委员会的建议。下设 8 个技术和专门委员会，负责为部长理事会准备工作报告，监督条约执行等。

西共体投资和开发银行于 2003 年成立，总部位于多哥首都洛美。主要职能是制定区域投资政策，向西共体和非洲发展新伙伴计划项目提供资金。采用控股公司形式，总资本 7.5 亿美元，其中三分之二资金由成员国按比例分摊，其余部分向非成员国和国际金融机构招股。下设西共体地区投资银行和西共体地区发展基金，主要向公共和私营部门发放贷款。[1]

统一货币"艾克"：2021 年西共体国家宣布将于 2027 年发行统一货币"艾克"（ECO）。按照计划，各国将用 5 年时间适应未来地区经济形势，推动各自相关经济指标"达标"。尽管外部阻力大，未来道路曲折，但是西非国家已经表明了坚定走一体化道路的决心，西共体国家统一货币步伐难挡。

人员流通情况：1978 年，西共体各成员实行"人员自由流动"政策，取消签证及居住证的申请，区域内公民除申请移民须按有关规定办理外，在 90 天内到其他成员国居住、过境而无需出示签证。2002 年，西共体统一护照样本已通过大多数国家的批准，正朝着西欧申根签证的模式发展推进。从 2004 年 1 月开始，"西共体护照"开始在成员国内向公民全面颁发。该护照有普通、公务和外交 3 种。这一举措使西非地区成为非洲大陆目前唯一的公民可自由流动的地区。但是，在具体实施过程中仍存在问题，各成员国设立了众多的边防检查哨且行政手续繁杂，给入境、过境的它国公

---

[1]　中国外交部网站. https://www.fmprc.gov.cn.

民增添了许多障碍。①

六、几内亚比绍参与区域组织与国际组织情况

目前，几内亚比绍以成员国的身份参与到法语国家组织的活动之中，国内约有 15% 的人口可以运用法语进行交流。

法语国家及地区国际组织（International Organization of La Francophonie），简称法语国家组织，又译为法语圈国际组织，是以法语作为主要语言（官方语言/第一语言/第一外语）、或受法国文化显著影响的国家地区所共同组成的国际组织。该组织创立于 1970 年，总部设于法国巴黎。截至 2021 年，有 54 个成员国或地区、7 个准会员国或地区、27 个观察员国或地区，共 88 个国家和政府成员，超过联合国成员数量的三分之一，覆盖了五大洲超过 9 亿人口。

几内亚比绍于 1974 年加入伊斯兰合作组织，穆斯林总数占几内亚比绍人口总数的 50%。伊斯兰合作组织（Organisation of Islamic Cooperation）是一个伊斯兰世界的政府间国际组织，为联合国大会观察员，成立于 1969 年。该组织由遍及西亚（中东）、中亚、西非、北非、印度次大陆和东南亚的 57 个国家组成，覆盖的人口约为 16 亿。伊斯兰合作组织宗旨：促进各成员国之间在经济、社会、文化和科学等方面的合作；努力消除种族隔离和种族歧视，反对一切形式的殖民主义；支持巴勒斯坦人民恢复民族权利和重返家园的斗争；支持穆斯林保障其尊严、独立和民族权利的斗争。

几内亚比绍是萨赫勒—撒哈拉国家共同体（Community of Sahel – Saharan States，简称 CEN – SAD）成员国，该共同体成立于 1998 年 2 月 4 日。成员国还包括：贝宁、布基纳法索、中非共和国、乍得、科摩罗、科特迪瓦、吉布提、埃及、厄立特里亚、冈比亚、加纳、利比亚、马里、毛里塔尼亚、摩洛哥、尼日尔、尼日利亚、塞内加尔、塞拉利昂、索马里、苏丹、多哥、突尼斯。该组织宗旨：加强成员国间的政治和经济合作，维护地区安全，促进地区一体化建设。组织目标：在实施社区发展计划的基

---

① 中国商务部网站. http://ng.mofcom.gov.cn.

础上建立一个全球经济联盟，该计划是对成员国地方发展计划的补充，包括社会经济持续发展的各个领域，如农业、工业、能源、社会、文化、卫生等。

几内亚比绍自 1997 年 3 月加入西非经济货币联盟后，西非国家中央银行（BCEAO）成为几内亚比绍的中央银行，是执行独立货币政策（不受几内亚比绍政府影响）的金融机构。西非经济货币联盟（UEMOA）是西非国家的经济货币地区组织，成立于 1994 年 1 月 10 日，其前身是"西非货币联盟"。西非经济货币联盟的宗旨是促进成员国之间的人员、物资、资金流通，最终建立西非共同体。西非经济货币联盟的成员国共有 8 个：贝宁、布基纳法索、科特迪瓦、马里、尼日尔、塞内加尔、多哥、几内亚比绍。

七、东帝汶参与区域组织与国际组织情况

东帝汶政府官方网站显示，东帝汶参与了众多国际组织，共有 19 个国际组织在当地设置办事处，其中包括：联合国、世界银行、国际货币基金组织、世界卫生组织、联合国难民署、联合国开发计划署、联合国粮食及农业组织、联合国儿童基金会、美国国际开发署、葡萄牙语国家共同体、东南亚国际联盟、亚洲基础设施投资银行等。

自 2020 年东帝汶加入世界卫生组织以来，世界卫生组织高度重视东帝汶的医疗卫生水平发展，包括疾病数据的收集通报、疫苗及个人防护设备捐赠、妇女儿童健康水平提升等多项工作，并产生了众多积极成果。根据 2022—2023 年世界卫生组织摊款通知，世界卫生组织将在接下来两年内每年向东帝汶拨款 9,570 美元，用于当地医疗保健水平提升。

2017 年，东帝汶被正式批准为亚投行的成员。亚投行在东帝汶开展的项目取得了经济、环境和社会多方面成效。2019 年，亚投行的融资伙伴在东帝汶推出 Lightsmith 项目，利用太阳能技术从空气中收集水分并将其转化为饮用水，为企业和社区推广新技术的创造机会，以更好地抵御恶劣天气并从气候灾难中恢复过来。[①]

---

① Lightsmith 项目基金. https://www.aiib.org/en/news-events/media-center/blog/2021/Water-from-Air-Climate-Resilience-with-Lightsmith.html.

八、圣多美和普林西比参与区域组织与国际组织情况

圣多美和普林西比是葡萄牙语国家共同体（CPLP）成员国，将在 2023—2025 年期间担任葡萄牙语国家共同体（CPLP）的轮值主席国。该方案是由几内亚比绍提出的。

圣多美和普林西比是世界上人均接受外援最多的国家之一，90% 以上的发展资金依靠外援。援助主要来自中国、葡萄牙、法国、荷兰、德国、美国、日本、安哥拉等国家以及非洲开发银行、欧盟、世界银行、国际货币基金组织、联合国开发计划署、联合国粮农组织和全球基金等。[①]

圣多美和普林西比是中部非洲国家经济共同体（ECCAS，简称中共体）成员国，该共同体创立于 1985 年，总部位于加蓬首都利伯维尔，工作语言为法语和葡语。1983 年 10 月 18 日，中部非洲国家元首和政府首脑在加蓬首都利伯维尔签署成立"中部非洲国家经济共同体"条约。该组织的宗旨是促进和加强成员国间的协调、合作与均衡发展，提高在经济和社会各领域的自主能力，改善人民生活水平，保持经济稳定发展，巩固和平，为非洲的进步与发展作贡献。主要目标是取消成员国之间的关税和各种贸易壁垒，制定共同的对外贸易政策，建立共同的对外贸易关税率；协调各成员国的国内政策，逐步取消在人员、财产、劳务、资金等方面自由流动的障碍；建立合作和发展基金，促进内陆、小岛和半岛欠发达国家的发展。2020 年 11 月，中共体第 18 届峰会在加蓬首都利伯维尔召开。会议审议并通过《共同体 2021—2025 年中期战略规划》和《2021 年优先行动计划》，一致同意加快地区关税同盟和共同市场建设，推动一体化进程。会议发表了关于中非共和国政治和安全形势的声明，重申支持中非和平选举进程。[②]

九、赤道几内亚参与区域组织与国际组织情况

赤道几内亚奉行不结盟、睦邻友好和多元化的外交政策。主张在和平

---

① 中国商务部网站. http://www.mofcom.gov.cn.
② 中国商务部网站. https://www.mofcom.gov.cn.

共处、平等互利的基础上加强与各国的友好合作关系；反对霸权主义和强权政治，要求建立国际政治经济新秩序；反对外国势力干涉非洲国家内部事务，主张非洲国家制定共同战略，争取正常的发展环境；反对西方借人权问题干涉别国内政；积极参与国际和地区事务。赤道几内亚是非洲联盟、中部非洲国家经济共同体和中部非洲经济与货币共同体成员。2014 年 7 月 23 日，在东帝汶举行的第十届葡语国家共同体首脑会议上，赤道几内亚被正式接纳为成员国，成为该组织的第九个成员国。2017 年 5 月，赤道几内亚正式加入石油输出国组织（OPEC）。同年 6 月，赤道几内亚当选 2018—2019 年度联合国非常任理事国。

第五节　创新创业共同体的落地模式与政策建议

在新冠肺炎疫情冲击下，以互联网为代表的数字技术、人工智能技术成为这次"战疫"不可或缺的利器，也成为经济社会的稳定器和复工复产的加速器。人工智能高速发展之后，对人类就业方式、合作模式必然产生深刻影响。前一阶段新冠肺炎疫情期间已经出现共享员工，共享经济也催生了新的就业模式，更多的斜杠化生存状态更会比比皆是。人工智能是驱动力，疫情是催化剂，它们将改变多个行业，也将改变我们的合作方式和生活方式。除了远程医疗、停课不停学、远程办公、无接触服务、应急体系、治理体系等，AI 主战场大幕正在开启。AI 还将"解锁"产业智能化、协同的生态体系构建等更多场景。当更多的人被连接互动时，人工智能及其生态带来的乘数效应、协同效应会进一步增强，新的动能、新的红利正在产生。社会、全球合作体系被"再结构化"。疫情后，关系、模式将被重建，机制、规则将被重塑，大数据作为未来战略，新基建作为面向未来的基础设施、基于 AI 的协同生态构建将提上重要日程。

葡语国家结合本国的发展现状和地理优势，制定了本国的发展战略。例如，葡萄牙政府从 2019 年开始实施 2030 年投资计划战略，重点发展结构性基础设施，促进经济增长；巴西提出了"投资伙伴计划"，旨在吸引更多外资到巴西投资建设；东帝汶充分发挥连接亚洲、澳大利亚和南太平洋岛国的优势，积极实施国家发展战略，推进经济多元化，加大基础设施建设；佛得角政府出台了《2017—2021年可持续发展战略计划》，充分发挥佛得角在地理位置及地缘经济上的优势，积极响应并融入全球经济体系等。

后疫情时代的经济性"常态"下，如何促进经济的包容性、可持续发展，如何催生更多的创新型小微企业，创造更多的就业岗位，是各国需要关注的问题。根据国际大学创新联盟（IUIA）的大量实践，建议实施"平台跨海"和"阵地前移"的跨境合作战略，构建"四位一体金字塔"共同体，如图4.8所示。

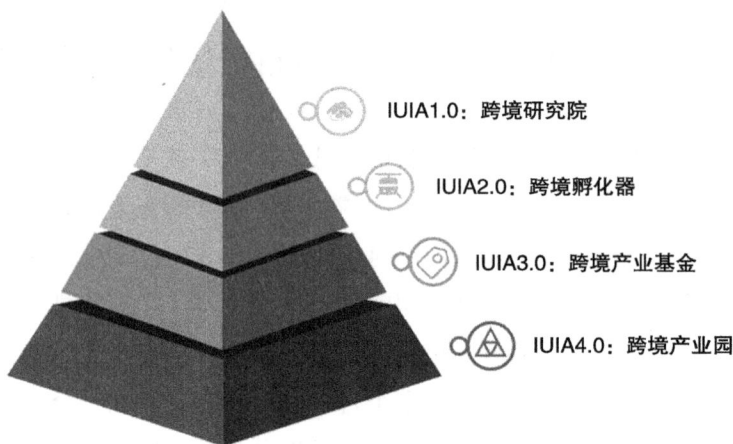

IUIA1.0：跨境研究院

IUIA2.0：跨境孵化器

IUIA3.0：跨境产业基金

IUIA4.0：跨境产业园

图4.8　共同体"四位一体"金字塔

在新的发展时期，为应对全球危机，培育战略性新兴产业和世界级品牌企业不再是增长数量和扩大规模的事情，而是涉及产业升级、结构调整和战略选择的关键性跨越。我们需要以构建跨境创新创业共同体为指导，建立起支撑产业战略规划和品牌企业发展远景的决策支持体系，以客观、全面和精准的信息支持项目的搜索、评估与甄选，以完善的后续服务保障目标项目的接洽、落户和区域的关联性嵌入。关键是实施以人才和技术为核心的地图战略（Strategy Map），根据共同体战略规划和发展需求定制化绘制出目标图系。

一、战略地图

战略地图描绘了共同体各国发展所重点关注的产业和技术在全球的分布与趋势，解构出细分技术领域的关联图谱，结合大学、企业和区域现有产业分析出亟需引入的人才和关键技术，并能够根据需求实现全球范围的产业与技术搜索，最终锁定潜在目标技术和人才。战略地图的内涵具体体现在 3 个方面：第一，战略地图是构建创新创业共同体的必然选择，是服务企业和发展未来产业的愿景图，展现了政府、企业、大学或科研机构等利益相关者对未来发展的构想，是创新技术、创新人才、创新资本和创新市场等要素在全球平台上集结与融合的结果。第二，战略地图是精准化招商的技术方案，它提供了全面性的产业与技术信息情报，为战略性新兴产业与核心技术的战略需求提供了确认、评估及选择策略的完整方案。第三，战略地图是科学招商的过程管理工具，它能够捕捉到未来新兴产业与核心技术的发展趋势，识别品牌企业和新兴产业未来成功发展所需要的关键环节，并帮助搜索、对接和引进这些关键要素。

战略地图主要包括大学人才地图（Strategy Map for University Talent，简称 SMUT）、企业竞争地图（Strategy Map for Company Competition，简称 SMCC）和产业招商地图（Strategy Map for Industry Investment，简称 SMII）。"图行世界、图胜天下"，基于核心技术专利分析和新兴产业投资分析的地图战略，在进行企业和产业要素全球扫描的基础上，从创新技术、创新人才、创新资本和创新市场 4 个维度，构建出 KMI（Key Map Indicators）指标体系，绘制出战略地图。然后进行关键招商流程的设计，在此基础上进行基准招商（标杆招商），从创新技术、创新人才、创新资本、创新市场四个维度，整合全球的资源，搭建全球性的平台，疏通全球招商的网络。具体措施包括以下几个方面。

（一）大学人才地图

人才是创新创业共同体的核心。实施"大学人才地图"战略，探索全球性的大学人才合作交流与培养机制，尽快联合培养一批创新创业的国际化人才，是保证创新创业共同体成功的关键。虽然国际格局深入调整，但创新资源，尤其是人才资源仍是最具流动性的。在真正的尖端创新领域，只有依托一流大学平台汇集全球顶尖人才，才能实现突破。

关于中国的大学在人才培养方面的作用，2021年9月，国家主席习近平在中央人才工作会议上指出："我国拥有世界上规模最大的高等教育体系，有各项事业发展的广阔舞台，完全能够源源不断培养造就出大批优秀人才，完全能够培养出大师。"高校特别是"双一流"大学要发挥培养基础研究人才主力军作用，全方位谋划基础学科人才培养，建设一批基础学科培养基地，培养高水平复合型人才。要制定实施基础研究人才专项，长期稳定支持一批在自然科学领域取得突出成绩且具有明显创新潜力的青年人才。要培养造就大批哲学家、社会科学家、文学艺术家等各方面人才。要加强人才国际交流。要建立以信任为基础的人才使用机制，允许失败、宽容失败，鼓励科技领军人才挂帅出征。要为各类人才搭建干事创业的平台，构建充分体现知识、技术等创新要素价值的收益分配机制，让事业激励人才，让人才成就事业。

国家主席习近平强调，加快建设世界重要人才中心和创新高地，必须把握战略主动，做好顶层设计和战略谋划。目标是：到2025年，全社会研发经费投入大幅增长，科技创新主力军队伍建设取得重要进展，顶尖科学家集聚水平明显提高，人才自主培养能力不断增强，在关键核心技术领域拥有一大批战略科技人才、一流科技领军人才和创新团队；到2030年，适应高质量发展的人才制度体系基本形成，创新人才自主培养能力显著提升，对世界优秀人才的吸引力明显增强，在主要科技领域有一批领跑者，在新兴前沿交叉领域有一批开拓者；到2035年，形成我国在诸多领域人才竞争比较优势，国家战略科技力量和高水平人才队伍位居世界前列。

（二）企业竞争地图

企业是创新创业共同体的主体。企业竞争地图可以描绘出品牌企业的技术在全球的分布图，确定核心专利技术的所属企业或所属机构，统计出该项核心技术被引用的次数，专利权是否在保护期，专利权人的现状等有价值的信息，将这些信息进行汇总，就可以描绘出该企业的潜在的招商目标或合作伙伴的详细分布地图，然后按照科学的方法进行招商。

要尽快培育一批具有国际竞争力的世界级名牌企业,实施"走出去、走进去、走上去"的国际化战略。企业的"走出去战略",不仅可以实现资源的优势整合,扩大市场,更可以从国际竞争中不断提升自己的竞争能力。企业"走出去"的方式千差万别,可以采取多种形式,实现从小作坊式的简单出口到打造具有国际实力的跨国一流企业。企业"走上去"就是成为当地的主流品牌。当前,企业的竞争已经从制造转向技术研发,从专利提升到行业标准的设定,而品牌也成为企业资产与竞争力的核心体现。

(三) 产业招商地图

产业招商地图是在摸清本国和本地区产业优势及产业缺失的情况下,根据国家战略布局、区域产业发展以及重点企业成长的需求,定制化绘制出潜在的招商目标图系。它描绘了区域发展所重点关注的产业和核心技术在全球的分布趋势与投资趋势,解构出细分技术领域的关联图谱,结合区域现有产业基础与优势,分析出亟需解决的关键技术瓶颈和所需引入的配套或互补性产业环节,并能够根据需求实现全球范围的产业技术与投资资本的对接。

实施产业招商地图计划旨在建立科学化的招商决策过程,实现招商工作从分散化粗放招商向专业化集约招商转变,从地毯式招商向目标明确的精准地图式招商转变,从单独招商模式转变为国际共建招商模式,从点线式招商转变为网络式招商。具体到一个地区而言,通过产业招商地图,可以描绘出本地区优势产业在全球的分布图,确定出重点招商区域和机构,有针对性地进行定向合作和国际共建,从而在区域内打造一个具有突出优势和国际影响力的产业品牌。

比如各个国家高新区实施产业招商地图计划而发展起来的品牌产业成效显著。北京中关村的下一代互联网、上海张江的集成电路、湖北武汉东湖的光通信、广州深圳的通信设备、浙江杭州的安防设备等千亿级创新型产业集群已经具备国际竞争力,在关键前沿技术开发、重大产品与装备制造、国际技术标准创制等方面涌现出一大批高端技术和产品。人工智能、大数据、区块链、北斗导航、新能源汽车、网络直播等新产业、新业态在国家高新区、自创区不断涌现。数字支付、无人驾驶、量子通信、5G技术及标准、生物疫苗、纳米材料和印制、钠离子电池技术和应用等方面相继获得重要突破，开辟了产业发展新方向。

产业招商地图有助于把握当前全球科技、经济与产业的动态特征，能够向政府和产业传递重要的产业与技术信息，为国家产业规划和地方科学招商决策提供具有直接操作性的有效支持。因此，实施产业招商地图计划对于培育战略性新兴产业，提升产业竞争力具有重要的现实意义。

第一，有利于加快产业升级和调整。通过有针对性地引入具有国际竞争力的国外人才、技术和项目以及具有高技术、高附加值的高端产业与技术环节，产业招商地图计划能够快速带动产业结构的升级转型，提升战略性新兴产业在国际价值链中的竞争地位。

第二，有利于促进区域产业升级和集群创新。基于对区域产业的战略关联性分析进行招商，产业招商地图计划能够有计划、有步骤地填补产业链缺失环节，前瞻性地部署战略性关键环节，强化相关企业的关联互动，带动区域产业链上下游的升级发展和协同创新。

第三，有利于加强自主创新能力建设。实施产业招商地图计划可以实现以自主优势技术为基础和架构来遴选引进技术，避免了成套引进所带来的核心技术锁定和对引进技术依赖的问题，有利于提升对引进技术的消化、吸收和再创新能力，实现自主技术在开放创新中的跨越式发展。

第四，有利于促进区域之间协调发展。产业招商地图计划能够深入挖掘不同地区的资源禀赋和产业基础优势，并综合考虑相邻区域确定细化的产业发展方向，精准标定产业招商目标，有利于形成区域之间细化分工布局和互补式发展格局，从而为促进区域资源优化整合及跨区域合作奠定基础。

第五，有利于提升招商过程的谈判地位。产业招商地图计划能够清晰描绘潜在招商目标的产业与技术特征，协助评估引入项目的价值与意义，并分析产业优势与其互补性和关联性，能更有效地结合区域优势与需求来甄选招商项目，解决了盲目"招大引强"付出高昂招商成本（包括土地、资金等）的问题。

二、中国—葡语国家创新创业共同体的落地模式

目前，中国与葡语国家的合作以双边合作为主，多边合作为辅；以政府间沟通为主，地方和民间交流较少；传统的、单向的贸易与投资合作较多，跨境电子商务等贸易新业态、新模式合作较少。传统的合作渠道和沟通方式已无法满足中国与葡语国家合作深入开展的要求。

依托"一带一路"倡议的合作基础和成果，中国与葡语国家发展战略对接，发挥各自优势和专长，将合作领域由经贸、基础设施建设、能源等方面拓宽到法律、金融、保险、科技、海洋、旅游、健康等领域，将合作项目拓展到数字经济、人工智能、智能网联与自动驾驶、生命科学与脑科学、纳米技术与新材料、量子计算机等前沿领域，共同打造着眼未来竞争力的新技术、新产业、新业态、新模式。

中国—葡语国家创新创业共同体的落地模式，可以借鉴施瓦布教授《后疫情时代大重构》一书中的建议：未来经济增长的方向和质量非常重要，要在发展绿色经济的基础上，重点关注创造就业的高增长领域，如护理和个人服务、教育、健康，这3个领域不仅本身具有创造就业的潜力，而且能在平等、社会流动和包容性增长方面创造长远效益，并共同形成乘数效应。

(一) 建设"葡语+汉语+专业"的特色教育慕课平台

2019年11月，联合国正式批准自2020年起将每年的5月5日定为世界葡语日。葡语地域分布广泛，遍布四大洲，全球共有超过2亿人将葡语作为母语使用。截至2019年，中国内地已有40余所高校开设了葡萄牙语专业，葡语教育包含专科、本科、硕士、博士等不同层次。

孔子学院作为推广汉语和传播中国文化的机构，不仅为葡语国家的汉语学习者提供规范、权威的汉语教学渠道，而且为葡语国家人民了解中国语言文化提供了平台。从2005年12月葡萄牙米尼奥大学孔子学院成立开始，已经建成了遍及8个葡语国家和地区的21所孔子学院、6所独立孔子课堂。这些孔子学院中有中外大学合作共建的普通孔子学院，也有三校合作建立的两所中医孔子学院（葡萄牙科英布拉大学、巴西戈亚斯联邦大

学)，同时还有中资企业投资建立的安哥拉内图大学孔子学院及澳门大学单独建立的针对在澳门的外国人学习汉语的孔子学院。

与中国内地开展交流的葡语国家高校主要集中在葡萄牙和巴西，与此同时，中国内地高校教授的葡萄牙语主要为欧葡和巴葡，葡萄牙语专业的外籍教师也都来自葡萄牙和巴西这两个国家。佛得角与圣多美和普林西比分别有 1 所高校与中国内地高校保持合作，而其他诸如安哥拉、莫桑比克、几内亚比绍、东帝汶等葡语国家，还未能与中国内地高校建立往来合作。

双边学生交流形式片面化问题具体表现在：葡萄牙语专业的学生参与比例远高于非葡萄牙语专业的学生，分别占比 91% 和 16%。学生的交流层次普遍集中在本科生交流，缺乏研究生交流，其中本科生交流占比 73%，硕士研究生交流比例为 23%，博士研究生的交流还未实现零的突破。

要统筹规划葡语国家来华留学生的学科专业，集中优势资源，做强特色学科专业，吸纳他们在这些学科进行专业学习，使他们来华学得好，回国用得上。提高来华留学教育质量的关键是高校能够提供质量优、数量足的专业教育课程。为此，高校应充分利用现代信息技术，线上线下结合，开发出"葡语+汉语+特色专业"课程体系和学位课程，以优质的教育资源和教育服务，打造来华留学生教育品牌课程、品牌专业。

建议高校参考中国教育部的慕课国际平台经验，建设"葡语+汉语+专业"的特色教育慕课平台。

2017 年以来，中国教育部连续推出国家级精品慕课、国家级虚拟仿真实验项目。在通盘考虑以往建设的基础上，启动高校在线教学英文版国际平台建设项目，于新冠肺炎疫情期间传播和推广了一系列代表中国水平、中国质量的英文版国际平台和课程资源。国际平台建设由教育部高等教育司主办，"爱课程"和"学堂在线"成为首批入选平台，两个平台汇聚了优质课程，全力支持世界各国大学生进行在线学习，同步提供多样化的教学指导与学习服务。此外，教育部还成立了平台和课程建设委员会及专家顾问组，通过审定课程标准和技术规范、开展咨询服务等方式指导平台的运行管理工作。

在此过程中，国际平台建设始终遵循 5 个入门标准，从访问、界面、服务、功能和技术 5 个方面严把质量关，确保平台建设契合时代需求、满足国际标准、服务多样群体（见图 4.9）。

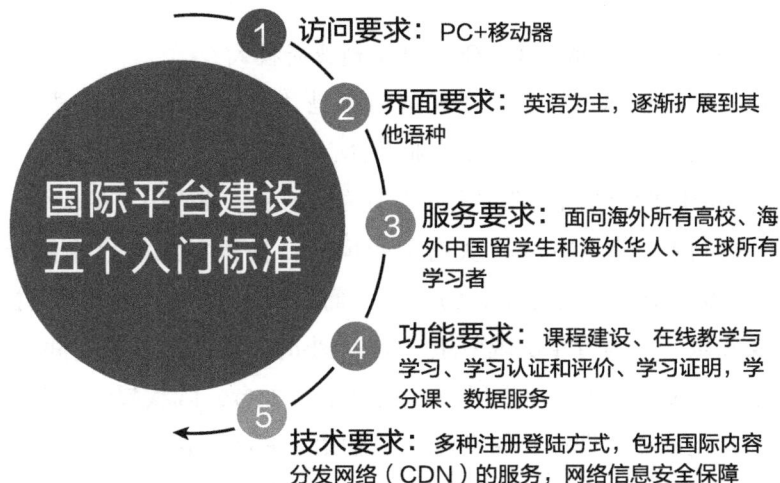

图 4.9　国际平台建设入门标准

此外，国际课程建设也始终遵照五大基本要求，从内容、设计、传播、纪律和语言 5 个方面制定全流程基本规范，保障内容建设的系统性、科学性、开放性、共享性和规范性（见图 4.10）。

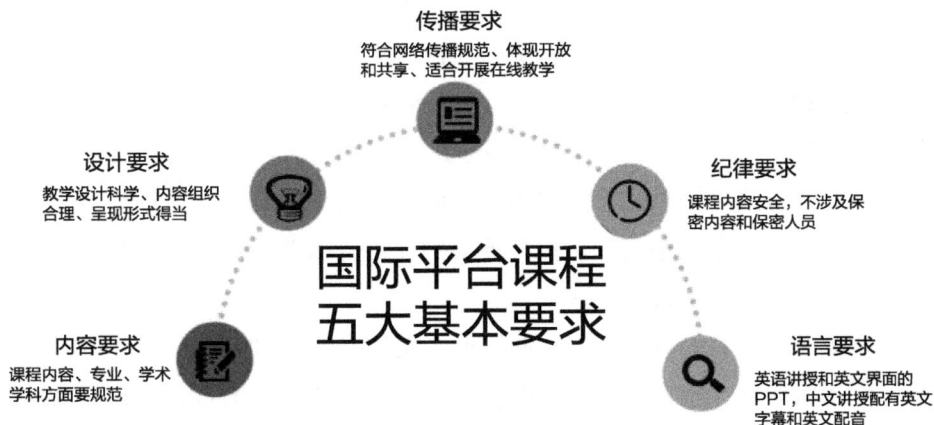

图 4.10　国际平台课程基本要求

（二）依托中国和葡语国家的大学建设一批"梦想空间"创业咖啡和技术经纪人中心

1. 创建中国—葡语国家 PCCP 创新创业新模式

咖啡是葡语国家的特色产品，同时也是"国际通用的创业语言"。建议以容易启动的咖啡厅为创业和就业载体，充分利用已经开设葡萄牙语教育的 40 多所中国大学以及建立孔子学院的 20 多个葡语国家的大学，在这 60 多所大学内，借鉴中国的众创空间模式，将青年人的"中国梦"与"葡语国家梦"紧密结合起来，为中国—葡语国家大学生和青年人提供创业咖啡交流空间，为青年实现梦想打造 24 小时开放的"梦想空间"。依托"梦想空间"共建全球大学生区块链共享学习平台，既教授语言和专业课程，也教授创新创业课程，探索建立"葡语（Português）+咖啡（Coffee）+汉语（Chinese）+项目（Project）"的 PCCP 创新创业新模式。可以探索在澳门先行试点，建设中国—葡语国家青年创业咖啡梦想空间，引进清华大学创业协会、中关村创业大街知岛咖啡等专业创业机构和运营机构，举办中国—葡语国家青年创新创业大赛，筛选优秀创业项目，同时招募澳门当地大学的葡语国家留学生参与项目孵化和空间运营，在中葡论坛秘书处、中国留学人才发展基金会和澳门特区人才发展委员会的指导与支持下，培养一批葡语国家创业咖啡运营团队和项目孵化团队。

依托创业咖啡，结合葡语国家的特色农产品，创建"网红直播带货平台"。2025 年，全球虚拟市场规模将达到 1,900 亿美元，结合元宇宙、NFT 等新业态，打造葡语国家元宇宙创业空间，激励中国创业团队联合葡语国家青年建设元宇宙应用场景。整合葡语国家的优秀艺术家，联合建设 NFT 数字艺术资产交易平台。

比如葡语国家的传统产业有制鞋业。美国制鞋品牌企业耐克正在悄然布局元宇宙版图，推出了虚拟球鞋。虚拟球鞋并非耐克的首创。据《犹他州商业杂志》网站报道，美国虚拟时尚品牌 RTFKT Studios 曾与艺术家联名推出过天价虚拟球鞋，每款球鞋定价 3,000 美元至 1 万美元不等。2021 年 3 月，该公司上架 600 多双鞋，不到 7 分钟售罄，营收 300 多万美元。

该品牌不仅出售虚拟物品，还将消费者喜爱的虚拟球鞋打造成实体，链接数字世界与现实世界，革新消费者的购物经验。

事实上，多个奢侈品牌已经在元宇宙领域先行一步，制作虚拟藏品和设计师定制款服装。在数字技术加持下，藏品的稀缺性使得虚拟物品比一些现实生活中的收藏品更有价值，数字资产的价值也随着交易次数不断攀升。一款虚拟鞋经特斯拉创始人马斯克捧红后，售价飙升至 6 万美元以上。虚拟收藏品数量在过去几年中呈爆发式增长。越来越多的消费者通过 NFT（非同质化代币）平台交易虚拟商品，例如游戏角色皮肤、时尚品和艺术品。

《犹他州商业杂志》报道称，虚拟物品在元宇宙处处开花，需依靠区块链技术的支撑。区块链的核心价值就是保障数字虚拟产品无法被盗版，通过技术手段验证其真实性和唯一性，具有改变资产的潜力。未来，任何受版权保护的事物，如艺术品、音乐、设计等都可以通过 NFT 交易。葡语国家有大量的艺术家和艺术品，完全可以与中国的区块链团队合作，探索未来 NFT 的合作落地模式。

2. 共建牛津中国—葡语国家技术经纪人中心

依托澳门平台和澳门大学、澳门科技大学等人才优势，引入牛津大学创新中心等全球名校共建，在横琴建设牛津中国—葡语国家技术经纪人中心，为葡语国家培养一批技术经纪人。英国牛津创新中心 Oxentia 是牛津大学技术转移办公室 Oxford University Innovation（牛津大学全资拥有）与其高层管理团队组成的创新创业管理机构。该机构的专家们超过 95% 拥有博士学位或 MBA 学位。英国牛津创新中心 Oxentia 拥有 16 年创新管理和技术转移的经验，与 60 多个国家的客户建立跨文化的商业经验，在英国牛津和全球成功建立了庞大的创新网络，培育支持全球的创新创业团队，并提供获得全球种子基金早期和后期的合作机会。

英国牛津创新中心 Oxentia 是为数不多能够提供 ATTP 技术转移专业人员联盟认可课程的国际组织。ATTP（Alliance of Technology Transfer Professionals）主要目的是促进建立和维护全球知识与技术转移的专业标准。英国牛津创新中心 Oxentia 认证课程将提供培训（CE）点，技术转移专业人员可累积培训点，日后可以申请技术转移专业人员的专业认可注册RTTP）。申请获得批准后，专业人员将获得许可使用RTTP名称的权力。

建设牛津中国—葡语国家技术经纪人中心具有重要的意义。

一是产业带动作用。牛津ATTP国际技术转移专业人员与管理者培训认证课程和跨境创新创业培训基地落户在横琴新区，面向中国和葡语国家开展教育培训与技术转移业务，能够发挥世界名校的品牌影响和科研带动能力，助推葡语国家科技进步、产业升级和中外科教文化合作交流。

二是深化大学合作。通过牛津大学与澳门本地大学共同链接葡语国家的大学，建立深度合作关系，促进合作办学、创新创业、国际合作等方面实现资源共享，整体推动葡语国家大学的国际化水平和大学治理水平。

三是有利于人才培养。该培训将面向大学、政府、企业等培养一批具备专业能力的国际技术转移经理人，其中将有相当一部分在葡语国家工作和发展，这些人才在各自领域发挥作用，将极大促进葡语国家的产学研结合，以及推动科学技术成果与国际接轨。随着中国"一带一路"建设的不断推进，对葡语人才尤其是复合型葡语人才的需求进一步扩大。中国内地的葡语教育经历了近60年的发展，已有40余所高校开设了葡萄牙语专业，然而在实际的葡语人才培养过程中，仍然存在课程设置同质化、教学缺乏特色、葡语高端人才培养乏力等问题。为了更好地服务"一带一路"建设和中国与葡语国家合作发展的需要，葡语人才培养应扩大对外开放，培养不仅具备扎实的葡语语言能力，还具有国际视野和技术产业化落地能力的复合型葡语人才。

（三）建设一批前沿应用产业"职业教育中心"

教育特别是高等教育的主要任务是培养人才。习近平主席在谈到"人类命运共同体"时，针对教育，特别强调："教育应该顺此大势，通过更加密切的互动交流，促进对人类各种知识和文化的认知，对各民族现实奋斗和未来愿景的体认，以促进各国学生增强相互了解、树立世界眼光、激发创新灵感，确立为人类和平与发展贡献智慧和力量的远大志向。"

要坚持"分层分类"，既要培养通晓国际规则、承载国家使命的高端人才、青年才俊、未来领袖，同时也要培养一大批适应葡语国家基础项目建设的高素质技能人才；对那些大通道、大动脉、主航线、重要节点、关键环节所急需的技能人才要优先部署，重点培养。要以产教融合实现教育与产业同步发展，支持各类高校与我国高铁、电信运营等"走出去"的行业企业实行合作办学。目前，葡语国家与"一带一路"沿线的中国企业有1万多个，但企业和高校合作办学的还不多。同时，还要加大培训的灵活性、方便受训者选择。要做到培训围着项目走，项目建在哪儿，培训做到哪儿，紧跟并适度超前葡语国家与"一带一路"重大基础性建设项目，在项目建设所在国办学，把高素质技能人才培养与项目建设密切结合起来。

葡语国家与"一带一路"沿线国家有充沛的劳动力资源、亟待开发的基础设施建设，与我国高端制造业的雄厚实力和近十年高等教育，特别是高等职业教育国际合作办学所积累的丰富经验，形成了供需十分旺盛的教育服务市场。

比如，可借鉴上海工程技术大学产学合作教育模式，根据每个葡语国家大学的不同特点和当地城市的优势产业，将大学的学科链、专业链与城市的产业链紧密结合。可以在中国与葡语国家的大学合作基础上，由中国的大企业牵头，特别是已经在葡语国家有大量投资的企业，联合中国和葡语国家的大学，共同建设产学研战略合作联盟，聚焦重要产业和优势产业，培养应用型专业人才。

再如，中国是全球最大的机器人市场，特别是工业机器人市场规模连续八年全球第一，2020年中国机器人产业首次突破千亿元，这主要得益于中国的"工程师"红利。中国与葡语国家可以发挥人口多的优势，结合中国企业贴近市场的优势和中国职业教育的领先优势，在工业机器人、服务机器人等领域建设机器人职业教育基地。

以工代训是一项职业技能提升行动，这项新的政策结合中国援助葡语国家的专家和工作人员，探索帮助和提升当地农业工人职业技能的经验。以工代训是利用现有场所、生产资料，指导工人通过"干中学"提升职业技能，通过"学中干"保障基本生活的一种培训方法。以授之以渔的方式提升工人的职业技能，传授技术，为人所用；同时通过以工代训的方式，发放雇工费用，保障工人基本生活，稳定当地就业，促进经济发展，并在多项农牧业种植养殖项目上使用这项传帮带的高校职业技能教育，取得了较好的成果和经济效益。

（四）建设中国—葡语国家未来产业联合研究院

第四次工业革命将以人工智能、移动互联、大数据等新技术深刻地改变人类的生产组织形态、国家治理形态及人们的生活方式，其影响前所未有。对中国与葡语国家来说，在前几轮工业革命中基本处于一个边缘化的位置，后期也仅是参与者而已。而在最新一轮工业革命中，中国与葡语国家要联合抢抓第四次工业革命机遇，布局新场景，发展新经济。

目前中国各个城市都在抢抓国家布局"新基建"的发展机遇，建设和优化新经济场景。从 5G 基站建设、5G 局部功能试点、无人驾驶试点、无人机物流配送、工业机器人应用、中文信息处理、动态监控、生物特征识别等领域出发，针对新经济发展，要鼓励新业态、新模式的创新创业，加快形成从品牌企业到品牌园区再到品牌城市和品牌国家的梯度繁荣的新经济态势。

根据葡语国家自身不同的自然资源、区位、人口、环境以及发展过程中各国的比较优势，以市场为导向，联合组建不同的中国—葡语国家未来产业联合研究院。重点产业包括但不限于绿色低碳产业、脑科学等生命科学产业、自动驾驶产业、现代农业、新能源产业、海洋产业、数字经济产业等。

比如中国在良种培育技术、种植技术和动物疫病防控技术等方面有明显优势。巴西的农牧业十分发达，巴西一直是世界蔗糖、咖啡、柑橘、玉米、鸡肉、牛肉、烟草、大豆的主要生产国，其幅员辽阔，海洋资源丰富。两国可以联合组建现代农业、海洋产业研究院，在农业可持续发展、畜牧业繁殖、海洋水产养殖等领域合作，并联合其他拥有发达现代农业和海洋产业的国家、知名机构研究院、科学家资源等，进行深入地科学研究、实践积累，提升农牧产品产量和质量，为解决全球的粮食安全，消除贫困和饥饿，为实现中国和葡语国家命运共同体伟大目标作出积极贡献。

1. 建立低碳产业研究院、产业园与交易所

由于全球气候变暖、空气污染等环境问题日趋严重，中国作为负责任的大国，给出了中国碳达峰和碳中和的整体规划及时间目标，实现碳中和愿景的绿色低碳循环发展。

中国可建立低碳联合研究院，围绕海上风电开发及利用技术、绿氢技术、电动汽车技术、储能技术、分布式能源开发和利用技术、生物柴油技术、废旧电动汽车电池处理技术、氢能发电（或天然气发电+CCS 技术），开展相关技术的研发及成果孵化，使研究院成为孵化企业和成果转化的公共服务平台。

两国还可建立低碳产业园区，推动孵化成功的低碳技术进入低碳产业园区，致力于为各国引进优质低碳企业、技术、人才、信息等资源，充分发挥低碳产业研究院在发展低碳高科技产业的带动作用、示范作用、聚集作用和辐射作用。

以中国与葡语国家/地区的商贸交流为渠道，中国可以建立澳门碳交易所，针对美欧所提出的边境调节税机制，与葡语国家开展交流与合作，开展澳门转境出口产品碳足迹方法学，开发合适的交易品种。推动澳门气候融资评价标准的相关研究，推动中国澳门及葡语国家金融机构建立统一的气候投融资的评价标准。

2. 建立智能网联与自动驾驶联合研究院

2017 年 11 月，据外媒报道，为促进自动驾驶汽车及飞行器的发展，葡萄牙计划推行享有特殊政策的"自由区"，以此来测试相关技术和吸引相关投资。Veniam 是葡萄牙领先的技术公司之一，目前已经为公共交通研发了无线网络技术，并且希望能够在自动驾驶汽车当中有所运用。Veniam 首次研发该系统是在波尔图市。奔驰于 2021 年在里斯本开设了一个数字中心，负责自动驾驶技术的研发。大众也在葡萄牙建有装配工厂。

当前，在以人工智能、5G 通信为代表的科技革命与产业变革推动下，汽车作为新技术应用的最佳载体，正在加速智能化、网联化发展进程。以自动驾驶为代表的汽车智能化和在"万物互联"驱动下的交通网联化将从多方面影响中国道路交通乃至民生发展，并为中国汽车产业实现"换道超车"、建设汽车强国提供重大历史机遇。

建立自动驾驶联合研究院（以下简称"研究院"），目标是建成国际领先的产学研深度融合的新型创新研发机构。整合各国创新资源，借鉴国际先进理念和经验，比如联合法国交通部、法国国家智能交通研究院（VEDECOM）、清华大学苏州汽车研究院、国汽（北京）智能网联汽车研究院、清华大学人工智能研究院等知名院校机构，以及蘑菇车联、法国易迈（EasyMile）、百度华录易云、阿里巴巴达摩院等多家智能网联自动驾驶头部企业，吸引高端人才聚集，落实新经济发展载体，形成智能制造和智慧出行为主体的产业集群，构建汽车产业生态圈，建设智能网联自动驾驶与新能源车为一体的智能网联研究中心和全球仿真及测试技术研发中心等。根据葡语国家在其国内交通设施基础的特点，联合成立智能网联车路协同研究院，因地制宜，因城施策，输出中国智能网联自动驾驶整体解决方案。

（五）建设中国—葡语国家跨境产业投资基金

中葡基金发展至今虽已取得了一定的成就，但依然存在一些问题，限制了其进一步发展。中葡基金主要有 3 种合作模式：第一，由中葡基金、成员国企业共同出资组建合资公司，对成员国企业或项目进行投资；第二，中葡基金直接投资入股成员国企业或项目；第三，中葡基金与国际金融机构联合投资成员国企业或项目。在合作模式方面，投资标的比较大，投资门槛偏高，合作模式受限制，不利于中小企业的参与；在投资手续方面，审批流程复杂、烦琐；在自主决策方面，澳门的中葡基金权力受限制，自主协调能力有待提高。

建议在中国澳门横琴新区，由中国国际金融公司等发起，联合中国部分实力较强的城市和企业，建立规模 100 亿元人民币以上的中国—葡语国家跨境产业投资基金。

中国国际金融股份有限公司（以下简称"中金公司"）是中国首家中外合资投资银行。中金私募基金管理团队是中金最早成立的海外母基金投资管理业务条线，也是国内唯一多年专注海外私募股权基金投资、并拥有长期稳健回报的跨境母基金平台。核心投研人员拥有丰富的海外投资经验及深厚的行业关系积累，拥有数十年境内外主权财富基金、资产管理机构以及家族财富管理经验，经历多轮市场周期，与海外多个国家和地区的数百家顶尖基金管理人建立了长期深入合作关系，是目前国内为数不多的深度熟悉海外市场并且拥有核心网络资源的海外母基金管理团队。中金私募基金管理已投资近百只基金，管理规模 20 亿美元。

中金公司依托丰富的海外项目资源积累，为投资人提供大量协同资源，并有效规避中国企业出海投资的痛点和风险。

1. 采取"母基金+跟投"策略充分分散风险，接触大量海外优质企业

（1）在策略、地域、行业上进行充分的风险分散，提高基金整体安全边际。

（2）有效规避直接投资审查和地缘政治风险，保障投资人资金安全。

（3）第一时间掌握所关注行业的前沿动向，了解所投项目一手信息。

2. 挖掘全球优质项目资源，为各葡语国家及中国澳门引入新兴产业

（1）产投结合。优质项目及企业的导入是产业升级和布局产业链的关键，通过投资先行，对重点产业投资布局，有针对性、选择性地引入全球领先的绿色低碳产业、脑科学与生命科学产业、自动驾驶产业、现代农业、新能源产业、海洋产业、数字经济产业等新兴产业，大幅增加企业落地的成功率。

（2）与全球头部投资机构一起，早期进入稀缺项目，抢占先发优势。大部分优质项目投资额度稀缺，且退出炙手可热，通过与海外头部机构共同投资，有助于挖掘优质本土项目资源、提高后续退出或并购的主动权。

（3）以投资带动双边交流，扩大国际影响力。充分利用海外被投资源网络，促进高端论坛、交流访问、文化推广等多种形式的双边交流，建立良好的互动互通生态圈，深入参与国内国际双循环。

（4）兼顾产业引进、项目并购、资金安全、投资回报的多赢格局，在战略协同的同时，保障资金的安全并获取长期稳健的财务回报。

（六）建设中国—葡语国家未来城

大学是创新创业共同体的源头。目前，中国大学的三分之一在国家高新区内，2019 年，国家高新区内有各类大学 1,052 所。

城市与园区是创新创业共同体的重要载体。2020 年，中国 R&D（全社会研究与试验发展）投入 2.4 万亿元，同比增长 10.2%，占美国的

54%，是日本的 2.1 倍，稳居世界第二。R&D 投入超过千亿元的省份（市）有 8 个：广东、江苏、北京、浙江、山东、上海、四川和湖北。建议由中国有关省份牵头对接，组织各个城市的国家高新区和国家级开发区，联合当地著名大学和著名企业，特别是民营企业，根据葡语国家各国产业特色，面向未来发展，建设"中国—葡语国家跨境未来城"。

1. 充分发挥中央企业的领头羊和主力军作用

中央企业境外投资额约占我国非金融类对外直接投资的 70%，对外承包工程营业额约占我国对外承包工程营业总额的 60%。尤其是在推动电力、轨道交通、建材等领域装备走出去方面，取得了显著成绩。

2. 充分调动民营企业的生力军作用

参与葡语国家和"一带一路"建设的民营企业数量少、力量弱。民营企业在资金、人才、技术及防范化解风险能力等方面不占优势，参与国际竞争的意愿不高、风险大。

要引导民营企业积极参与国际竞争和全球资源配置，发挥自身机制灵活、形式多样、市场敏锐度高等特点，努力成为推动中国与葡语国家及"一带一路"建设高质量发展的生力军。

3. 创业园区+产业园区并重

规划建设一批葡语国家的未来城，既能为葡语国家启动需求、创造就业、提高经济增长率，建成后又能消除增长瓶颈，增加核心竞争力与可持续发展能力。

未来城的建设，要引进面向未来产业的创新创业项目，建设创业型园区；同时要紧密结合各国实际，特别是葡语国家大量剩余劳动力在农村，年轻人比例高，工资水平低，可以建设一批劳动密集型特色产业园区。

三、"中新未来城"项目案例

下面介绍国际大学创新联盟（IUIA）正在推动的中国山东省与新加坡合作的未来城项目作为案例参考。

（一）中新未来城顶层设计及目标

为落实山东省委、省政府加快把济南这个山东龙头扬起来的定位，积极争创国家中心城市这一目标，在国际大学创新联盟（IUIA）的协调推动下，中新两国政府、企业再次走到一起，共同打造以"'一带一路'创新技术领航区、人类多彩文明生活体验区、世界数字经济通证试验区、全球城市治理体系示范区"为目标的中新合作 5.0 版未来城市（简称"中新未来城"）。

中新未来城参考新加坡城市治理、企业治理、社区治理经验，以"绿色化、智慧化、国际化、健康化、市场化"为发展理念，以区块链治理、OKR（目标与关键成果法）运营机制作为创新手段，以中新未来城治理委员会作为创造性的治理机构，建设具有世界影响力的知名新兴城市综合体。

（二）建立中新未来城治理委员会

为推动中新未来城体制改革创新，落实协商机制，建立制度创新共同体，在山东新加坡经贸理事会的指导下，由中国政府、新加坡相关政府机构、国际大学创新联盟等相关方派专人组成"四不像"的国际化、法制化、市场化的专门协调机构——中新未来城治理委员会（以下简称"治委会"）。治委会对外负责协调政府相关部门，对内负责与相关企业、机构沟通联络，确保中新未来城项目的实施落地。

治委会是中新未来城的城市大脑，依托日趋成熟的区块链技术，建立通证模式，为中新未来城市的管理提供新思维、新方式；治委会还将牵头建设中新未来技术研究院以及中新国际大学科技园，汇聚前沿科技、人才，为中新未来城的发展插上科技双翼；以青年人、大学生、创业者为第一批受众，在联合国教科文组织指导下，打造多彩文明，弘扬中华优秀文化，实现文化自信；着力发展数字经济，建立新中数字资产交易所，实现金融创新，逐步构建、推广新的生活和消费方式。治委会还注重以人为本，怀抱"健康美丽，造福人类"的愿景，着力引进基因科技、生命科学领域的高精尖企业、技术、人才，建立"产学研"一体化的发展模式，切实推动基因科技成果转化。

作为制度创新改革的试验区，治委会坚持国际化、市场化、法治化，无编制、无行政级别；管理上采取 OKR 运营模式，尽最大可能激发团队成员的活力；薪酬管理方面采取社会化薪酬甚至高薪政策，促进人才流动。

通过治委会，建立精简高效的管理体制、灵活实用的运营机制、系统集成的服务支持体系，实现市场化的运作，完成人才、资产、资源的流动平台建立。

1. 治委会职责权限

治委会作为负责规划与执行中新未来城建设发展的主要机构，主要职责包括：①协调对接中新两国政府，争取两国政府部门对中新未来城项目的政策支持，改善营商环境；②制定中新未来城产业园区规划方案、落实发展战略；③产业导入，引进绿色产业及新兴经济产业集群，负责中新未来城区内商业、产业等项目引进及决策；④吸引投资，引进人才，构建激励竞争、市场化的人才制度；⑤构建未来技术、数字交易等的世界数字经济通证方案，引领智慧城市建设；⑥承办政府授权交办的其他事项。

2. 中新未来城的优惠政策及治委会的权限审批

在政策优惠方面，坚持最大"优惠"，为中新未来城争取：①不低于山东省先行区、自贸区、高新区享有的政策；②不低于既有中新合作的其他试验区享有的政策，如重庆、天津、苏州；③不低于雄安新区、粤港澳大湾区等国家级新区享有的政策。

3. 治委会组织机构

（1）指导机构——新加坡山东经贸理事会。

（2）领导体制——中新联合协调理事会。

（3）治委会常设议事机构——主任委员会。

（4）治委会决策代表——治委会主任。

（5）咨询机构——国际咨询委员会。

（6）监督机构。

（7）下设机构：治委会下设若干机构，包括环球营运局、经济发展局、教育健康局、人才治理局、数字经济局、"未来城大学"。

4. 治委会的运营平台

中新未来城实行数字经济模式和区块链治理模式。

治委会对中新未来城的治理统一通过"中新未来城服务治理平台"实现，该平台依据治委会架构、编制及管理模式设立，平台功能包括治理委员会决策管理、各局管理、中新未来城建设及日常管理等，并通过区块链节点方式与数字资产存证中心、数字资产交易所联通，是中新未来城实现区块链治理的重要系统组成之一。中新未来城的相关项目的新建、运营（包括聘请相关专业机构提供咨询服务）将通过该区块链治理平台来执行。同时该服务治理平台还支持通证发行及激励等功能，中新未来城建设以及运营过程中产生的数字资产将以 TOKEN 的方式进行支付结算或激励。

治委会通过区块链平台，提升中新未来城管理效率以及在地区竞争乃至新兴经济竞争中的优势地位。

5. 治委会的未来发展

治委会未来将通过打造新中数字资产交易所，实现人才、资产、资源流通，最终将中新未来城打造成制度创新的试验区、对外开放的先行区。

四、政策建议

2021 年 11 月 29 日，习近平主席在中非合作论坛第八届部长级会议开幕式上作主旨演讲，指出：中非双方共同制定了《中非合作 2035 年愿景》，作为愿景首个三年规划，中国将同非洲国家密切配合，共同实施"九项工程"，包括：卫生健康工程、减贫惠农工程、贸易促进工程、投资驱动工程、数字创新工程、绿色发展工程、能力建设工程、人文交流工程、和平安全工程。"中国将支持建设中非联合实验室、伙伴研究所、科技创新合作基地；中国将再向非方提供 10 亿剂疫苗，其中 6 亿剂为无偿援助，4 亿剂以中方企业与有关非洲国家联合生产等方式提供；在华建设中非经贸深度合作先行区和"一带一路"中非合作产业园；未来 3 年将推动企业对非洲投资总额不少于 100 亿美元，设立"中非民间投资促进平台"；在非洲建设低碳示范区和适应气候变化示范区；实施"未来非洲—中非职业教育合作计划"等。以上都是有关中非命运共同体的支持政策和具体落地模式，因为葡语国家有很多在非洲，所以，中国—葡语国家的创新创业共同体，可以参照以上政策和落地措施。

为了加快构建中国—葡语国家创新创业共同体，各国需要将大学人才地图、企业竞争地图和产业招商地图作为国家战略来推进，需要从中央到地方制定有针对性的政策，给予有效的支持，具体来说，体现为 3 个方面：

第一，各个国家相关部门的政策协同。教育、科技、财政、商务等相关部门协同，研究制定支持重点大学、重点企业和产业国际化创新的政策工具，在实施大学人才地图、企业竞争地图和产业招商地图以及习近平主席提到的"九大工程"相关措施的区域先行先试，形成人才政策、科技政策、产业政策、财税政策、商贸政策等的协同效应。协助大学和企业建设"跨国专利合作快速通道""跨国就业创业人才服务通道"等公共平台，从创新人才、创新技术、创新资本、创新市场、创新品牌等维度，实现战略突破。出台支持企业跨境合作的"品牌政策""专利政策""人才政策"。可以从以下方面着重考虑政策：提高出口退税率和财政补贴比例；建立企业海外品牌专项基金，尤其是对于企业设立海外分公司或者代表处的给予专门的费用支持；国家设立对于重大出口新产品的研发机构予以资金支持，包括对于大学和企业海外研发中心及海外跨境孵化加速中心的资金支持；对于大学人才的跨境创业就业设立专项基金给予支持。

第二，贸易投资部门的政策配置。贸易投资是创新创业共同体的重要基石和加速器。要加大对实施企业竞争地图和产业招商地图计划地区贸易投资平台建设的支持，重点部署相关企业和产业的跨境合作基地、跨境联合创新中心、跨境产业投资基金、国际贸易投资联络机构以及产业出口基地等载体和平台，积极引导相关国际企业、大学或科研机构以及各类服务机构落户或设立分支机构，协助企业和区域开展相关国际商务活动、建立海外分支机构等；优先实施相关产业国际商务合作优惠政策，简化引入企业设立、相关重要设备和技术进口审批、相关产业和服务进出口审批等程序。

第三，区域性的政策配置。"国家支持、城市先行"，建议实施大学人才地图、企业竞争地图和产业招商地图计划的各城市与区域政府，设立相应的专项资金，保障计划的组织实施；以大学人才地图、企业竞争地图和产业招商地图为支撑，修订和完善城市、区域产业规划；配合计划的执行，研究制定重点发展产业的支持政策和重点引入的人才、技术、企业和相关机构的优惠政策；以促进产业关联和集群创新为目标，规划整理引入项目的用地空间，保障项目以及相关人才的落地和安置问题。

参考文献

一、中文类

［1］克莱顿·M. 克里斯滕森，亨利·艾琳. 创新型大学—改变高等教育的基因［M］. 陈劲，盛伟忠，译. 北京：清华大学出版社，2017.

［2］清华X-lab. 从学生到创业者—清华X-lab案例课［M］. 北京：人民邮电出版社，2018.

［3］徐井宏，缪纯. 聚合—国内外创新创业平台案例研究［M］. 北京：清华大学出版社，2014.

［4］唐燕，昆兹曼，等. 创意城市实践：欧洲和亚洲的视角［M］. 北京. 清华大学出版社，2013.

［5］丽贝卡·A. 范宁. 创业亚洲：亚洲创新浪潮中的顶级投资策略［M］. 杨鹏，译. 北京：中信出版社，2012.

［6］加布里埃尔·雷内，丹·马普斯. 智慧空间：揭秘Web3.0将如何连接人类、机器和人工智能，改造世界［M］. 徐锷，孙亚洛，译. 北京：清华大学出版社，2020.

［7］棕毅力，小泽. 裂变式创业：无边界组织的失控实践［M］. 北京：机械工业出版社，2020.

［8］项立刚.5G时代：什么是5G，它将如何改变世界［M］. 北京：中国人民大学出版社，2019.

［9］玛丽昂·麦戈文. 零工经济—在新工作时代学会积累财富和参与竞争［M］. 邱墨楠，译. 北京：中信出版社，2017.

［10］伊藤穰一，杰夫·豪. 爆裂：未来社会的9大生存原则［M］.

张培，吴建英，周卓斌，译. 北京，中信出版社，2017.

[11] 陈春花，赵海然. 共生：未来企业组织进化路径 [M]. 北京：中信出版社，2019.

[12] 尼尔·格申斐尔德，艾伦·格申斐尔德，乔尔·卡彻-格申斐尔德. 设计现实 [M]. 丁峻峰，武川，蓝河，译. 北京：中信出版社，2019.

[13] 安东尼·吉登斯. 动荡而强大的大陆：欧洲的未来何在？[M]. 陈志杰，译. 北京：北京大学出版社，2019.

[14] 威廉姆·邦维利安，彼得·辛格. 先进制造：美国的新创新政策 [M]. 沈开艳，译. 上海：上海社会科学院出版社，2019.

[15] 埃里克·托普. 未来医疗 [M]. 郑杰，译. 杭州：浙江人民出版社，2016.

[16] 井上笃夫. 孙正义：未来的机遇在哪里 [M]. 王健波，孙律，译. 北京：北京联合出版公司，2015.

[17] 拉斯·特维德. 创新力社会 [M]. 王佩，译. 北京：中信出版社，2017.

[18] 卡莱斯·朱马. 创新进化史 [M]. 孙红贵，杨泓，译. 广州：广东人民出版社，2019.

[19] 理查德·布兰森. 我就是风口 [M]. 邱婷婷，译. 北京：中信出版社，2019.

[20] 田杰棠. 哈佛走出象牙塔 [J]. 纺织科学研究，2016（06）：18-19.

[21] 杨尊伟. 美国大学科技园发展的影响因素与成功经验——"128公路"和"硅谷"案例研究 [J]. 中国高校科技，2021（04）：48-52.

[22] 王咏梅. 美国研究型大学与区域互动研究 [D]. 湖南师范大学，2020.

[23] 周振江，石义寿. 世界知名创新走廊的发展经验与启示 [J]. 科技创新发展战略研究，2020，4（02）：29-35.

[24] 张橙，朱良天. 波士顿128公路高技术园区产学研协同创新动因模型案例研究 [J]. 智库时代，2020（08）：154-155.

［25］李燕. 基于高端要素的"广州—深圳—香港—澳门"科技创新走廊的发展对策研究［J］. 经济论坛, 2019（07）: 30-36.

［26］陈静怡. 20 世纪美国波士顿高技术城市转型研究［D］. 云南师范大学, 2019.

［27］杨文燮. 创业活动的影响因素及中国创业型社会的构建探析——基于美国硅谷与 128 公路产业带的比较研究［J］. 创新创业理论研究与实践, 2019, 2（01）: 187-190.

［28］蒋洪新, 孙雄辉. 大学科技园视阈下高校科技成果转化路径探索——来自英国剑桥科技园的经验［J］. 现代大学教育, 2018（06）: 53-57.

［29］王伟, 吴东兴, 朱青. 剑桥科技园的投融资环境与模式研究［J］. 科技管理研究, 2013, 33（06）: 115-118.

［30］徐继宁. 英国传统大学与工业关系发展研究［D］. 苏州大学, 2011.

［31］马兰, 郭胜伟. 英国硅沼——剑桥科技园的发展与启示［J］. 科技进步与对策, 2004（04）: 46-48.

［32］李建国. 首座中英科技园在英国剑桥落成［N］. 北京科技报, 2003-10-24（002）.

［33］郭晓娟. 加强孵化器功能促进专利产业化——英国牛津大学科技园的成功之道［J］. 中国高校科技与产业化, 2006（Z1）: 62-64.

［34］郭晓娟. 专利产业化与大学科技园建设——以牛津大学科技园为例［J］. 东岳论丛, 2006（02）: 194-195.

［35］郭晓娟. 浅谈英国牛津大学科技园的成功之道［J］. 中国高等教育, 2006（01）: 61-62.

［36］张丽慧. 英国高校创业教育模式研究［D］. 天津师范大学, 2016.

［37］张会亮. 牛津大学赛德商学院创业教育探析［J］. 外国教育研究, 2008, 35（11）: 30-34.

［38］孙万松. 高新区自主创新与核心竞争力［M］. 北京: 中国经济

出版社，2006.

[39] 孙万松. 品牌企业的演进规律与创新战略研究 [D]. 清华大学，2009.

[40] 经济合作与发展组织. 知识三角：加强高等教育与研究机构对创新的贡献 [M]. 上海：上海交通大学出版社，2019.

[41] 比尔·盖茨. 气候经济与人类未来 [M]. 北京：中信出版社，2021.

[42] 克莱顿·M. 克里斯滕森，亨利·艾琳. 创新型大学—改变高等教育的基因 [M]. 陈劲，盛伟忠，译. 北京：清华大学出版社，2017

[43] 皮埃罗·斯加鲁菲，牛金霞，闫景立. 人类 2.0—在硅谷探索科技未来 [M]. 北京：中信出版社，2017.

[44] 萨缪尔·亨廷顿. 文明的冲突与世界秩序的重建 [M]. 周琪，刘绯，张立平，译. 北京：新华出版社，2010.

[45] 陈劲. 中国创新发展报告（2020—2021）[M]. 北京：社会科学文献出版社，2021.

[46] 朱勇. 新增长理论 [D]. 北京：中国人民大学，1998.

[47] 徐守勤. 增长理论与财政政策 [D]. 天津财经学院，2001.

[48] 陆立军. 区域创新——基于浙江的研究报告 [M]. 北京：中国经济出版社，2004.

[49] 许先进，陈苏白，刘永跃. 新增长理论的思想与启示 [J]. 华东经济管理，2001（15）：40-41.

[50] 王福强. 横琴方案澳门产业适度多元之优解 [J]. 人民资讯，2021-09-15.

[51] 横琴粤澳深度合作区建设：科技创新摆在首位 [N]. 科技日报，2021-09-08.

[52] "横"空出世！横琴粤澳深度合作区来了，携手发展科创、现代服务、高端制造等产业 [J]. 澎湃在线，2021-09-06.

[53] 横琴粤澳深度合作区成立港澳青年迎来创业好时机 [N]. 广州日报，2021-09-20.

［54］卡蒂·索米宁. 世界贸易大变革［M］. 伍拾一，译. 北京：中信出版社，2021.

［55］葛剑雄，胡鞍钢，等. 改变世界经济地理的"一带一路"［M］. 上海：上海交通大学出版社，2015.

［56］里德·霍夫曼. 联盟——互联网时代的人才变革［M］. 路蒙佳，译. 北京：中信出版社，2015.

［57］普拉提玛·班萨尔，安德鲁·霍夫曼. 牛津手册——商业与自然环境［M］. 金珺，阮爱君，张郑熠，译. 杭州：浙江大学出版社，2017.

［58］阿什利·万斯. 硅谷钢铁侠—埃隆·马斯克的冒险人生［M］. 周恒星，译. 北京：中信出版社，2016.

［59］埃里克·杰克逊. 支付战争——互联网金融创世纪［M］. 徐彬，王晓，译. 北京：中信出版集团，2015.

［60］米哈里·契克森米哈赖. 自我的进化：第三千年心理学［M］. 朱蓉蓉，译. 北京：世界图书出版社，2019.

［61］卡尔·斯佩茨勒，汉娜·温特，珍妮弗·迈耶. 斯坦福商业决策课［M］. 张源，译. 长沙：湖南文艺出版社，2017.

［62］扬米·穆恩. 哈佛商学院最受欢迎的营销课［M］. 王旭，译. 北京：中信出版集团，2018.

［63］眭依凡. 大学的使命与责任［M］. 北京：教育科学出版社，2007.

［64］汪泓. 中国产学合作教育的崛起［M］. 北京：清华大学出版社，2013.

［65］陈广汉，等. 澳门高等教育发展与产业适度多元化研究［M］. 北京：中国社会科学出版社，2013.

［66］科学技术部火炬高技术产业开发中心，中国科学院科技战略咨询研究院. 国家高新区创新能力评价报告（2020）［R］. 北京：科学技术文献出版社，2021.

［67］科学技术部火炬高技术产业开发中心，首都科技发展战略研究院. 中国创业孵化发展报告（2020）［R］. 北京：科学技术文献出版

社，2020.

[68] 张宝增. 莫桑比克 [M]. 北京：社会科学文献出版社，2011.

[69] 赵雪梅. 巴西商务环境 [M]. 北京：对外经济贸易大学出版社，2016.

[70] 沈艳枝. 要素投入与巴西经济增长 [M]. 南京：南京大学出版社，2014.

[71] 阿尔伯特·爱因斯坦. 我的世界观 [M]. 方在庆，译. 北京：中信出版集团，2018.

[72] 吴倩，冯国川. 元宇宙卖"假鞋"，商机还是泡沫 [N]. 环球时报，2021-11-4（11）.

[73] 李彦宏. 智能经济 [M]. 北京：中信出版集团，2020.

[74] 王成安，张敏，刘金兰. 葡语国家发展报告 [M]. 北京：社会科学文献出版社，2020.

[75] 朱睿智，杨傲然. 莫桑比克文化教育研究 [M]. 北京：外语教学与研究出版社，2021.

[76] 中国—葡语国家经贸合作论坛（澳门）常设秘书处. 葡萄牙投资指南 [R]. 澳门：华辉印刷有限公司，2021.

[77] 中国—葡语国家经贸合作论坛（澳门）常设秘书处. 巴西投资指南 [R]. 澳门：华辉印刷有限公司，2021.

[78] 中国—葡语国家经贸合作论坛（澳门）常设秘书处. 安哥拉投资指南 [R]. 澳门：华辉印刷有限公司，2021.

[79] 中国—葡语国家经贸合作论坛（澳门）常设秘书处. 莫桑比克投资指南 [R]. 澳门：华辉印刷有限公司，2021.

[80] 中国—葡语国家经贸合作论坛（澳门）常设秘书处. 几内亚比绍投资指南 [R]. 澳门：华辉印刷有限公司，2021.

[81] 中国—葡语国家经贸合作论坛（澳门）常设秘书处. 东帝汶投资指南 [R]. 澳门：华辉印刷有限公司，2021.

[82] 中国—葡语国家经贸合作论坛（澳门）常设秘书处. 佛得角投资指南 [R]. 澳门：华辉印刷有限公司，2021.

［83］中国—葡语国家经贸合作论坛（澳门）常设秘书处. 圣多美和普林西比投资指南［R］. 澳门：华辉印刷有限公司，2021.

二、英文类

［1］NielsStijn, Frank J. Rijnsoever, MartineVeelen. Exploring the motives and practices of university‐start‐up interaction：evidence from Route 128［J］. The Journal of Technology Transfer，2018，43（03）：674-713.

［2］Saxenian A L. Regional Advantage：Culture and Competition in Silicon Valley and Route 128，With a New Preface by the Author［M］. Harvard University Press，1996.

三、网站类

［1］PEPITE 官方网站. https：//www.pepite‐france.fr.

［2］INSA 官方网站. https：//www.insa‐hautsdefrance.fr.

［3］VEDECOM 官方网站. http：//www.vedecom.fr.

［4］清华大学先进制造学部类脑计算研究中心. http：//dam. sz. tsinghua.edu.cn/html/yanjiuzhongxin3.

［5］波尔图大学科技园官方网站. https：//uptec.up.pt.

［6］蓝色生物经济合作实验室官方网站. https：//b2e.pt.

［7］大脑研究所官方网站. https：//brainresearchinstitute.eu.

［8］Academicv 官方网站. https：//academicv.com.

［9］AMT 咨询官方网站. https：//www.amt‐consulting.com.

［10］圣保罗大学官方网站. https：//uspdigital. usp. br/anuario/Anuario‐Controle#.

［11］圣保罗大学创新机构. http：//www.inovacao.usp.br.

［12］AgênciaUSP de Inovação（AUSPIN）. USP 连接计划［EB/OL］. http：//www.inovacao.usp.br/conexaousp.［2022-1-8］

［13］AgênciaUSP de Inovação（AUSPIN）. BOLSA EMPREENDEDORISMO 创业奖学金［EB/OL］.［2022-1-8］. http：//www.inovacao.usp.br/bolsaempreendedorismo.

［14］AgênciaUSP de Inovação（AUSPIN）. Latin American and European Cooperation on Innovation and Entrepreneurship（LISTO）［EB/OL］.［2022-1-8］. http://www.inovacao.usp.br/listo.

［15］AgênciaUSP de Inovação（AUSPIN）. SPIN-OFF LEAN ACCELER-ATION（SOLA）［EB/OL］.［2022-1-8］. http://www.inovacao.usp.br/spinsola.

［16］AgênciaUSP de Inovação（AUSPIN）. Arena Santander 空间介绍［EB/OL］.［2022-1-8］. http://www.inovacao.usp.br/arenasantander.

［17］AgênciaUSP de Inovação（AUSPIN）. HABITATS DE INOVAÇÃO［EB/OL］.［2022-1-8］. http://www.inovacao.usp.br/habitats.

［18］圣保罗大学. 圣保罗大学数据年鉴［DB/OL］.（2019）［2022-1-8］. https://uspdigital.usp.br/anuario/AnuarioControle#.

［19］AgênciaUSP de Inovação（AUSPIN）. INOVAÇÃO EM NÚMEROS 圣保罗创新机构数据统计（2019）［EB/OL］.（2019）［2022-1-8］. http://www.inovacao.usp.br/numeros.

［20］安哥拉支持中小微企业国家研究院网站. https://www.inapem.gov.ao/PortalINAPEM/#!/.

［21］INAPEM. INAPEM encerra1° Ciclode capacitação de gestoresde empresase cooperativasem matéria de Educação Fiscal［EB/OL］.（2021-8-6）［2022-1-9］. https://www.inapem.gov.ao/PortalINAPEM/#!/sala-de-imprensa/noticias/9761/inapem-encerra-10-ciclo-de-capacitacao-de-gestores-de-empresas-e-cooperativas-em-materia-de-educacao-fiscal.

［22］INAPEM. 57 Mulherescapacitadaspelo INAPEM no 2° ciclode formação de criação de cooperativasno municípiodo Cazenga［EB/OL］.（2021-7-20）［2022-1-11］. https://www.inapem.gov.ao/PortalINAPEM/#!/sala-de-imprensa/noticias/9649/57-mulheres-capacitadas-pelo-inapem-no-2o-ciclo-de-formacao-de-criacao-de-cooperativas-no-municipio-do-cazenga.

［23］INAPEM. Presidenteda Repúblicaenaltecememorando de entendimentoentreo INAPEM e o KOSGEB da Turquia［EB/OL］.（2021-7-28）［2022-1

−11］. https：//www. inapem. gov. ao/PortalINAPEM/#!/sala−de−imprensa/noti−cias/9677/presidente−da−republica−enaltece−memorando−de−entendimento−entre−o−inapem−e−o−kosgeb−da−turquia.

［24］BANCO DE COMÉRCIO E INDÚSTRIA（BCI）. CréditoPróJovem 青年信贷支持计划［EB/OL］.［2022−1−11］. https：//www. bci. ao/pt/empresas/estado/cr%C3%A9dito−pr%C3%B3jovem/.

［25］Associação Nacionalde JovensEmpresários 全国青年企业家协会网站. ANJE Moçambique［EB/OL］.（2022）［2022−1−11］. https：//anje. org. mz/anje/.

［26］VYMaps 网站. Agencia de Desenvolvimento e Empreendedorismo−ADE 发展和创业机构简介［EB/OL］.（2022）［2022−1−11］. https：//vymaps. com/MZ/Agencia−De−Desenvolvimento−E−Empreendedorismo−Ade−1803583423228789/.

［27］劳动、就业和社会保障部官方网站. http：//www. mitess. gov. mz/.［2022−1−12］.

［28］IPET 官方网站. http：//www. ipet. ac. mz/.［2022−1−12］.

［29］Portal do Governode Moçambique 莫桑比克政府门户. Competênciae profissionalismorequisitos para sucessono mercado laboral［EB/OL］.（2017−2−21）［2022−1−12］. https：//portaldogoverno. gov. mz/por/Imprensa/Noticias/Competencia−e−profissionalismo−requisitos−para−sucesso−no−mercado−laboral.

［30］SEBRAE. IPEME−Institutopara Promoção de Pequenase Médias−Empresas（Moçambique）［EB/OL］.［2022−1−12］. https：//ois. sebrae. com. br/comunidades/ipeme−instituto−para−a−promocao−das−pequenas−e−medias−empresas−mocambique/.

［31］莫桑比克技术 TecnicolMoçambique 官方网站. https：//www. tecnicol. co. mz/index. html.［2022−1−12］.

［32］O InstitutoNacionaldo Empregoe FormaçãoProfissional（INEFP）国家就业和职业培训研究所官方网站. 机构简介［EB/OL］.（2019）［2022−1−13］. http：//inep. gov. mz/node/94.

［33］莫桑比克政府门户网站. Empregabilidadeexigemaiscompetênciados candidatos［EB/OL］.（2016-9-9）［2022-1-13］. https://portaldogoverno. gov. mz/por/Imprensa/Noticias/Empregabilidade-exige-mais-competencia-dos-candidatos.

［34］莫桑比克政府门户网站. PM inteira-se sobreiniciativasda ADE ［EB/OL］.（2015-12-16）［2022-1-13］. https://portaldogoverno. gov. mz/por/Imprensa/Noticias/PM-inteira-se-sobre-iniciativas-da-ADE.

［35］BIC 官方网站. https://www.bic.cv/index.php.［2022-1-13］.

［36］Pró Empresa 网站. https://www. proempresa. cv/index. php/inicio-2.［2022-1-13］.

［37］AJEC 官网. http://www.ajec.org.cv/.［2022-1-13］.

［38］FPEF 官网. https://www.fpef.cv/.［2022-1-13］.

［39］佛得角政府官方网站. Lançado oficialmenteo ProgramaStart-up Jovem［EB/OL］.（2017-6-22）［2022-1-14］. https://www.governo.cv/lan-cado-oficialmente-o-programa-start-up-jovem/.

［40］佛得角政府官方网站. Governoreforça Programa Fomentoao Micro Empreendedorismo［EB/OL］.（2020-5-22）［2022-1-14］. https://www. governo.cv/governo-reforca-programa-fomento-ao-micro-empreendedorismo/.

［41］Cabo Verde Digital. Mais 25 projetosselecionados para programaBolsa-Cabo Verde Digital［EB/OL］.（2020）［2022-1-14］. https://digital. cv/index. php/pt/blog-2/84-conheca-os-25-projetos-selecionados-para-o-pro-grama-de-empreendedorismo-tecnologico-bcvd.

［42］东帝汶政府官方网站. Program of the Eighth Constitutional Govern-ment［EB/OL］.（2022-2-3）［2022-2-3］. http://timor-leste.gov.tl/?p = 19915&lang=en&lang=en.

［43］United Nations Development ProgrammeTimor Leste. KnuaJuven-tudeFila-Liman 项目［EB/OL］.（2022）［2022-1-14］. https://www.tl.undp. org/content/timor_ leste/en/home/all-projects/knua--.html.

［44］United Nations Development Programme Timor Leste. KnuaJuven-

tudeFila-Liman launches e-market［EB/OL］. (2018-2-26)［2022-1-14］.
https://www. tl. undp. org/content/timor_ leste/en/home/newscentre/articles/
2018/knua-juventude-fila-liman-launches-e-market.html.

［45］ United Nations Development Programme Timor Leste. KnuaJuven-
tudeFila-Liman (KJFL) visits Bee Lafaekproject site［EB/OL］. (2018-1-30)
［2022-1-14］. https://www.tl.undp.org/content/timor_ leste/en/home/news-
centre/articles/2018/knua-juventude-fila-liman--kjfl--visits-bee-lafaek-
project-site-.html.

［46］ United Nations Development Programme Timor Leste. First Youth Co:
Lab Timor-Leste National Youth Forum Launched in Timor-Leste［EB/OL］.
(2019-12-4)［2022-1-14］. https://www.tl.undp.org/content/timor_ leste/
en/home/newscentre/pressreleases/2019/first-youth-co-lab-timor-leste-
national-youth-forum-launched-in-.html.

［47］ 创新发展机构 (IADE) 官方网站. https://iade.gov.tl/?lang=en.
［2022-1-14］.

［48］ PPL CAUSAS. CampanhaClubede Empreendedorismo-Timor Leste
［EB/OL］. (2022)［2022-1-15］. https://ppl.pt/causas/move-timor-leste.

［49］ Startup São Tomé 官方网站.［EB/OL］.［2022-1-15］. https://
www.startupsaotome.com/?pid=about.

［50］ VisãoContacto. Políticase Instituições de ApoioaoEmpreendedorismo e
InternacionalizaçãoemSão Tomé e Príncipe［EB/OL］. (2016-10-19)［2022-1
-15］. http://beta. networkcontacto. com/visaocontacto/Lists/Posts/Post. aspx?
ID=2027.

［51］ NaçõesUnidasSão Tomé e Príncipe. Os Objetivosde Desenvolvimento
Sustentável em São Tomé e Príncipe［EB/OL］. (2022)［2022-1-15］.
https://saotomeeprincipe.un.org/pt/sdgs/8.

［52］ BICINNOVATION 官方网站. BIC INNOVATION levatemáticado em-
preendedorismoa São Tomé e Príncipe［EB/OL］. (2022)［2022-1-15］. ht-
tps://bic-innovation.eu/bic-innovation-leva-tematica-do-empreendedorismo-

a-sao-tome-e-principe/.

［53］几内亚比绍创业者门户网站［EB/OL］.（2021）［2022-1-15］.
https：//portalempreendedor-gw.org/.

［54］国家青年创业协会 Facebook 主页［EB/OL］.［2022-1-15］.
https：//www.facebook.com/anejgb.

［55］WACOMP. 几内亚比绍西非竞争力计划介绍［EB/OL］.（2022）
［2022-1-16］. https：//wacomp.projects.ecowas.int/atividades/nivel-nacional/
guine-bissau/?lang=pt-pt.

［56］几内亚比绍公司发展与孵化中心 Facebook 主页［EB/OL］.
［2022-1-16］. https：//www.facebook.com/CIDE-GB-109452757055602/.

［57］NaNô Mon. Lançamento：Portal do Empreendedore Plataformade
Incubação Digital［EB/OL］.（2021-9-21）［2022-1-16］. https：//nanomon.
org/noticias/lancamento-portal-do-empreendedor-e-plataforma-de-incubacao
-digital.

［58］IDEA 网站.［2021-1-16］. https：//programs.bridgeforbillions.org/
pt/idea-app-guine-bissau-entrepreneurs/?fbclid=IwAR3sRCd9BmZESw-Kq-
L_ oce2g_ kLq6tuXzyAE3CY_ 90gxfryHh-onZGceWs.

［59］Mídia Cap - gb. CIDE mudaparadigmaa nível do concursode TEF
naGuiné-Bissau［EB/OL］.（2021-3-19）［2022-1-16］. http：//capgb.com/
cide-muda-paradigma-a-nivel-do-concurso-de-tef-na-guine-bissau/.

［60］Na Nô Mon. EmpreendedorismonaÁreade Serviço Público：Saiba-
QuemSão osVencedores［EB/OL］.（2021-8-16）［2022-1-16］. https：//
nanomon.org/noticias/empreendedorismo-na-area-de-servico-publico-saiba-
quem-sao-os-vencedores?fbclid=IwAR1zF_ r8eWFHFQVzQFYSbk0bTvhks
UxWLc5MyUxjy4GuUGUutcFo1jJH8do.

［61］联合国数字图书馆. Country programme document for Equatorial
Guinea（2019—2023）赤道几内亚国家方案文件［DB/OL］.（2018）［2022-
1-16］. https：//digitallibrary.un.org/record/1636222.

［62］GUINEA ECUATORIAL Página Web Institucional del Gobierno.

Dreams Hub 简介〔EB/OL〕.〔2022-1-16〕. https://www.guineaecuatorial-press.com/.

〔63〕联合国可持续发展集团. 联合国驻佛得角系统〔EB/OL〕. (2022)〔2022-1-9〕. https://unsdg.un.org/zh/un-in-action/cabo-verde.

〔64〕财新网国际. 佛得角成为 WTO 第 153 个成员〔EB/OL〕. (2008-7-23)〔2022-1-9〕. https://international.caixin.com/m/2008-07-23/100069189.html.

〔65〕SIGAME. CABO VERDE COMEÇA A APLICAR ACORDO DE FACILITAÇÃO DO COMÉRCIO〔EB/OL〕. (2015-7-30)〔2022-1-9〕. http://www.sigame-cplp.com/noticias/cabo-verde-comeca-a-aplicar-acordo-de-facilitacao-do-comercio.html.

〔66〕Expressodas ilhas. Cabo Verde ratificaAcordode Facilitação do Comércio〔EB/OL〕. (2020-2-7)〔2022-1-9〕. https://expressodasilhas.cv/economia/2020/02/07/cabo-verde-ratifica-acordo-de-facilitacao-do-comercio/67895.

〔67〕"走出去"导航网. IMF 拨款 2770 万欧元助佛得角抗疫〔EB/OL〕. (2021-10-16)〔2022-1-9〕. https://www.investgo.cn/article/gb/gbdt/202110/563206.html.

〔68〕CABO VERDE info. FMI aprovaInstrumentode Coordenação de Políticasque vaipermitirCabo Verde aceleraro crescimentoeconómico〔EB/OL〕. (2015)〔2022-1-9〕. http://www.caboverde-info.com/Noticias/FMI-aprova-Instrumento-de-Coordenacao-de-Politicas-que-vai-permitir-Cabo-Verde-acelerar-o-crescimento-economico.

〔69〕中国商务部. 佛得角加入国际货币基金组织宏观经济数据公布计划〔EB/OL〕. (2020-1-15)〔2022-1-9〕. http://cv.mofcom.gov.cn/article/jmxw/202002/20200202934242.shtml.

〔70〕International Monetary Fund (IMF). Cabo Verde：IMF Credit Outstanding as of November 30, 2021〔DB/OL〕. (2021-11-30)〔2022-1-9〕. https://www.imf.org/external/np/fin/tad/exportal.aspx? memberKey1 =

135&date1key＝2021－11－30&category＝EXC.

［71］世界银行数据库. World Bank Open Data［DB/OL］.（2020）［2022－1－9］. https：//data.worldbank.org/.

［72］世卫组织. WHO country cooperation strategy at a glance：Cabo Verde［EB/OL］.（2018－5－1）［2022－1－10］. https：//www.who.int/countries/cpv/.

［73］中国领事服务. 佛得角［EB/OL］.（2022）［2022－1－10］. http：//cs.mfa.gov.cn/zggmcg/ljmdd/fz_ 648564/fdj_ 649310/.

［74］佛得角政府官方网站. Diploma que estabeleceregime excecionalde regularizaçãoextraordinária da situação dos cidadãos originários de paísesda CEDEAO e da CPLP aprovadaemConselhode Ministros［EB/OL］.（2021－9－1）［2022－1－10］. https：//www.governo.cv/diploma－que－estabelece－regime－excecional－de－regularizacao－extraordinaria－da－situacao－dos－cidadaos－originarios－de－paises－da－cedeao－e－da－cplp－aprovada－em－conselho－de－ministros/.

［75］Bridges news. https：//ictsd.iisd.org/bridges－news.

［76］非盟官方网站. https：//au.int/en.（2022）［2022－1－10］.

［77］非盟发展署网站. 佛得角［EB/OL］.（2019）［2022－1－10］. https：//www.nepad.org/countries/cape－verde.

［78］外交部网站. 西非国家经济共同体［EB/OL］.（2021）［2022－1－10］. https：//www.fmprc.gov.cn/web/wjb_ 673085/zzjg_ 673183/fzs_ 673445/dqzzhzjz_ 673449/xfgjjj_ 673479/gk_ 673481/.

［79］新华丝路. 西共体加快推出统一货币 ECO［EB/OL］.（2021－6－23）［2022－1－10］. https：//www.imsilkroad.com/news/p/456602.html.

［80］中国商务部网站. 西非国家经济共同体一体化发展进程、区域贸易和合作发展现状及面临的主要挑战［EB/OL］.（2005－12－12）［2022－1－10］. http：//ng.mofcom.gov.cn/article/slfw/200512/20051201017895.shtml.

［81］联合国粮农组织官方网站. FAO em São Tomé e Príncipe［EB/OL］.（2022）［2022－1－10］. https：//www.fao.org/sao－tome－e－principe/pt/.

［82］中国商务部网站. http：//st.mofcom.gov.cn/.（2020）［2022－1－

10].

［83］IMF 官方网站数据. Sao Tome & Principe：IMF Credit Outstanding as of November 30, 2021 ［DB/OL］. (2021-11-30) ［2022-1-10］. https：// www.imf.org/external/np/fin/tad/exportal.aspx？memberKey1 = 827&date1key = 2021-11-30&category = EXC.

［84］世界银行数据库. World Bank Open Data ［DB/OL］. https：//data. worldbank.org/. (2020) ［2022-1-10］.

［85］世界卫生组织官网. feature stories ［EB/OL］. (2022) ［2022-1-10］. https：//www.who.int/news-room/feature-stories.

［86］Citizenship Rights In Africa Initiative. Cidadãos da CPLP em São Tomé e Príncipepodemobternacionalidade ［EB/OL］. (2015-2-27) ［2022-1-11］. https://citizenshiprightsafrica.org/cidadaos-da-cplp-em-sao-tome-e-principe-podem-obter-nacionalidade/?lang=fr.

［87］TSF rádionotícias. São Toméassumirá a próximapresidênciada CPLP por propostada Guiné-Bissau ［EB/OL］. (2021-9-24) ［2022-1-11］. https：//www.tsf.pt/mundo/sao-tome-assumira-a-proxima-presidencia-da-cplp-por-proposta-da-guine-bissau-14156571.html.

［88］非盟发展署网站. Sao Tome principe ［EB/OL］. (2019) ［2022-1-11］. https://www.nepad.org/countries/sao-tome-principe.

［89］外交部网站. 中部非洲国家经济共同体 ［EB/OL］. ［2022-1-11］. https://www. fmprc. gov. cn/web/wjb_ 673085/zzjg_ 673183/fzs_ 673445/dqzzhzjz_ 673449/zbfzgj_ 673465/gk_ 673467/.

［90］百度百科—联合国—简介 ［EB/OL］. (2022) ［2022-1-6］. https://baike.baidu.com/item/联合国/135426?fr=aladdin.

［91］世界贸易组织—简介 ［EB/OL］. (2022) ［2022-1-6］. https：// pt.wikipedia.org/wiki/Organização_ Mundial_ do_ Comércio.

［92］联合国. ［2022-2-3］. https：//www.un.org/zh/.

［93］联合国. 联合国几内亚比绍建设和平综合办事处 ［EB/OL］. ［2022-2-3］. https://unsdg.un.org/zh/un-in-action/guinea-bissau.

［94］ United Nations Human Rights Office of The High Commissioner. OHCHR in Guinea-Bissau ［EB/OL］. ［2022-2-3］. https://www.ohchr.org/EN/Countries/AfricaRegion/Pages/GWSummary10-11.aspx.

［95］联合国粮食及农业组织. 粮农组织国别概况：几内亚比绍 ［EB/OL］. ［2022-2-3］. https://www.fao.org/countryprofiles/index/zh/?iso3=GNB#.

［96］ Comunidadedos Paísesde LínguaPortuguesa ［EB/OL］. ［2022-2-3］. https://www.cplp.org/.

［97］ OrganisationInternationale de La Francophonie ［EB/OL］. ［2022-2-3］. https://www.francophonie.org/.

［98］伊斯兰合作组织 ［EB/OL］. ［2022-2-3］. https://zh.wikipedia.org/wiki/%E4%BC%8A%E6%96%AF%E5%85%B0%E5%90%88%E4%BD%9C%E7%BB%84%E7%BB%87.

［99］ African Union ［EB/OL］. ［2022-2-3］. https://au.int/.

［100］ African Union. African Union deploys an Election Observation Mission for the Legislative Elections in Guinea -Bissau ［EB/OL］. （2019-3-3）［2022-2-3］. https://au.int/en/pressreleases/20190303/african-union-deploys-election-observation-mission-legislative-elections.

［101］ African Union. Communiqué on the visit of the Chairperson of the Commission in Guinea-Bissau ［EB/OL］. （2018-10-5）［2022-2-3］. https://au.int/en/pressreleases/20181005/communique-visit-chairperson-commission-guinea-bissau.

［102］ African Union. PSC/AHG/COMM. 3 （CCCXXVII） COMMUNIQUE ［EB/OL］. （2012-7-14）［2022-2-3］. https://au.int/sites/default/files/pressreleases/24985-pr-psc_ comm_ guinea_ bissau-327_ 0.pdf.

［103］ African Union. ECOWAS Mission in Guinea-Bissau （ECOMIB）［EB/OL］. ［2022-2-3］. https://africa-eu-partnership.org/en/projects/ecowas-mission-guinea-bissau-ecomib.

［104］ African Union. CEN SAD ［EB/OL］. ［2022-2-3］. https://au.

int／en／recs／censad.

　　［105］联合国粮食及农业组织. 粮农组织国别概况：安哥拉［EB／OL］.［2022－2－3］. https：//www. fao. org/countryprofiles/index/zh/? iso3 ＝AGO.

　　［106］The UN Refugee Agency. Angola［EB／OL］.［2022－2－3］. https：//www.unhcr.org/angola.html.

　　［107］The UN Refugee Agency. Angola Fact Sheet［EB／OL］.（2021－9）［2022－2－3］. https：//reporting.unhcr.org/document/360.

　　［107］PNUD. Angola［EB／OL］.［2022－2－3］. https：//www. ao. undp.org/.

　　［109］World Food Programme. Angola［EB／OL］.［2022－2－3］. https：//www.wfp.org/countries/angola.

　　［110］International Money Fund. Angola［EB／OL］.［2022－2－3］. https：//www.imf.org/en/Countries/AGO#.

　　［111］International Money Fund. IMF Executive Board Completes the First Review Under Angola's Extended Arrangement and Approves US＄248. 15 Million Disbursement［EB／OL］.（2019－6－12）［2022－2－3］. https：//www. imf.org／en／News／Articles／2019／06／12／pr19212－angola－imf－executive－board－completes－first－review－extended－arrangement－approves－disbursement.

　　［112］International Money Fund. IMF Executive Board Completes the Third Review of Angola's Extended Arrangement Under the Extended Fund Facility and Augments Disbursement to Address the Impact of COVID－19［EB／OL］.（2020－9－16）［2022－2－3］. https：//www. imf. org/en/News/Articles/2020/09/16/pr20294－angola－imf－execboard－complete－3rdrev－ea－under－eff－augment－disbursement－address－covid19.

　　［113］International Money Fund. IMF Executive Board Completes Fifth Review of the Extended Fund Facility Arrangement for Angola，and Approves US＄772 Million Disbursement［EB／OL］.（2021－6－9）［2022－2－3］. https：//www.imf.org／en／News／Articles／2021／06／09／pr21168－angola－imf－exec－board

-completes-5th-review-of-the-eff-arrangement-and-approves-disbursement.

［114］International Money Fund. IMF Executive Board Completes Sixth Review of the Extended Fund Facility Arrangement for Angola and Concludes 2021 Article Ⅳ Consultation［EB/OL］.（2021-12-22）［2022-2-3］. https：//www.imf.org/en/News/Articles/2021/12/22/PR299-Angola.

［115］Organization of Petroleum Exporting Countries. Angola Facts and Figures［EB/OL］.［2022-2-3］https：//www.opec.org/opec_ web/en/about _ us/147.htm.

［116］Comunidadedos Paísesde LínguaPortuguesa. Dia Mundialda LínguaPortuguesa &Dia da LínguaPortuguesa e da CulturanaCPLP［EB/OL］. ［2022-2-3］. https：//www.cplp.org/id-4951.aspx.

［117］Comunidadedos Paísesde LínguaPortuguesa. I ENCONTRO DE JOR-NALISTAS ECONÓMICOS DA CPLP［EB/OL］.［2022-2-3］https：//www. cplp.org/id-4207.aspx.

［118］World Trade Organization. Course for least-developed countries gets under way at the WTO's headquarters［EB/OL］.（2019-9-23）［2022-2-3］. https：//www.wto.org/english/news_ e/news19_ e/tra_ 23sep19_ e.htm.

［119］UNCTAD. Angola gets to work on making trade easier, cheaper and faster［EB/OL］.（2018-9-7）［2022-2-3］. https：//unctad.org/news/angola -gets-work-making-trade-easier-cheaper-and-faster.

［120］World Trade Organization. Trade Policy Review：Angola［EB/OL］. ［2022-2-3］. https：//www.wto.org/english/tratop_ e/tpr_ e/tp421_ e.htm.

［121］African Union. UNESCO, AU and Government of Angola to present 2nd Biennaleof Luanda［EB/OL］.（2021-11-22）［2022-2-3］. https：//au. int/en/newsevents/20211122/unesco-au-and-government-angola-present-2nd -biennale-luanda.

［122］African Union. Renewed Push to Boost Agriculture Investments in Angola Launch of the CAADP/ Malabo domestication process［EB/OL］.（2018- 8-28）［2022-2-3］. https：//au. int/en/pressreleases/20180828/renewed -

push-boost-agriculture-investments-angola-launch-caadp-malabo.

［123］African Union. African Union deploys Short Term Election Observers to witness the 23rd August 2017 General Elections in the Republic of Angola ［EB/OL］. (2017-8-16) ［2022-2-3］. https://au. int/en/pressreleases/20170816/african-union-deploys-short-term-election-observers-witness-23rd-august-2017.

［124］South African Development Community. SADC records notable progress in implementing priority interconnector power projects ［EB/OL］. (2021-3-3) ［2022-2-3］. https://www.sadc.int/news-events/news/sadc-records-notable-progress-implementing-priority-interconnector-power-projects/.

［125］South African Development Community. Domestic funding for malaria programmesincreaseas SADC Member States continue fight to eliminate disease ［EB/OL］. (2020-12-15) ［2022-2-3］. https://www.sadc.int/news-events/news/domestic-funding-malaria-programmes-increase-sadc-member-states-continue-fight-eliminate-disease/.

［126］South African Development Community. Angola becomes the 8th Member State to sign the Charter establishing the SADC Monitoring Control and Surveillance Coordination Centre ［EB/OL］. (2019-10-17) ［2022-2-3］. https://www.sadc.int/news-events/news/angola-becomes-8th-member-state-sign-charter-establishing-sadc-monitoring-control-and-surveillance-coordination-centre/.

［127］South African Development Community. The twenty-third meeting of Southern African Regional Climate Outlook Forum convene in Luanda, Angola, to develop consensus regional climate outlook for 2019—2020 rain season ［EB/OL］. (2019-9-1) ［2022-2-3］. https://www.sadc.int/news-events/news/twenty-third-meeting-southern-african-regional-climate-outlook-forum-convene-luanda-angola-develop-consensus-regional-climate-ou/.

［128］CommunautéÉconomiquedes États de l'Afrique Centrale ［EB/OL］. ［2022-2-3］. https://ceeac-eccas.org/#presentation.

［129］Governode Angola. Angolanopreside comissão da CEEAC［EB/OL］.（2020-7-31）［2022-2-3］. https：//governo. gov. ao/ao/noticias/detalhes. php?id=46124.

［130］Governode Angola. PRESIDENTE DA REPÚBLICA EM BRAZZA-VILLE［EB/OL］.（2021-6-4）［2022-2-3］. https：//governo. gov. ao/ao/noticias/detalhes.php?id=47852.

［131］巴西与联合国关系［EB/OL］.（2022）［2022-1-6］. https：//pt. wikipedia.org/wiki/Brasil_ e_ as_ Nações_ Unidas.

［132］维基百科—巴西与世贸组织关系历史［EB/OL］.（2022）［2022-1-6］. https：//pt.wikipedia.org/wiki/Brasil_ na_ Organização_ Mundial_ do _ Comércio.

［133］左品. 巴西参与 G20 全球经济治理的角色与行为评析［J］. 拉丁美洲研究，2015，37（5）：13-19［2022-1-6］. DOI：10. 3969/j. issn. 1002 -6649. 2015. 05. 003.

［134］世界银行［EB/OL］.（2022）［2022-1-7］. https：//baike.baidu. com/item/世界银行/1055632?fr=aladdin.

［135］国际货币基金组织—组织介绍［EB/OL］.（2022）［2022-1-7］. https：//baike.baidu.com/item/国际货币基金组织/386540?fr=aladdin.

［136］世界银行官网—巴西板块［EB/OL］.（2022）［2022-1-7］. https：//www.worldbank.org/pt/country/brazil/overview#3.

［137］亚洲投资银行—介绍［EB/OL］.（2022）［2022-1-7］. https：//zh.wikipedia.org/wiki/亚洲基础设施投资银行.

［138］亚洲投资银行—巴西参与亚投行项目概览［EB/OL］（2022）［2022-1-7］. https：//www. aiib. org/cms/en/search/index. html? category = projects&medium = all&query = brazi.

［139］巴西外交部—美洲国家组织［EB/OL］.（2022）［2022-1-7］. https：//www. gov. br/mre/pt - br/assuntos/mecanismos - internacionais/mecanismos-de-integracao-regional/organizacao-dos-estados-americanos.

［140］巴西外交部官网—拉丁美洲一体化协会—介绍［EB/OL］.

（2022）［2022－1－7］. https：//www.gov.br/mre/pt－br/assuntos/mecanismos－internacionais/mecanismos－de－integracao－regional/associacao－latino－americana－de－integracao－aladi.

［141］巴西外交部—区域一体化机制—南方共同市场［EB/OL］.（2022）［2022－1－7］. https：//www.gov.br/mre/pt－br/assuntos/mecanismos－internacionais/mecanismos－de－integracao－regional/mercosul.

［142］巴西外交部—区域一体化机制—亚马逊合作条约组织［EB/OL］.（2022）［2022－1－7］. https：//www.gov.br/mre/pt－br/assuntos/mecanismos－internacionais/mecanismos－de－integracao－regional/organizacao－do－tratado－de－cooperacao－amazonica－otca.

［143］葡萄牙语国家共同体官方网站［EB/OL］.（2022）［2022－1－9］. https：//www.cplp.org/id－2772.aspx.

［144］CPLP—巴西代表处官方网站［EB/OL］.（2022）［2022－1－9］. http：//delbrascplp.itamaraty.gov.br/pt－br/iilp_ －_ instituto_ internacional_ da_ lingua_ portuguesa.xml.

［145］金砖五国—简介［EB/OL］.（2022）［2022－1－9］. https：//baike.baidu.com/item/金砖国家/1111920?fr＝aladdin.

［146］IBAS 论坛—介绍［EB/OL］.（2022）［2022－1－9］. https：//www.gov.br/mre/pt－br/assuntos/mecanismos－internacionais/mecanismos－inter－regionais/ibas.

［147］拉丁美洲—东亚合作论坛—介绍［EB/OL］.（2022）［2022－1－9］. https：//www.gov.br/mre/pt－br/assuntos/mecanismos－internacionais/mecanismos－inter－regionais/forum－de－cooperacao－america－latina－asia－do－leste.

［148］世卫组织—预算通知［EB/OL］.（2022）［2022－1－9］. https：//cdn.who.int/media/docs/default－source/ac－notices－of－assessment－2022－2023/tls_ noa_ 22_ 23_ en.pdf?sfvrsn＝42550dcf_ 5&download＝true.

［149］世界卫生组织—世卫组织努力到 2025 年在另外 25 个国家消灭疟疾［EB/OL］.（2022）［2022－1－9］. https：//www.who.int/news/item/21－

04－2021－world－malaria－day－who－launches－effort－to－stamp－out－malaria－in－25－more－countries－by－2025.

［150］世界卫生组织—世界无烟日活动通稿［EB/OL］.（2022）［2022－1－9］. https：//www.who.int/news/item/28－05－2021－who－supports－people－quitting－tobacco－to－reduce－their－risk－of－severe－covid－19.

［151］世界银行—项目列表［EB/OL］.（2022）［2022－1－11］. https：//projects.worldbank.org/en/projects－operations/projects－list? os＝0&qterm＝timor.

［152］货币基金组织—基金财务状况—东帝汶［EB/OL］.（2022）［2022－1－11］. https：//www.imf.org/external/np/fin/tad/exfin2.aspx? memberKey1＝265&date1key＝2099－12－31.

［153］国际伙计基金组织—国际货币基金组织执行董事会结束与东帝汶的第四次磋商［EB/OL］.（2022）［2022－1－11］. https：//www.imf.org/en/News/Articles/2021/07/14/pr21215－timor－leste－imf－executive－board－concludes－2021－article－iv－consultation－with－timor－leste.

［154］联合国—东帝汶［EB/OL］.（2022）［2022－1－11］. https：//unsdg.un.org/zh/un－in－action/timor－leste.

［155］联合国教科文组织官方网站［EB/OL］.（2022）［2022－1－11］. https：//zh.unesco.org.

［156］联合国开发计划署—东帝汶［EB/OL］.（2022）［2022－1－11］. https：//www.tl.undp.org/content/timor_ leste/en/home/.

［157］联合国粮农组织官方网站［EB/OL］.（2022）［2022－1－11］. https：//www.fao.org/home/zh/.

［158］亚洲学童计划［EB/OL］.（2022）［2022－1－11］. https：//www.unicef.org.hk/schools－for－asia/.

［159］美国国际开发署—简介［EB/OL］.（2022）［2022－1－11］. https：//baike.baidu.com/item/美国国际开发署/3600742?fr＝aladdin.

［160］美国国际开发署—Lightsmith 项目基金［EB/OL］.（2022）［2022－1－11］. https：//www.aiib.org/en/news－events/media－center/blog/

2021/Water－from－Air－Climate－Resilience－with－Lightsmith.html.

　　［161］亚洲开发银行—东帝汶项目投资列表［EB/OL］.（2022）［2022
－1－11］. https：//www.adb.org/search?keywords = timor&page = 1&source = sug-
gest.

　　［162］维基百科. 联合国［EB/OL］.（2022－1－30）［2022－1－9］. ht-
tps：//en.wikipedia.org/wiki/United_ Nations.

　　［163］维基百科. 联合国专门机构［EB/OL］.（2022－1－19）［2022－1
－9］. https：//en.wikipedia.org/wiki/List_ of_ specialized_ agencies_ of_ the
_ United_ Nations.

　　［164］中国领事服务网. 莫桑比克［EB/OL］.［2022－1－9］. mfa.gov.cn.

　　［165］联合国. 莫桑比克［EB/OL］.［2022－1－9］. https：//mozambique.
un.org/pt.

　　［166］世界贸易组织官方网站［EB/OL］.［2022－1－9］. wto. org.

　　［167］维基百科. 世界贸易组织［EB/OL］.（2022－1－18）［2022－1－
9］. https：//en.wikipedia.org/wiki/World_ Trade_ Organization.

　　［168］世界海关组织官方网站［EB/OL］.［2022－1－9］. http：//www.
wcoomd.org/en.aspx.

　　［169］维基百科. 世界海关组织［EB/OL］.（2021－9－16）［2022－1－
9］. https：//en.wikipedia.org/wiki/World_ Customs_ Organization.

　　［170］中华人民共和国外交部. 非洲联盟：组织（会议）概况［EB/
OL］.［2022－1－9］. https：//fmprc.gov.cn.

　　［171］中华人民共和国外交部. 地区组织和合作机制［EB/OL］.
［2022－1－9］. https：//fmprc.gov.cn.

　　［172］中华人民共和国外交部. 环印度洋地区合作联盟概况［EB/
OL］.［2022－1－9］. https：//fmprc.gov.cn.

　　［173］中华人民共和国外交部. 不结盟运动概况［EB/OL］.［2022－1－
9］. https：//fmprc.gov.cn.

　　［174］葡语国家共同体官方网站［EB/OL］.［2022－1－9］. https：//
www.cplp.org.

［175］维基百科. 葡萄牙语国家共同体［EB/OL］.（2022－1－19）
［2022－1－9］. https：//en.wikipedia.org/wiki/Community＿of＿Portuguese＿Language＿Countries.

［176］维基百科. 英联邦［EB/OL］.［2022－1－9］. https：//en.wikipedia.org/wiki/Commonwealth＿of＿Nations.

［177］百度百科. 英联邦［EB/OL］.［2022－1－9］. https：//baike.baidu.com/item/%E8%8B%B1%E8%81%94%E9%82%A6/1063737.

［178］中华人民共和国外交部. 伊斯兰合作组织概况［EB/OL］.［2022－1－9］. https：//fmprc.gov.cn.

［179］联合国官方网站［EB/OL］.［2022－1－9］. https：//un.org.

［180］维基百科. 联合国［EB/OL］.（2022－1－30）［2022－1－9］. https：//en.wikipedia.org/wiki/United＿Nations.

［181］维基百科. 联合国专门机构［EB/OL］.（2022－1－19）［2022－1－9］. https：//en.wikipedia.org/wiki/List＿of＿specialized＿agencies＿of＿the＿United＿Nations.

［182］中国领事服务网. 赤道几内亚［EB/OL］.［2022－1－9］. https：//mfa.gov.cn.

［183］中华人民共和国外交部. 非洲联盟：组织（会议）概况［EB/OL］.［2022－1－9］. https：//fmprc.gov.cn.

［184］非盟官方网站［EB/OL］.［2022－1－9］. https：//au.int/en.

［185］中华人民共和国外交部. 中部非洲经济与货币共同体概况［EB/OL］.［2022－1－9］. https：//fmprc.gov.cn.

［186］中华人民共和国外交部. 中部非洲经济与货币共同体概况［EB/OL］.［2022－1－9］. https：//fmprc.gov.cn.

［187］维基百科. 石油输出国组织［EB/OL］.［2022－1－9］. https：//en.wikipedia.org/wiki/OPEC.

［188］葡语国家共同体官方网站［EB/OL］.［2022－1－9］. https：//www.cplp.org.

［189］维基百科. 葡萄牙语国家共同体［EB/OL］.（2022－1－19）

［2022－1－9］. https：//en.wikipedia.org/wiki/Community＿ of＿ Portuguese＿ Language＿ Countries.

［190］联合国官方网站［EB/OL］.［2022－1－9］. https：//un.org.

［191］维基百科. 联合国［EB/OL］.（2022－1－30）［2022－1－9］. https：//en.wikipedia.org/wiki/United＿ Nations.

［192］维基百科. 联合国专门机构［EB/OL］.（2022－1－19）［2022－1－9］. https：//en.wikipedia.org/wiki/List＿ of＿ specialized＿ agencies＿ of＿ the＿ United＿ Nations.

［193］中国领事服务网. 葡萄牙［EB/OL］.［2022－1－9］. https：//mfa.gov.cn.

［194］世界贸易组织官方网站［EB/OL］.［2022－1－9］. https：//wto.org.

［195］维基百科. 世界贸易组织［EB/OL］.（2022－1－18）［2022－1－9］. https：//en.wikipedia.org/wiki/World＿ Trade＿ Organization.

［195］中华人民共和国外交部. 欧盟概况［EB/OL］.［2022－1－9］. https：//fmprc.gov.cn.

［197］维基百科. 欧洲联盟［EB/OL］.（2022－1－31）［2022－1－9］. https：//en.wikipedia.org/wiki/European＿ Union.

［198］欧洲安全与合作组织官方网站［EB/OL］.［2022－1－9］. https：//www.osce.org.

［199］维基百科. 欧洲安全与合作组织［EB/OL］.（2022－2－3）［2022－1－9］. https：//en.wikipedia.org/wiki/Organization＿ for＿ Security＿ and＿ Co－operation＿ in＿ Europe.

［200］经济合作与发展组织官方网站［EB/OL］.［2022－1－9］. http：//www.oecdchina.org.

［201］葡语国家共同体官方网站［EB/OL］.［2022－1－9］. https：//www.cplp.org.

［202］维基百科. 葡萄牙语国家共同体［EB/OL］.（2022－1－19）［2022－1－9］. https：//en.wikipedia.org/wiki/Community＿ of＿ Portuguese＿ Language＿ Countries.

后　记

　　1510 年，27 岁的拉斐尔·桑西成为罗马教会的"首席画家"，他的代表作已经在彼时罗马教皇尤里乌斯二世的梵蒂冈宫中诞生，其名为《雅典学院》。

　　这或许是人类社会从古至今，最令人向往的"大学"之一：拱门之下，先贤穿越时空会于一室。柏拉图和亚里士多德热切辩论；中心之外，众人或冥思、或争论、或行走、或交谈，11 组群像，57 个学者，无数领域的伟人构成了人类文明的巨幅画卷。

　　无独有偶，几乎是两千年前的东方，中国正值春秋，齐国"稷下学宫"开启了其 140 余年的高等学府和社会科学院生涯。此处专供各地学者著书论辩，传道授业，繁盛时数百千学士学子在此，为春秋战国学术领域的"百家争鸣"奠定了基础。

　　无论东方还是西方，人类社会对知识和创新的渴求从未停止。现代大学制度迅速进步和完善，从独自探索到跨境合作亦不过百年。随着全球化的发展和"一带一路"倡议的实施，人类正在前所未有地紧紧联系在一起，成为一个你中有我、我中有你的"命运共同体"。大学，则是人类命运共同体的根基和源泉。

　　教学、科研、社会服务，是传统意义上大学的三大使命。教育是获取知识和传递知识的基本使命，科研是创新创造的延伸使命，社会服务是教育机构的行政使命。进入后疫情时代，全球大学拥有了其"第四使命"：共建创新共同体、梦想共同体、命运共同体。

　　创新首当其冲，是大学的优势。简单地获取知识便如同机械进食，需要摄取营养才能进步和成长。梦想从大学孵化，积跬步而行千里，从学习到创造，是梦想成真的必经之路。人类历史的每一次变革，无一不是梦想变为现实的过程。而这些一次次的革命，联结着这个蓝色的星球，从校园走向大圆，使人类的命运成为一个完整的环。

创新与共识成反比，学术没有唯一的中心。古今中外，盛世总是百花齐放，繁星满天。或有几颗星格外耀眼，并不代表其他的星星没有价值。百年前，人类尚且懵懂，哪知今日全球大学有如斯盛况；百年后，未来后人将如何定义这个时代？是现代大学体系的又一个盛世，还是未来大学体系的基石？

那么，2100 年，未来大学会是什么模样？

是"一带一路"国家成就跨境联校，供养无数学子踏上求学的丝绸之路，读万卷书，行千里路；

是中国—葡语国家空间站联合大学，从澳门出发，让创新走向葡语国家的每个角落；

是黄发垂髫共处一室，共听一课，是百岁之后正值壮年，大学老师却比学生年少；

是校园货币（U coin）普及全球，一个 ID 无障碍生活、购物、社交和学习；

是"超视距"梦想咖啡厅，没有人会嘲笑一个不切实际的梦，只要敢想，总会找到同行者，创新创业之路从不会孤独。

上千年，下千年，人类命运早已成为了共同体。和平与合作的未来，需要信任来成就，依托共同价值观而实现。

这个未来，由你我一起创造。

致　谢

　　本报告的理论启示与项目实践，来自于国际大学创新联盟（IUIA）及其运营公司近 7 年的大量实践。2015 年开始，在中国教育部科技发展中心、商务部投资促进事务局、科技部火炬中心、中国留学人才发展基金会、北京金融资产交易所等单位的大力支持下，华大基因、世贸天阶、伟东集团、德展集团、合泰兴悦、郎勤集团、大都美育、赛尔教育、香港沙龙、点亮资本、国润资产、恒信集团、奥邦集团等众多企业联合世界一流大学的研究机构和创业机构，共同举办了多次创新和投资对接活动，诞生了很多中国乃至世界的领军型企业和独角兽企业。联合国教科文组织、美国国家工程研究院、法国国家智能交通研究院、以色列魏茨曼研究院、麻省理工学院、牛津大学、剑桥大学、加州大学伯克利分校、新加坡南洋理工、新加坡国立大学、亚琛工业大学、香港大学、澳门大学、澳门科技大学、澳门理工学院、澳门城市大学、清华大学、北京大学、中国科学院、中国投资有限公司、中国国际金融公司、中关村发展集团等众多著名大学与机构的领导也给予了很多指导和帮助。汪建老师、高西庆先生、董栋华董事长、吉增和董事长、樊献勇总裁、王端瑞董事长、张涌董事长、汪潮涌董事长、谭海明董事长、王正平董事长、祝懿东总裁、李翀董事长、郭峰理事长、张玉强董事长、王鹏威董事长、汪长禹董事长、邓观瑶先生、刘朝盛主席、吴泽强先生、陈志玲主席、陈东敏院长、付晓芳主任等著名企业家和专家花费了大量时间多次对世界名校的创业项目和青年团队进行指导、帮助，并给联合国教科文组织、清华大学等多个机构和青年创业团队提供了大量资金支持和天使投资。香港地区、澳门地区及北京、山东、江苏、广东、浙江、河南、上海、四川、辽宁、河北等省（市）的领导也给予了大力支持，与 IUIA 进行了跨境研究院、跨境孵化器、跨境产业园区的很多合作。

本报告的研究和编写得到了很多机构、院校领导、教授和老师们的帮助与指导，其中包括中央人民政府驻澳门特别行政区联络办公室、澳门经济科技局、澳门特区人才发展委员会、澳门贸易投资促进局、中国—葡语国家经贸合作论坛（澳门）常设秘书处、中国商务出版社的有关领导和澳门大学徐建副校长、珠海澳门大学科技研究院李灿烽院长、澳门大学智慧城市研究院须成忠院长、珠海澳科大科技研究院李瑾主任等，感谢他们对本报告的支持和帮助。

感谢葡语国家在澳门的留学生对本报告的帮助，他们还各自录制视频表达了对本报告的支持和关注，他们分别是：来自几内亚的 Auricelio Andre Co、赤道几内亚的 Mamadu Djubeiro Camara、莫桑比克的 Lúcia Paulo、圣多美的 Silvino Pinho、佛得角的 Laidinha Ribeiro Martins、东帝汶的 Luís Sonco、葡萄牙的 CarlotaBeja、巴西的 Paulo. GF/Bruno Morillas、安哥拉的 Subina-Romos/Milton DM 等。

感谢编委会成员细致缜密的编写工作和勤恳专注的工作态度，大家齐心协力、接力审阅校对，高质量地完成了本报告的编写工作。

感谢国际大学创新联盟的同事们，王旭、孙国臣、吉利、孙臣伟、张洋、房信刚等也为本报告的顺利完成提供了很多帮助和支持。